Henry van de Velde
Meine Jahre in Weimar

HENRY VAN DE VELDE

MEINE JAHRE IN WEIMAR

Erinnerungen
1901–1917

Inhaltsverzeichnis

DIE BERUFUNG NACH WEIMAR

Inzwischen bahnten sich Ereignisse an, die meinem Leben und meiner Arbeit eine neue Wendung gaben.

Im Jahre 1901 hatte Wilhelm Ernst in Weimar als Nachfolger seines Großvaters, des Großherzogs Karl Alexander, den Thron bestiegen. Der junge Fürst war für die Bevölkerung von Sachsen-Weimar wie auch für ganz Deutschland ein unbeschriebenes Blatt. Als Leutnant der Potsdamer Garnison stand er völlig unter preußisch-militärischem Einfluß, dem die älteren regierenden Fürsten dreißig Jahre nach der Gründung des Deutschen Reiches immer noch mit gemischten Gefühlen gegenüberstanden. Zu Lebzeiten Karl Alexanders, der gerne daran erinnerte, daß er als Kind auf Goethes Knie gesessen hatte, kümmerte sich kein Mensch in Weimar oder gar in den intellektuellen Kreisen Deutschlands um den jungen Mann, der nun das schöne, aber schwere Erbe zweier außergewöhnlich ruhmvoller kultureller Epochen anzutreten hatte, der Regierungszeiten Karl Augusts und Karl Alexanders.

Der junge Großherzog Wilhelm Ernst (geboren 1876), der so plötzlich aus orthodoxem preußischem Militärmilieu nach Weimar, einem Zentrum universaler literarischer und künstlerischer Kultur, verpflanzt wurde, zeigte sich bei Hofe und vor der Bevölkerung nur in Uniform. Bei der Tafel führte er die deutsche Sprache ein an Stelle des traditionellen Französisch, auch die Menü-Karten wurden in Deutsch abgefaßt. Die eleganten, phantasievollen, kapriziösen Bezeichnungen für die Speisen, die ausgesuchte Genüsse versprachen, wurden durch pedantische, trockene Worte ersetzt. Ärgerliche Indizien, die einige Freunde Graf Kesslers, die dem Weimarer Hof angehörten, mit Unruhe erfüllten, so daß sie sich fragten, ob ein Bruch mit den großen Epochen der Tradition bevorstehe.

Auch in Berlin stellte man sich in den Kreisen der Gesellschaft wie auch in den Cafés, in denen Schriftsteller, Künstler, Journalisten verkehrten, die Frage, was in Weimar wohl geschehen würde. Alles wäre zweifellos ohne jede Konsequenz für mich geblieben, wenn sich nicht drei Menschen zusammengetan hätten mit der Absicht, die verantwortlichen Kreise in Weimar an die Bedeutung der Tradition zu erinnern und den jungen Fürsten auf die Möglichkeit hinzuweisen, die Tradition in würdiger Weise fortzusetzen.

Diese drei Menschen waren Elisabeth Förster-Nietzsche, Graf Werthern, der nach dem Tod seines Vaters das Haupt einer der angesehensten thüringischen Familien geworden war, und als jüngster Harry Graf Kessler. Ihr Gedanke war, eine neue, dritte Epoche weimarischer Kultur in die Wege zu leiten, in deren Mittelpunkt der »neue Stil« stehen sollte, dem ich mich verschrieben hatte. Elisabeth Förster-Nietzsche hatte dem Staatsminister Rothe, Harry Kessler dem Grafen Werthern, dem Schwager des Hofmarschalls General Palézieux, den Plan vorgetragen: die dritte Epoche sollte – in gehöriger Distanz zu den früheren – die Wiederbelebung des Kunsthandwerks wie der industriellen Kunst bringen und den Weg für einen architektonischen Stil und eine Ästhetik unserer Zeit frei machen. Sollte mich, dachte ich, das Schicksal nach Deutschland gerufen haben, um eine Aufgabe zu erfüllen, die für jene, die sie ins Auge gefaßt hatten, ebenso kühn war wie für mich vermessen?

Der Augenblick war günstig. Eine mächtige Grundwelle hatte das Interesse des deutschen Publikums für die neuen Kunstströmungen erweckt, die seit der Dresdner Ausstellung von 1897 ans Licht getreten waren, und die Künstler aller Kunstzweige sammelten sich unter der neuen Fahne. Die Kunstkritik hielt die Öffentlichkeit in Atem. In Darmstadt hatte der junge hessische Großherzog Ernst Ludwig einer Ausstellung seine hohe Protektion und seine finanzielle Unterstützung geliehen, die auf der »Mathildenhöhe« stattfand. Dort zeigten die vom Großherzog nach Darmstadt berufenen Künstler und Architekten Häuser und Inneneinrichtungen, die nach neuen künstlerischen Prinzipien geschaffen waren. Diese Ausstellung bedeutete nichts weniger als »ein Dokument deutscher Kunst«.

Es war wichtig, dem Großherzog von Sachsen-Weimar unser Programm zu unterbreiten und ihn zu überzeugen, daß die Folgen unserer Pläne dem Land Thüringen größte Vorteile und seiner Regierung hellen Glanz verschaffen würden.

Die verschiedenen Heimindustrien des Großherzogtums lagen darnieder, und die wenigen kunstgewerblichen Betriebe, die in einigen Dörfern bestanden, kämpften um ihre Existenz; die in den größeren Orten Jena, Eisenach, Weimar und Apolda waren ohne Führung und ohne jede Aussicht, gegen die besser ausgerüsteten und günstiger gelegenen deutschen Firmen aufzukommen, die sich zur Verführung des kaufkräftigen Publikums der Mitarbeit schöpferischer Künstler versichern konnten.

Paechter, der von den Weimarer Projekten nichts ahnte, übte einen immer stärkeren Druck auf Hirschwald aus, um die Lösung meines verhängnisvollen Vertrages zu erreichen. Ich mußte unter allen Umständen frei werden, um im Augenblick, in dem die Sondierungen in Weimar zu einem bestimmten Punkt gekommen waren, unbelastet dazustehen. Es kam der Moment, Paechter über die Vorbesprechungen zu orientieren. Ich tat es in einem der von ihm entdeckten kleinen Restaurants, in denen man nach seinem, des Epikureers Urteil besser und gepflegter bedient wurde als in den aufgedonnerten, bekannten Berliner Lokalen. Von diesem Tag an rastete der gute Mann nicht, bis er mir den von Hirschwald unterschriebenen Brief bringen konnte, der die Aufhebung unseres Vertrages bestätigte.

Im übrigen blieb mir nichts als zu warten. Es gibt Augenblicke im Leben, in denen man sich dem Lauf der Entwicklung überlassen und darauf verzichten muß, ihn zu beschleunigen. Für mich lautete die Frage: Wird mich das Schicksal nach Uccle zurückführen oder wird es mich in Deutschland festhalten?

Ich mußte nicht lange warten. Harry Kessler ging mit solch zielbewußtem Eifer vor, daß er die Gleichgültigkeit und Vorsicht der Hofleute überwand, die vor jeder Verantwortung zurückschrecken und zu warten pflegen, bis der Souverän, dem sie mehr dienen, als daß sie ihn beraten, ihnen das Wort erteilt.

Hier jedoch handelte es sich um ein Projekt von größter Bedeutung, dem ein unerfahrener, nur militärisch vorbereiteter Fürst zustimmen sollte: ein neues Beispiel zu geben durch die Pflege einer kunstgewerblichen und architektonischen Kultur, der erfahrungsgemäß Malerei und Bildhauerei folgen, Kunstzweige, denen Großherzog Karl Alexander nur dilettantisches Interesse entgegengebracht hatte.

Nach verhältnismäßig kurzer Zeit wurde ich offiziell von Staatsminister Rothe und Hofmarschall General Palézieux zu einer Unterredung in einem der großen Hotels am Potsdamer Platz aufgefordert. Es sollte mein Programm besprochen und die Aufgabe umschrieben werden, die ich am Hof des Großherzogs und in Weimar zu erfüllen hatte.

Elisabeth Förster-Nietzsche hatte den beiden Herren offenbar nur Lobenswertes über mich gesagt; sie war vom Wunsch beseelt, die Atmosphäre der Mittelmäßigkeit zu verscheuchen, die Weimar seit dem Verschwinden Liszts erstickte. Sie träumte von einem »dritten Weimar«, in dessen Zentrum das »Nietzsche-Archiv« stehen sollte, dem sie alle Dokumente aus Nietzsches Leben und die gesamten Einkünfte aus seinen Werken überließ.

Die beiden Exzellenzen und ich saßen an einem großen Tisch im Salon des von ihnen bestimmten Berliner Hotels in einem Erker. Sie hörten mit gelegentlichen kurzen Unterbrechungen, die nebensächlichen Fragen galten, meine Darlegungen aufmerksam an. Ich sprach vom Kunsthandwerk und den kunstindustriellen Betrieben des Großherzogtums und von den zu erwartenden Aufträgen meiner Privatkundschaft, von der Einrichtung eines »Kunstgewerblichen Seminars«, das heißt von Ateliers, wo die Kunstgewerbler und Fabrikanten neue Modelle sehen und verarbeiten und wo sie Ratschläge zur Verbesserung der eigenen Produkte erhalten konnten, von der Möglichkeit, Werkstattleiter, Modelleure und Zeichner unter meiner Leitung an neuen Modellen arbeiten zu lassen. Ich erklärte, wie unter meiner ständigen Mitarbeit das handwerkliche und ästhetische Niveau der in den zerstreuten armen Dörfern verbreiteten Heimindustrie gehoben werden könnte, was den Absatz der damals in Mißkredit geratenen Erzeugnisse auf den Märkten und Messen zweifellos rasch steigern würde. Im Zusammenhang mit solchen Versuchswerkstätten, die unter dem Protektorat des Großherzogs einzurichten seien, sah ich die erste Etappe der neuen Aufgabe, mit der mich der Fürst betrauen sollte.

Als zweite Etappe schlug ich die Einrichtung eines »Aufsichtsamtes« zur Kontrolle von Geschmacks- und Produktionsfragen für die Gebiete des Kunsthandwerks und der Kunstindustrie vor. Als Inhaber dieses Postens sollte ich den Großherzog und die Regierung auch in Fragen der bildenden Künste beraten. Für den Augenblick sollten indessen meine Vorschläge weder den Großherzog noch mich zu weiterem verpflichten. Im Geiste sah ich, daß meine Vorschläge erheblich darüber hinausführten: zur vollständigen Erfüllung meiner Mission, in voller Freiheit und Unabhängigkeit alle meine Kräfte auf die Verwirklichung eines »neuen Stils« zu richten.

Während meines Vortrages glaubte ich, auf der spiegelglatten Oberfläche des Tisches, an dem wir saßen, die Figuren einer imaginären Schachpartie zu sehen, die ich gewinnen wollte. Als ich endete, hoben die beiden Exzellenzen die Augen, die auf mich gerichtet waren, und tauschten einen Blick, der Zustimmung zu bedeuten schien. Minister Rothe brach das Schweigen und gab mir freundlich lächelnd zu verstehen, daß ich bald über die Meinung

Maria van de Velde, die Frau Henry van de Veldes

und eventuelle Verfügungen Seiner Königlichen Hoheit des Großherzogs unterrichtet werden würde. Sie selbst würden dem Fürsten Vortrag halten. Alles hatte sich in einer ungezwungenen Atmosphäre gegenseitiger Achtung und ohne jedes Zeremoniell abgespielt.

Einige Tage nach diesem Gespräch erreichten mich am gleichen Morgen zwei Telegramme. Das eine kam aus Weimar mit der Einladung des Großherzogs zum Diner am kommenden Abend, das andere aus Antwerpen mit der Nachricht, daß mein Vater gestorben sei und daß das Begräbnis am übernächsten Tag stattfinde.

In die Erinnerungen an diesen für mich schicksalsmäßig so wichtigen Abend des 21. Dezember 1901 sind die Gedanken an meinen toten Vater eingewoben. Noch heute empfinde ich tiefen Schmerz, daß er nicht mehr die Entwicklung meiner Laufbahn und die offizielle Bestätigung meiner Mission erfahren durfte. Es hätte gewiß seinen Kummer über den tragischen Tod von drei seiner fünf Söhne gemildert. Seit dem Tod meiner Mutter fühlte er sich einsam, wenn auch meine Schwester Jeanne und ihr Mann, der meinem Vater herzlich verbunden war, mit liebevoller Aufmerksamkeit sich um ihn kümmerten. Wie gerne hätten Maria, die meinen Vater sehr liebte, und ich zu seiner Freude beigetragen!

Mein Bericht über diese Periode wird eines Tages mit Hilfe von Harrys Aufzeichnungen wesentlich ergänzt werden können. Wir hatten uns eine hoffnungslose Aufgabe gestellt, als wir versuchten, den Großherzog, einen von Natur aus mittelmäßigen Menschen, der einen nahezu rohen Charakter besaß, trotz allem zu einer historischen Gestalt zu machen. Heute bin ich überzeugt, daß es bei vielen historischen Gestalten nicht anders steht; sie gehen gegen besseres Wissen und Gewissen ins Buch der Geschichte ein. In Weimar begann ein Drama, über das sich wenige Zeugen dieser Epoche bewußt wurden und dessen Unvermeidlichkeit erst dann in klarem Licht erschien, als alle Illusionen geschwunden waren.

Harry Kesslers fragmentarische Aufzeichnungen, die mir seine Schwester, Wilma de Brion, zugänglich gemacht hat, sind so anschaulich, daß ich es mir nicht versagen kann, sie meinen Lesern mitzuteilen:

»21. Dezember 1901:

Früh nach Weimar gefahren. Dort van de Velde. Mit ihm Besuch bei Frau Förster-Nietzsche, bei Exzellenz Rothe, von Palézieux etc. Rothe schlug vor, der Großherzog sollte van de Velde mit dem ganz allgemein gehaltenen Auftrag berufen, das Gewerbe und Kunstgewerbe im Lande zu heben und zu beraten. Gehalt 6000 Mark. Von einem Darlehen des Großherzogs zum Bau eines Institutes will er nichts wissen, um die Sache nicht zu komplizieren! Van de Velde schlug vor, er wolle das Geld selber aufbringen, wenn ihm in Weimar wenigstens ein Terrain unentgeltlich zugesichert werde. Im übrigen machte Rothe noch alles abhängig von der noch nicht erfolgten Entschließung des Großherzogs. Um sieben Uhr Diner beim Großherzog. Diesmal in den Prunkräumen der ersten Etage.

Dort die Erbgroßherzogin, die beiden Gräfinnen Bodmer, von Palézieux, Rothe, von Egloffstein, von Schlieffen, Graf Otto Werthern, ein Oberleutnant Müller aus Südafrika, ein Hauptmann Fliesbert aus China und einige andere. Ich saß zwischen Müller und Egloffstein; rechts neben Müller der Großherzog, van de Velde neben der Erbgroßherzogin. Nach Tisch, beim ›Cercle‹ kam die Erbgroßherzogin gleich auf mich zu und sagte mir, ihr Tischnachbar wäre ihr sehr angenehm gewesen, ›il cause‹ und wäre sehr amüsant. Die

Schloß Belvedere, Weimar

Erbgroßherzogin ging bald zurück, und wir gingen hinauf in die Zimmer des Großherzogs. Dieser sprach zuerst fast eine Stunde mit van de Velde allein in einer Ecke. Dann kam er bald zu mir und fragte mich, wie die Sache mit Krefeld (Direktor Deneken) sei. Ich sagte ihm, was ich wußte. Darauf er ganz betroffen: ›Ja, was wird dann aus uns in Weimar?‹ Ich erwiderte: ›Das haben Königliche Hoheit ja ganz in der Hand. Van de Velde hält sich an Weimar vorläufig noch gebunden. Königliche Hoheit brauchen ihm nur den bestimmten Vorschlag unter den heute bei Minister Rothe besprochenen Bedingungen zu machen und van de Velde wird sofort ja sagen.‹

Der Großherzog meinte, das würde er gern tun. Darauf ich: ›Soll ich van de Velde vielleicht dazu herholen?‹ ›Ja, bitte!‹ Ich ging darauf auf van de Velde zu, der im Gespräch war mit jemandem, den Rücken gekehrt, faßte ihn an und drehte ihn um, dem Großherzog zu. Der Großherzog streckte ihm unter verlegenen Worten die Hand entgegen, und die Sache war gemacht. Nachher, bis halb ein Uhr mit Werthern und van de Velde im Hotel ›Erbprinz‹ gesessen.«

Harry Kessler notiert in seinem Journal unter dem Datum des folgenden Tages einen Abschiedsbesuch bei Frau Förster-Nietzsche, die wir als erste von dem Ereignis in Kenntnis setzten, und unsere Aufwartung bei der Großherzoginmutter in Schloß Belvedere.

Eine Allee von mächtigen, mehr als hundertjährigen Kastanienbäumen verbindet Weimar mit dem Schloß. Auf halbem Weg öffnet sich der Blick auf die weite hügelige Ebene; hier beginnt der Anstieg zum Plateau, auf dem das Schloß steht. Oberstallmeister Graf von Finckenstein kutschierte persönlich. Schon bald sah man wie durch einen dichten Schleier, der vom Geäst der mit ein wenig Schnee bedeckten Bäume gebildet wurde, die kadmiumgelbe Fassade des in italienischem Barock erbauten Schlosses. Im weiten Park befindet sich das Gartentheater, für das Goethe einige Stücke geschrieben hat, die er selbst dort zur Aufführung brachte. Hier fühlt man sich dem ruhmreichen historischen Weimar näher als im Stadtpalais. Die Großherzoginmutter empfing uns mit betonter Herzlichkeit. Beim Tee erzählte sie uns ungezwungen von ihrem Leben in den Frühlings- und Sommermonaten. Dieses Jahr hatte sich ihre Übersiedlung nach ihrem Winterquartier Rom verzögert, von wo aus sie verhältnismäßig bald zurückzukehren gedachte. Sie erklärte sich mit Vergnügen bereit, vom Frühling an zu meiner Verfügung zu sein, um möglichst rasch die Verbindungen zu den Kunsthandwerkern und den Vertretern der Kunstindustrie herzustellen.

Sie hätte uns noch lange bei sich behalten, wenn ich nicht dem Grafen von Finckenstein und Harry Kessler zugeflüstert hätte, daß ich unbedingt in einer halben Stunde am Bahnhof sein müsse. Dieser plötzliche Aufbruch war ein Verstoß gegen die Etikette, die vorschreibt, daß die Fürstin das Zeichen zur Beendigung eines Gespräches oder Besuches gibt. Ich hatte niemand erzählt, welches tragische Zusammentreffen mich zwang, den Abendschnellzug Berlin-Frankfurt zu nehmen, um rechtzeitig in Antwerpen anzukommen. Kessler instruierte den Oberstallmeister, und ich verabschiedete mich von meiner Gastgeberin, die über mein vorschriftswidriges Verhalten verstimmt war. Mir war die grundlose und grobe Kränkung der Großherzoginmutter, die sich mir gegenüber so entgegenkommend und liebenswürdig gezeigt hatte, unendlich peinlich.

Graf Finckenstein übernahm es, mich noch am gleichen Abend bei der Großherzoginmutter zu entschuldigen. Für mich war es eine harte Prüfung, den Schmerz über den Tod meines Vaters während der zwei Tage zu unterdrücken, die mich an Weimar und an einen Fürsten binden sollten, über dessen Charakter niemand etwas ahnte. Wenn ich damals schon die Prinzessin Reuß, die Schwester des Vaters Wilhelm Ernsts gekannt hätte, so hätte sie mich vor dieser raschen Entscheidung gewarnt, die einen so tiefen Einfluß auf mein Schicksal und das der Meinen haben sollte.

Der Leser mag sich vorstellen, in welchem Zustand ich in Antwerpen ankam. Ich fühlte mich wie ein plötzlich erwachender Nachtwandler vor dem Sarg meines Vaters, den die Nachricht über die Entscheidung in Weimar tief befriedigt hätte. Und wie wünschte ich selbst, ihm meine Dankbarkeit für seine Güte zu bezeigen, mit der er materielle Opfer auf sich genommen hatte, damit ich in aller Unabhängigkeit bis zum Augenblick meiner Hochzeit meinen Weg gehen konnte.

Maria gegenüber empfand ich Skrupel, daß ich die für sie und unsere Kinder so wichtige Entscheidung allein getroffen hatte. Harry hatte am Morgen seiner Rückkehr nach Berlin – zur gleichen Stunde, zu der ich dem Begräbnis meines Vaters beiwohnte – Maria über alles unterrichtet. Mit der gleichen Entschlossenheit, die sie seit unserer Verlobung stets bewiesen hatte, stimmte sie dem Opfer zu, welches das Schicksal von mir forderte: dem endgültigen Verzicht auf das Haus »Bloemenwerf« und auf unsere Freunde in Belgien.

Es stand uns die Lösung einer Reihe von großen Schwierigkeiten bevor. Ich sage »uns«, weil Maria an all diesen Problemen lebhaften Anteil nahm und weil sie viel dazu beitrug, die Lage zu entwirren: einen Aufenthalt abzubrechen, der von der Berliner Gesellschaft mit so viel Interesse und Wohlwollen begrüßt worden war, und vor allem den Vertrag mit Hirschwald aufzulösen, bevor die sensationelle Neuigkeit meiner Berufung nach Weimar bekanntgegeben werden konnte. Aus diesem Grund hatte ich vom Großherzog von Sachsen-Weimar einen Aufschub von wenigen Monaten erbeten.

Paechter gelang es rasch, von Hirschwald die Einwilligung zu einer gütlichen Trennung zu erhalten. Viele, scheinbar widersprechende Gründe veranlaßten Hirschwald zu dieser Entscheidung: der fanatische Antisemitismus Karl Ernst Osthaus'; die Gefahr, die Kundschaft aus den Kreisen der Aristokratie und der hohen Beamtenschaft des Reiches zu verlieren, die auf meiner Seite standen, und die Furcht, sich zu sehr in einer künstlerischen Richtung vorgewagt zu haben, welcher der Kaiser ablehnend gegenüberstand. Paechter hoffte, daß Weimar für uns ein sicherer Hafen würde als Berlin, wo – wie er in seinem saftigen Berliner Dialekt sagte – der Künstler wie ein Fisch behandelt werde, dessen gutes Fleisch man genießt und ebenso rasch vergißt; am nächsten Tag verzehrt man den nächsten Fisch.

Bevor wir Berlin verließen, hatten wir noch viele gesellschaftliche Verpflichtungen zu erfüllen und vor allem von vielen Freunden Abschied zu nehmen. Das Abschiedsessen, das wir Maximilian Harden, Walther Rathenau und Samuel Sänger gaben, dem eifrigen Mitarbeiter der unabhängigen Zeitschrift »Die Neue Rundschau«, der später Marias jüngere Schwester, die Schülerin des Geigers Eugène Ysaÿe, heiratete, erhielt eine besondere Bedeutung. Harden wollte ich den Dank für die Unterstützung abstatten, die er meiner Sache in seiner Zeitschrift »Die Zukunft« geliehen hatte, und zu Rathenau hatte sich seit meinen Vorträgen im Hause Cornelia Richters eine freundschaftliche Beziehung entwickelt. Gegen Ende der Mahlzeit waren unsere Geister vom lebhaften Gedankenaustausch, von den ausgezeichneten Speisen und dem guten Wein erhitzt. Als Maria die Tafel aufgehoben hatte und wir uns in den Salon begaben, sagte ich zu Harden: »Könnte ich nur einmal wie Sie, mein lieber Freund, in einer Festung oder einem Gefängnis in Ruhe leben und mich sammeln, um die Entdeckung zu überdenken, zu der mich gerade eben unser Gespräch geführt hat.«

Wir saßen um den Tisch, Maria füllte unsere Kaffeetassen und Likörgläser. Harden nahm das Gespräch wieder auf und wendete sich an Rathenau und Sänger: »Van de Velde hat ein so großes Bedürfnis nach Ruhe, daß er bereit zu sein scheint, sich mit radikalen Mitteln den Verpflichtungen zu entziehen, die ihn hindern, über eine eben gemachte Entdeckung nachzudenken. Er beneidet mich um die Methode, die ich anzuwenden pflege: das Verbrechen der Majestätsbeleidigung.«

Es verstand sich von selbst, daß ich nähere Erklärungen schuldig war. Maria wollte gehen, um uns »unter Männern« allein zu lassen; sie blieb stehen, um die neue Wahrheit zu erfahren, die mir aufgegangen war. Im Laufe unseres Gesprächs über die Fragen vernunftgemäßer Gestaltung war ich mir darüber klargeworden, daß die Entwicklung der von den Architekten und Kunsthandwerkern verwendeten Materialien seit der Antike in einer einzigen Richtung erfolgt: in der Richtung einer fortschreitenden Entmaterialisierung und Verringerung ihrer Schwere. Ich erinnerte an einige Beispiele. An die Entwicklung des Steines, die in der Gotik zu einer völligen Entmaterialisierung führt, an mittelalterliche Schmiedearbeiten, an das Filigran orientalischen Schmuckes, an venezianisches Glas, persische Teppiche und an Brüsseler Spitzen. Harden riß ein Blatt von seinem unvermeidlichen Notizblock, notierte den wesentlichen Inhalt meiner Worte und ließ sie von den Anwesenden unterschreiben. Dieses Blatt ist das erste Zeugnis einer Beobachtung, der alle Anwesenden in einer Atmosphäre von Begeisterung und guter Laune kapitale Bedeutung beimaßen. Ich selbst wünschte sechs Monate Ferien, um über die Entdeckung zu meditieren und ein Manuskript auszuarbeiten, das Harden zur Verfügung gestellt werden sollte.

In Berlin vollendete ich noch die letzten Zeichnungen und Modelle für die Einrichtung von Osthaus' Folkwang-Museum. Ich versuchte, Profile zu entwerfen, die zu den Balken und zum Metallgerüst des Gebäudes paßten. Mir schwebte dabei eine enge Zusammenarbeit von Architekt und Ingenieur vor. Es waren für die kleinen isolierten oder in Bündeln zusammengefaßten Stützbalken neuartige Profile zu schaffen, die mit der Konstruktion aufs engste zusammengingen. Die entstehenden Kurven und Profile waren ebenso frei von jedem dekorativen Hintergedanken wie die organisch entstandenen Kapitelle des dorischen oder ionischen Stils. Ich hatte ein Problem zu lösen, das in der Natur durch das Verhältnis von Skelett und Fleisch vorgebildet ist. Von hier aus gesehen, beantwortet sich die Frage nach der Verkleidung eines Metallgerüstes in gesunder und normaler Weise.

WEIMAR I

AUF DER HÖHE DES SCHAFFENS

In Weimar zogen wir in ein neues Haus in der Cranachstraße im Wohnviertel »Silberblick«; es lag nur wenige hundert Meter von Elisabeth Förster-Nietzsches Villa entfernt. Ich hatte meinen treuen Mitarbeiter Hugo Westberg von Berlin nach Weimar mitgenommen, einen intelligenten, freundlichen Schweden, der sich von einem einfachen Kunsttischler zu einem hervorragenden Zeichner entwickelt hatte. Er war ein guter Freund unserer Familie geworden. Zusammen mit Maria richtete er mit den wenigen beweglichen Möbeln, die wir aus Haus »Bloemenwerf« kommen ließen, die Wohnung ein.

Für die Ausstattung eines kleinen Salons griff er auf Möbelzeichnungen zurück, die für die Brüsseler »Ateliers« entworfen worden waren. Er setzte sich mit dem Weimarer Hoftischler Scheidemantel in Verbindung, der sich bereit erklärte, die Ausführung zu übernehmen. Es zeigte sich rasch, daß Scheidemantel ein kultivierter, seinem Beruf leidenschaftlich ergebener Kunsthandwerker war, dessen Vorfahren seit weiß Gott wie langer Zeit sich im gleichen Beruf betätigt hatten. Als ich nach Weimar kam, beschäftigte er etwa zwanzig Arbeiter. Bald darauf waren es mehr als doppelt so viele. Er erkannte, daß Hugo Westberg ein vorzüglicher Fachmann war. Als dritter im Bunde saß ich oft auf einem Haufen Bretter in der Werkstatt und leitete die Arbeit in Richtung auf die Ziele, die ich mir zu erreichen vorgenommen hatte. So kam es, daß Scheidemantel alle meine während der Weimarer Jahre entworfenen Möbel ausführte. Seine Hingabe und seine Gewissenhaftigkeit wirkten beispielhaft auf die anderen Kunsthandwerker des Großherzogtums, die mit mir zusammenarbeiteten.

Westberg fand in den aus Uccle mitgebrachten Kisten genügend »Dahlia«-Tapetenrollen, die verwendet werden konnten. Die ganze Einrichtung der Wohnung konnte so arrangiert werden, daß Maria und ich nicht zu sehr unter der banalen und kleinbürgerlichen Folge der Räume zu leiden hatten. Man konnte einigermaßen in einer Atmosphäre atmen, aus der die schlimmste Häßlichkeit verbannt war und die sich von dem Durcheinander unterschied, das in den Häusern der kleinen Residenz das Normale war.

Den meisten unserer Besucher mißfielen vor allem unsere Bilder. Ich erinnere mich an das Entsetzen einer alten Gräfin, die vor den Bildern Signacs, Matisses und Vuillards im Eßzimmer mit dem Ausdruck tiefster Bestürzung sagte: »Und Sie, Professor, finden so etwas schön!« Beinahe wäre sie in Ohnmacht gefallen. In solchen Momenten sah ich, welche Unwissenheit, welche Distanz überwunden werden mußten, um meiner neuen Umgebung näherzubringen, was mir selbstverständlich war.

Für die Räumlichkeiten des »Kunstgewerblichen Seminars« und meiner Privatateliers entschied ich mich für ein altes, weitläufiges Haus, in dem einst der Maler Friedrich Preller, eine der Weimarer Lokalgrößen in der Mitte des 19. Jahrhunderts, gelebt hatte. Früher lag es mitten in den Feldern zwischen der Belvedere-Allee und dem Park. Auch jetzt hatte es noch seinen Charakter als »Landhaus« bewahrt; es lag für sich und war von schönen Bäumen umgeben. Im Erdgeschoß und in der ersten Etage richtete ich das Seminar mit allen nötigen Werktischen ein, in der zweiten meine Ateliers. Es lag mir daran, so rasch wie möglich die Verbindung zwischen meiner früheren Tätigkeit und meinen zukünftigen Aufgaben herzustellen. Mein Arbeitsfeld war bedeutend größer geworden und meine Autorität durch meine neue Stellung offiziell anerkannt.

Als wir kaum in unsrer neuen Wohnung eingerichtet waren, erschien bei mir der Präsident des Vereins Deutscher Ingenieure, der Generaldirektor W. von Oechelhäuser. Er stellte sich mit allen seinen Titeln vor, und wir setzten uns im kleinen Salon zusammen. Der Geheimrat kam in offizieller Mission. Die letzte Generalversammlung des Vereins Deutscher Ingenieure ließ mir durch ihn den Dank für ein Kapitel in meinem Buch »Die Renaissance im Kunstgewerbe« aussprechen, das die Mitglieder des Vereins tief beeindruckt hatte. In diesem Kapitel hatte ich gefordert, daß der Ingenieur dem Künstler gleichgestellt werden solle; die Werke des Brücken- und Schiffsbaus, die Lokomotiven und anderen Maschinen wie auch die großen

Straßen und die Anlage von Städten seien ebenso als Werke der Kunst zu betrachten wie die Architektur, die Malerei, die Bildhauerei, die Dichtung oder die Musik.

Lange vor meiner Zeit hatten schon Emile Zola und Joris Karl Huysmans die »Kunst der Ingenieure« verteidigt, erklärte ich dem Geheimrat, und Napoleon I. hatte verlangt, daß die großen Werke des Chausséebaus gleichberechtigt mit den Denkmälern, Gemälden und Werken der Bildhauerei an den alljährlichen Wettbewerben des Departements der Künste teilnehmen sollten. Mit aller Deutlichkeit wies ich im weiteren Verlauf unserer Unterredung auf den Mißbrauch hin, jedem Architekten, Maler, Bildhauer oder Schriftsteller den Rang eines »Künstlers« zuzumessen, nur weil er eine dieser Künste »ausübt«. Ich könne diesen Rang nur einigen wenigen zuerkennen. Bei den Ingenieuren sei es wohl kaum anders, fügte ich etwas boshaft hinzu.

Kurz nach dem Besuch des Präsidenten von Oechelhäuser erhielt ich zwei architektonische Aufträge, den einen von Herbert Esche, den anderen von einem Arzt in Den Haag, Doktor Leuring. Für Herbert Esche hatte ich schon 1898 Möbel entworfen. Mit der für Harry Kessler geschaffenen Einrichtung waren sie die letzten, die in den Brüsseler »Ateliers« hergestellt worden waren. Jetzt hatte Herbert Esche ein Grundstück an der Peripherie von Chemnitz gekauft. Er wünschte, ein Haus zu haben, das mit dem Geist der für ihn geschaffenen Möbel und anderen Gegenstände übereinstimmte, um endlich den zwischen der Einrichtung und der vulgären und prätentiösen Mietswohnung bestehenden Widerspruch zu beseitigen, in dem er lebte. Er empfand, wie er mir sagte, diesen Kontrast als eine ständige Beleidigung, von der ihn nur ein von mir entworfenes Haus befreien könne, dessen Außenbau der gleichen künstlerischen Konzeption entspräche wie der Innenbau und die Möbel. Von Doktor Leuring wußte ich nur, daß er ein intimer Freund des Malers Jan Thorn Prikker war und dessen Geschmack, seine Überzeugungen und vor allem seine Vorliebe für exotische Dinge teilte.

Wiederum stellte ich mir die Frage, ob ich mich jemals mit anderen Menschen so weit identifizieren könnte, um für sie zu tun, was ich mit dem Haus »Bloemenwerf« auf natürlichste Weise für Maria und mich geschaffen hatte. Die Antwort auf diese Frage hing eng mit der Entwicklung meiner Laufbahn zusammen. Der Umkreis meiner Tätigkeit breitete sich aus. Ich hatte mir wesentliche Kenntnisse in allen Techniken des Kunsthandwerks erworben; jetzt galt es, mir die besonderen Grundlagen der architektonischen

Die Villa Esche in Chemnitz, eines der ersten von van de Velde entworfenen Häuser

Konstruktion anzueignen. Im Grunde war es für mich keine große Sache. Ich glaube tatsächlich, daß es komplizierter und schwieriger ist, den Detailplan eines Stuhles zu entwerfen als die Pläne für eine Villa, eine Schule, ein Hotel oder einen Bahnhof.

Die beiden Häuser in Holland und Deutschland erregten das gleiche Erstaunen, die gleiche Kritik und das gleiche Lob wie einige Jahre vorher unser Haus »Bloemenwerf« in Belgien. Es zeigte sich, daß ich mehr und mehr auch auf dem Gebiet der Architektur zu den Bahnbrechern gehörte, die mit Hilfe des Prinzips der vernunftgemäßen Gestaltung wirksam zur Erneuerung beigetragen haben. Alle meine Bauten, die den am Beginn meiner architektonischen Laufbahn stehenden Häusern »Bloemenwerf«, Esche und Leuring folgten, sind Zeugnisse meines persönlichen Beitrages zur Entwicklung des »neuen Stils« geworden.

Das »Kunstgewerbliche Seminar«

Meine Berufung nach Weimar als künstlerischer Berater wurde weithin als außerordentliches Ereignis empfunden und die mir gestellte Aufgabe mit großem Interesse verfolgt. In keinem Lande gab es etwas Ähnliches, und kein Souverän, keine Regierung hatte daran gedacht, das verfallene Kunsthandwerk unter ihren Schutz zu nehmen, obwohl es ein großes historisches Vorbild gab: den Tuchhändlersohn Colbert, der als Minister Ludwigs XIV. die französischen Manufakturen gegründet hatte.

Es fiel besonders auf, daß die Wahl des Großherzoges Wilhelm Ernst auf einen ausländischen Künstler gefallen war, dessen Meinungen und Schöpfungen in den offiziellen Kreisen als subversiv und revolutionär verschrien waren. Der Großherzog indessen stützte sich auf die Meinung seiner nächsten Berater, die für Weimar eine neue Ära herbeizuführen und eine Tradition wiederzubeleben wünschten, die schon zweimal zu Höhepunkten des Geisteslebens geführt hatte. Die Dienste, die der Großherzog von mir erwartete, waren auf realistische Ziele gerichtet. Sowohl künstlerische wie wirtschaftliche Interessen veranlaßten ihn und seine Regierung, mich mit der Aufgabe zu betrauen, das Niveau der kunsthandwerklichen und kunst-industriellen Produktion zu heben.

Zunächst galt es, meine Ideen zu konsolidieren und bei den Handwerkern und Industriellen möglichst rasch bekanntzumachen. Ich gründete deshalb neben meinen Privatateliers, zu denen sich gleich nach meiner Übersiedlung nach Weimar spontan einige Schüler gemeldet hatten, ein Institut zur Unterstützung der Arbeit von Kunsthandwerk und Industrie, genauer gesagt eine Art Laboratorium, in dem sich jeder Handwerker oder Fabrikant kostenlos beraten und seine Erzeugnisse analysieren und verbessern lassen konnte. Zu Beginn war ich alles in einer Person: Berater, Anreger, Korrigierender. Später, nachdem ich die Kunstgewerbeschule ins Leben gerufen hatte, halfen mir meine Mitarbeiter und auch Schüler. Die fruchtbaren Ergebnisse dieser Institution zeigten sich sehr rasch.

Ich taufte dieses Institut »Kunstgewerbliches Seminar«, weil ich überzeugt war, dort den Samen sammeln und verteilen zu können, der dann im Kunsthandwerk und in der Kunstindustrie aufgehen sollte. Jeder Zeichner oder Modelleur konnte unter meiner Kontrolle seine Arbeit durchführen, die er dann in seinem Betrieb weiterentwickelte. Ich glaube sagen zu dürfen, daß keiner dieser Zeichner oder Modelleure in seine Fabrik oder Werkstatt zurückgekehrt ist, der nicht wirklich glücklich war, einmal in einer Atmosphäre gearbeitet zu haben, in der im Gegensatz zu den Fabriken keine Hast herrschte, wo sekundäre und engherzige Interessen verbannt und wo alles darauf angelegt war, sauber zu arbeiten, befriedigende Ergebnisse zu erzielen und die vollkommenste Form zu finden. Alle sind ermutigt, erfrischt und bereichert von Wissen und von den ihnen vermittelten Grundsätzen, die ich bei den Korrekturen zu erklären und formulieren versuchte, wieder an ihre Arbeit gegangen. Sie vervollständigten ihre Kenntnisse im Umgang mit meinen Mitarbeitern und Schülern, die ihrerseits Wesentliches von den Fachhandwerkern lernten. Diese wiederum profitierten vom Talent meiner Schüler und von ihrer jungfräulichen Frische und ihrer Freiheit von jedem merkantilen Hintergedanken. Später, nach der Gründung der Kunstgewerbeschule, veranstaltete ich unter den fortgeschrittenen Schülern mehrmals Wettbewerbe, bei denen Modelle geschaffen werden mußten, die durch Vermittlung des Seminars den interessierten Industriellen zur Ausarbeitung überlassen wurden.

Das »Seminar« wurde das wirksamste Instrument, um auf dem kürzesten Weg zu dem Ziel zu gelangen, das ich mir gesetzt hatte: zur Zusammenarbeit von Künstler, Kunsthandwerker und Fabrikant. Ich habe diese Zusammenarbeit sechs Jahre vor der Gründung des Werkbundes und zwanzig Jahre vor dem »Bauhaus« verwirklicht. Im Verlauf meiner Darstellung komme ich noch einmal auf die Gründung des Werkbundes zurück. Was den Gründer des Bauhauses, Walter Gropius, betrifft, den ich als meinen Nachfolger empfahl, so gehöre ich zu den aufrichtigen Bewunderern des Elans, mit dem er meine unter schwierigen Umständen von 1901 bis 1914 durchgeführten Bestrebungen aufgenommen und verbreitet hat.

Eine Reihe von Fabrikanten wurde sich rasch über die praktischen Vorteile des »Kunstgewerblichen Seminars« klar. Sie schlugen ihrerseits dem Seminar die Veranstaltung von Wettbewerben vor, zu denen sie bescheidene Beiträge zur Verfügung stellten. Auch die Regierung bediente sich mehrmals dieser Möglichkeit, um Modelle für die Korbflechterei, die Töpferei und für Spielzeuge zu erhalten, die im Großherzogtum Sachsen-Weimar im Rahmen der Hausindustrie erzeugt wurden.

Ich erkannte aber bald, daß mit der Überlassung einer Zeichnung oder eines Modells an den Kunsthandwerker oder Fabrikanten längst nicht alles getan war. Die Ausführung ließ dermaßen zu wünschen übrig, und die Materialien waren von derart schlechter Qualität, daß alle unsere Anstrengungen im Seminar wie auch die der Zeichner und Modelleure, die während ihres Aufenthaltes in Weimar ihr Bestes zu geben versuchten, vereitelt, wenn nicht zunichte gemacht wurden. Auf alles, was nicht unter meiner ständigen Leitung und Überwachung im direkten Umkreis meines Ateliers geschah, hatte ich nur wenig oder überhaupt keinen Einfluß. In den Werkstätten der Weimarer Kunsthandwerker jedoch, wo ich wohlgelitten und sehr oft mit dabei war, fühlten sich die mit der Ausführung der Modelle und Zeichnungen betrauten Arbeiter ermutigt, so daß die Ergebnisse auch entsprechend gut waren.

Außerhalb Weimars kümmerten sich nur verhältnismäßig wenige Kunsthandwerker oder Fabriken um unsere Bestrebungen. Die Porzellan-, Teppich- und Spielzeugindustrie produzierte vor allem Massenware zu möglichst billigen Preisen. Die erfreulichsten Auswirkungen meiner Anstrengungen realisierten sich in den Erzeugnissen der Töpferei in Bürgel, der Korbflechtereien in Tannroda und der Fabrik in Ruhla, die Pfeifen und Zigarrenspitzen aus Meerschaum herstellte.

Was in Weimar geschah, war kein vereinzeltes Experiment. Auch das Verantwortungsgefühl des Großherzogs der Tradition gegenüber, das ihn zum Handeln bestimmte, hatte seine Ursachen. Den Fürsten der deutschen Bundesstaaten war jede Initiative auf dem Feld der großen Politik und jede tatsächliche Mitwirkung an der Leitung des Kaiserreiches versagt. Wenn ihnen nach den Jahren des Militärdienstes oder als Korpsstudenten einer Universität noch eine Spur von Interesse außer für die Jagd verblieb, suchten sie eine gewisse Befriedigung durch Förderung dessen, was man Kunst und Kultur nannte. Unter aufgeklärten und begeisterungsfähigen Fürsten hat es immer Rivalitäten gegeben, die sich oft als fruchtbar erwiesen. So entwickelte sich je nach der besonderen Vorliebe des regierenden Souveräns eine Tradition, die bald dem Theater, der Musik, der Literatur oder der Malerei zugute kam. Weimar, Gotha, Meiningen, Karlsruhe und Stuttgart, München und Dresden wetteiferten auf den Gebieten der Kunst, wie die zahlreichen deutschen Universitäten zum großen Vorteil der Wissenschaft miteinander rivalisierten. Wir erlebten damals den Konkurrenzkampf der großen Zentren Berlin, Hamburg, Frankfurt, Köln oder Düsseldorf auf dem Gebiet der Museen, ein Beispiel der Großzügigkeit der Bürger, die aus Lokalpatriotismus bestrebt waren, mit ihren eigenen Museen diejenigen der Nachbarstädte zu übertrumpfen. Verglichen mit solcher allgemeinen Aktivität mußte die mir zugewiesene spezielle Aufgabe – das moralische Niveau und damit die Qualität der Produktion zu heben – als ungewöhnlich erscheinen.

Wir befanden uns in einem kleinen Land, dessen patriarchalische Sitten und Vorstellungen noch nicht dem Schock sozialer und ökonomischer Erschütterungen ausgesetzt worden waren. Abgesehen von den beiden Weltfirmen Zeiss und Schott in Jena waren die zahlreichen Industrien des Landes Eigentum kleiner Leute. Wenn sie auch gezwungen waren, ein wenig über ihren eigenen Horizont zu schauen, so behielten sie doch die alten thüringischen Sitten und ihre jahrhundertealte Anhänglichkeit an das Fürstenhaus bei.

Ich erkannte, daß gerade aus dieser Anhänglichkeit und den traditionellen Produktionsbedingungen Nutzen zu ziehen sei. Eine Reihe von Berichten an den Großherzog war das Ergebnis meiner ersten Inspektionen. Es hätte mir noch Freude gemacht, diese Rapporte aus den Akten des Ministeriums auszugraben, wo sie zusammen mit anderen Aktenstößen verstaubten.

Jugendstil

Zur Zeit meiner Amtsübernahme in Weimar beschränkte sich das Kunsthandwerk auf die schon erwähnte ausgezeichnete Kunsttischlerei Scheidemantel, auf eine Metall- und Goldschmiedewerkstatt, deren beide jungen Inhaber den besten Willen an den Tag legten, auf einen leider kränklichen Kunstschmied und auf eine intelligent und interessiert geleitete Lederwerkstatt. Die anderen Kunsthandwerker und Kunstindustrien, die »modern« eingestellt waren, unterlagen den Anziehungskräften des »Jugendstils«, das heißt seiner sensationellen »Neuheit«, durch welche die Kundschaft und die der Kundschaft hörigen Reisenden angezogen wurden.

Was dieser »Jugendstil« näher besehen eigentlich war, darauf konnte man weder von den thüringischen noch von den Industriellen anderer Länder in Europa eine Antwort erwarten. Es hatte eine Überschwemmung zweier auseinanderfallender Gestaltungsprinzipien stattgefunden: einerseits der linearen Ornamentik, die ich auf Plakaten, bei Stoffen und Tapeten, bei den übermäßig bewegten Strukturen meiner Möbel um 1900 benutzt und in Wort und Schrift propagiert hatte; andrerseits der stilisierten naturalistischen Motive, die von den Bildern und Illustrationen der englischen präraffaelitischen Maler übernommen worden waren.

Es besteht kein Zweifel, daß Otto Eckmann sich als erster dieser Zwittermischung bediente, anfänglich in den Illustrationen der Münchner Zeitschrift »Die Jugend«, später bei Teppichen, Tapeten und Metallarbeiten (Lampen), die ihm größten Erfolg brachten. Obwohl diese Tatsache bekannt war, wurde *mir* die Urheberschaft zugeschoben, als der Zusammenbruch dieses »Stils« offenkundig wurde, und meine oberflächlichen Gegner versuchten, mich als den vermeintlichen Erfinder zu verurteilen.

Die Wahrheit sieht anders aus. Die gewundenen Linien Eckmanns stammen ab von den Zeichnungen Walter Cranes mit ihren naturalistischen Elementen, mit ihren faden, schmachtenden Gestalten in wehenden Gewändern und mit aufgelösten Haaren, über denen die Düfte seltener Blumen ausgegossen zu sein scheinen. Meine Formensprache jedoch geht ebenso auf meine Entdeckung der Kräfte der Linie und des dynamischen Ausdrucks der Formen wie auf die Struktur der Ornamente zurück, die mich in meiner frühen Entwicklungsphase zu gewissen Übertreibungen führten. Was ich damals als definitiv annahm, waren jedoch erst die Skelette der Formen und Ornamente.

Ich empfand das Bedürfnis, meinen »Fall« gründlicher zu überdenken, als es in den bewegten Zeiten unseres Berliner Aufenthaltes möglich gewesen war. In der Ruhe Weimars und der klösterlichen Atmosphäre des Prellerhauses, vor den einfachen, ornamentlosen Wänden, den bescheidenen Möbeln, den Schiefertafeln und dem primitiven Arbeitsgerät fand ich die Atmosphäre der Moral und des Spirituellen wieder, aus der meine ersten Arbeiten entstanden sind. All das Sensationelle, Spektakuläre – will sagen Gefährliche – war wie durch einen Zauber weggewischt. Ich wurde mir klar, daß ich mich während des Jahres in Berlin von den einfachen, gesunden Prinzipien, aus denen das Haus »Bloemenwerf« entstanden war, und von den Grundlagen entfernt hatte, von denen aus ich um die Wiedergeburt des Geschmacks kämpfte.

Inspektionsfahrten mit der Großherzoginmutter

In den ersten Weimarer Monaten hatte ich mir alle Unterlagen über die Kunsthandwerker und Fabriken verschafft, bei denen sich die Mitarbeit eines Künstlers und eine ästhetische Beratung und Kontrolle lohnten. Die lange Hoftrauer nach Karl Alexanders Tod und die Verpflichtung, sich in die Regie-

Die Großherzoginmutter Pauline unterstützte ihren Sohn Wilhelm Ernst und van de Velde

rungsgeschäfte einzuarbeiten, ließen dem Großherzog nur wenig Zeit, meine Aktivität und meine ersten Erfahrungen mit dem Seminar zu verfolgen. Er wünschte, daß seine Mutter mich nach ihrer Rückkehr aus Rom bei den Kunsthandwerkern und Fabrikdirektoren, von denen die Existenz der arbeitenden Bevölkerung abhing, einführte.

Als sich die Großherzoginmutter Pauline im Sommer des Jahres 1902 wieder in Schloß Belvedere eingerichtet hatte, legte ich ihr mein Programm und die Liste der Betriebe vor, die wir im Namen des Großherzogs zu besuchen hatten. Die Fürstin sagte mir ihre volle Unterstützung zu; sie interessierte sich offenbar sehr für meine Pläne. Es wurde beschlossen, die Fahrten mit Pferd und Wagen zu machen. Auf solche Weise konnte die Großherzoginmutter zugleich mit der Bevölkerung näheren Kontakt aufnehmen und sich von den Untertanen über ihre Sorgen und Nöte aufklären lassen.

Auf unseren Fahrten und den Besuchen der Gemeindebehörden, Fabriken und Werkstätten erfuhr die Großherzoginmutter, was Popularität bedeutet. Während ihrer Ehe mit dem Erbprinzen hatte ihr Schwiegervater Karl Alexander sie zu einer Zurückgezogenheit gezwungen, die nach dem Tod ihres Gatten, der zu Lebzeiten Karl Alexanders eintrat, noch größer wurde. Ihr Sohn Wilhelm Ernst wurde Erbe des Thrones. Die ihr übertragene Aufgabe, mit mir zusammenzuarbeiten, machte sie überglücklich.

Unsere Reisegesellschaft bestand jedesmal aus zwei oder drei Wagen. Den ersten, einen Vierspänner, lenkte der Oberstallmeister selbst. Die Großherzoginmutter und die Oberhofmeisterin befanden sich auf dem Vordersitz, der Oberhofmarschall und ich auf dem Rücksitz. In den anderen Wagen hatten verschiedene Würdenträger Platz genommen. Die Kutscher und Lakaien trugen Gala-Uniformen.

Von allen Teilnehmern der Kavalkade war ich der einzige, dem eine Stelle aus dem schönen Buch »Ruskin et la Religion de la Beauté« des französischen Ästheten Robert de la Sizeranne in den Sinn kam: die Beschreibung der feierlichen Ansprache, die Ruskin vor einer Versammlung von Anarchisten, Deisten, Nonkonformisten und Quäkern hielt, und die theatralische Art, mit der er sich von seinen bestürzten Zuhörern verabschiedete und seine Sänfte bestieg, während sein Diener sich tief verneigte. Dieser Besuch meines berühmten Vorläufers blieb damals ohne jede Folgen, wogegen unsere Visiten positive Ergebnisse zeitigten. Noch vor Sommersende konnten wir auf einer Fahrt, bei der die Großherzoginmutter vom Oberhofmarschall des Großherzogs begleitet war, eine Reihe von Gegenständen sehen, die von den kleinen Industrien des Landes nach meinen Entwürfen ausgeführt worden waren. Bald darauf waren in den Geschäften Berlins, Münchens, Hamburgs und Düsseldorfs Rohrmöbel zu haben, die von den »Vereinigten Korbflechtereien Tannrodas« auf den Markt gebracht wurden. Und im Winter sah man in Weimar im Schaufenster von Bauer einige Vasen und ein kleines Teeservice aus den neubelebten Bürgeler Töpfereien. Gegenüber zeigten der Kunsttischler Scheidemantel Möbel und andere Einrichtungsgegenstände, das Goldschmiedegeschäft Müller Metallarbeiten, und nicht weit davon fand man Ledereinbände – alles von mir entworfene Dinge, die jedermann in Weimar kaufen konnte. Im darauffolgenden Frühling hatte Harry Kessler zu Ehren der von Rom zurückgekehrten Großherzoginmutter im Museum am Karlsplatz schon einen ganzen Saal mit derartigen kunstgewerblichen Gegenständen gefüllt.

»Laienpredigten« und Folkwang-Museum

Neben allen meinen Arbeiten in Weimar mußte ich den Verpflichtungen nachkommen, die ich vor meiner Übersiedlung nach Weimar in Berlin übernommen hatte. Die beiden wichtigsten waren die Einrichtung des Folkwang-Museums in Hagen und die Fertigstellung des Textes für das Buch »Kunstgewerbliche Laienpredigten« für den Verleger Ernst Arthur Seemann in Leipzig, das meine in Belgien gehaltenen Vorträge »Wie ich mir freie Bahn schuf«, »Eine Predigt an die Jugend« und »William Morris, Kunsthandwerker und Sozialist« sowie einen in Berlin gehaltenen Vortrag »Prinzipielle Erklärungen« enthält.

Die »Prinzipiellen Erklärungen« der »Kunstgewerblichen Laienpredigten« bestehen aus vierzig Abschnitten mit einem einleitenden Kommentar über die Wiedergeburt der vernunftgemäßen Gestaltung der Formen und ihrer vollständigen und verständlichen Funktion. Weitere Paragraphen befassen sich mit der Schöpfung einer linearen, abstrakten und organischen Ornamentik, die ebenso selbstverständlich aus den Gegenständen herauswächst, wie die Pflanze Ornamente hervorbringt, die nicht Dekoration, sondern Lebensbestandteil sind. Mir schwebte die Rückkehr zu einer vernunftgemäßen (logischen) Schönheit vor, wie sie in der Urzeit des Menschen und in den primitiven Epochen hervortritt.

Während der Arbeit an den »Prinzipiellen Erklärungen« wurde ich mir einer Wahrheit bewußt, die zu einer der Grundlagen des »neuen Stils« wurde: das Gift, der Virus der Phantasie hat zwar unsre Augen, aber weniger unser Gehirn verdorben. Ein leidenschaftlicher Appell kann den Verstand aus der Erstarrung lösen, aber die Augen bleiben der Häßlichkeit gegenüber unsicher, trübe, gleichsam gelähmt und unempfindlich, solange die Vernunft nicht auf sie einwirkt. Ich habe früher schon gesagt, in welchem Augenblick meines Lebens ich diesen Appell an die Vernunft vernommen habe und bei welcher Gelegenheit – es war beim Bau und bei der Einrichtung des Hauses »Bloemenwerf« – ich meine Bereitschaft kundgab, meinen Beitrag zu leisten und mit gutem Beispiel voranzugehen.

Für die Einrichtung des Folkwang-Museums war ein Teil der Aufträge Weimarer Kunsthandwerkern übertragen worden, das meiste wurde jedoch von einer gewissenhaft geleiteten Berliner Kunsttischlerei hergestellt. Bei der Eröffnung des Museums, dessen deutsch-mythologischer Name durch nichts gerechtfertigt war, erschien Karl Ernst Osthaus nicht mehr als der verlegene junge Mann, als der er im Haus »Bloemenwerf« aufgetaucht war. Sein Geschmack und die Ziele, die er sich mit dem Museum gesetzt hatte, waren andere geworden. Im gut beleuchteten Souterrain waren die Schmetterlings- und Käfersammlungen untergebracht, im Erdgeschoß alles, was er von seinen Reisen heimgebracht hatte. Im Obergeschoß befand sich die Gemäldesammlung in einem großen Saal, der unmittelbar mit einem Musikraum verbunden war, wo Osthaus Kammermusikaufführungen zu veranstalten gedachte.

Von den Düsseldorfer Landschaftsmalern war nichts mehr zu sehen. Seit unsrer Begegnung hatte sich eine vollständige Wandlung in Osthaus' Geschmack vollzogen, besonders nachdem ich ihn mit den Kunsthändlern Ambroise Vollard in Paris und Paul Cassirer in Berlin zusammengebracht hatte. Seine Bekehrung war spontan eingetreten, und sein Sinn und das Verständnis für Kunstwerke von hoher Qualität entwickelte sich außergewöhnlich rasch. In weniger als einem Jahr hatte er Werke von Monet, Renoir, Seurat, Signac, Cross, van Gogh, Gauguin und Skulpturen von Minne, Rodin und Constantin Meunier erworben.

Bevor die Freundschaft zwischen uns entstand, waren Osthaus die Namen all dieser Maler und Bildhauer nicht bekannt gewesen. Aber es macht mir Freude, festzustellen, daß er später unabhängig die ästhetischen Entwicklungen verfolgte, allein architektonische Entscheidungen traf und selbständig seine Kunstsammlungen ausbaute.

Die Einweihung des Folkwang-Museums fand am 19. Juli 1902 statt. Es erschien als eine Art Gegenstück zu der 1901 eröffneten Künstlerkolonie »Mathildenhöhe« in Darmstadt, die ein »Dokument deutscher Kunst« genannt wurde. Kein erfahrener Kritiker konnte jedoch zweifeln, welches dieser beiden »Dokumente« entscheidend war. Beide erhoben Anspruch darauf, mit der Stil-Imitation gebrochen zu haben. Aber während die Darmstädter Künstler sich voll und ganz der dekorativen Phantasie hingaben, bemühte sich der Erbauer des Hagener Museums um Form und logische Konstruktion.

Die Darmstädter Künstler hatten sich mit Fragen des Geschmacks, aber nicht mit ästhetischen Prinzipien beschäftigt. Prinzipien hätten kaum das Interesse des hessischen Großherzogs erregt, den ich später kennenlernte. Sein impulsiver Wunsch war, Künstler um sich zu scharen, seinem Land und seinem Hofe Glanz zu geben, um den Großherzögen von Sachsen Weimar und

Sachsen-Meiningen nicht nachzustehen. Seine persönliche Vorliebe galt der Architektur und den dekorativen Künsten. Daher die Wahl der von ihm berufenen Künstler, die er in seiner Hauptstadt ansiedelte. Der Idee fehlte es nicht an Größe, aber die Wahl der Künstler war strittig. An die Spitze der Gruppe stellte der Großherzog Ernst Ludwig den Wiener Architekten Josef Olbrich, einen der begabtesten Schüler Otto Wagners, des Vorkämpfers der neuen österreichischen Architektur. Die Berufung eines anderen, der Wiener Schule zugehörenden Architekten, wäre gerechtfertigter gewesen: Josef Hoffmanns, der später sein Talent und seine künstlerische Kultur durch ausgezeichnete Bauten und auch durch die Wahl seiner Mitarbeiter – vor allem Gustav Klimts – bewiesen hat; auch an der Gründung der »Wiener Werkstätten«, die er später mit großer Autorität leitete, war Hoffmann entscheidend beteiligt. An zweiter Stelle stand Peter Behrens. Er zeichnete sich durch hervorragenden Geschmack aus, war in der Sicherheit seines Stils seinen Kameraden überlegen und drängte nach größeren Aufgaben. Berlin wurde später das Feld seiner Tätigkeit.

Zu Beginn der Weimarer Jahre fühlte ich mich in meinen Beziehungen zum Publikum gestört. Es war mir unangenehm, als ein Star, als ein Zauberer, gewissermaßen als ein Clown betrachtet zu werden. Bei einem Besuch, den ich dem Maler Franz von Stuck in München machte, kam mir dies blitzartig zum Bewußtsein. Stuck hatte sich ein Palais bauen lassen, wobei er sich das Palais des berühmten Porträtisten Franz von Lenbach zum Vorbild nahm. Wie bei Lenbach war alles falscher, geschmackloser Luxus. Die üppigen Wand- und Deckentäfelungen schienen aus wertvollem Holz zu sein; in Wirklichkeit waren sie aus Gips.

Zwei junge Damen warteten im Vorzimmer Stucks auf einem großen Sofa auf den Augenblick, in das »Allerheiligste«, das Atelier des Meisters eingelassen zu werden. Ein galonierter Diener nahm meine Karte in Empfang. Ich setzte mich den beiden sittsam wartenden jungen Damen gegenüber. Nach ein paar Minuten kehrte der Diener zurück und verkündete feierlich: »Herr Professor von Stuck läßt Herrn Professor van de Velde (er betonte den Titel) bitten, einige Augenblicke Geduld zu haben. Herr Professor von Stuck wird ihn sofort empfangen.« Mein Name genügte, um die beiden Frauen zu elektrisieren. Der Diener hatte noch nicht die Tür geschlossen, und schon änderten sie ihre Haltung. Sie warfen ironische Blicke auf alles, was sich in diesem feierlichen Vorraum befand, damit ich sie ja nicht mit den »Altmodischen«

verwechseln sollte, über die ich mich ebenso gerne lustig machte wie über die Wohnungen der Großmütter und alten Tanten. Ich hatte meinen grausamen Spaß an der Zappelei der beiden jungen Damen. Schließlich erschien der Meister, reichte mir die Hand, und die Szene war zu Ende.

Die Damen in Weimar waren wie die Münchner »Gänse« überzeugt, daß ich nur nach Neuheit und Extravaganz haschte. Sie waren begierig, die zum Trocknen aufgehängte Wäsche unserer Kinder zu betasten. Ihre Enttäuschung, nichts Außergewöhnliches zu finden, wurde durch ein Dutzend Kinderkleider von originellem Schnitt und buntscheckigem, fröhlichem Kattun entschädigt, dessen Farben den echten Batiken angeglichen waren, die die holländischen Fabriken nach Indonesien verschifften.

Am Weimarer Hof

Das ruhige Leben der Residenz stand im Gegensatz zur fieberhaften Atmosphäre Berlins. Im Vergleich zu dem, was wir in der Reichshauptstadt mitgemacht hatten, belasteten uns die gesellschaftlichen Verpflichtungen in Weimar nicht sehr. In der ersten Regierungszeit Wilhelm Ernsts – vor seiner Verheiratung – gab es nur wenige Veranstaltungen bei Hofe und ab und zu ein Souper nach Galavorstellungen im Theater.

Ich hatte vereinbart, die Hoftenue für Zivilpersonen – den betreßten Frack, Zweispitz, weiße Hosen und Degen – nicht tragen zu müssen.

An meinem ersten Geburtstag, den ich in Weimar feierte, erhielt ich den Titel »Professor«. Ich mußte ihn annehmen, obwohl ich gewünscht hatte, von Ehrenauszeichnungen verschont zu bleiben. Aber der gerade damals zum Direktor der Kunstakademie berufene Maler Hans Olde wurde mit diesem Titel ausgezeichnet, und es wäre als schockierend empfunden worden, wenn ich nicht den gleichen Rang wie Olde erhalten hätte. Am Weimarer Hof spielte wie an allen anderen Höfen der Rang eine entscheidende Rolle.

Die deutschen Zeitungen hielten ihre Leser über meine Arbeit auf dem laufenden. In manchen Meldungen war der Unterton des Angriffs gegen den selbstgefälligen autoritären Geschmack des Kaisers nicht zu überhören. Die Haltung der Großherzöge von Sachsen-Weimar und von Hessen gab Anlaß zu Andeutungen in dieser Richtung. Die satirischen Wochenschriften ließen es an sarkastischen Anspielungen, Karikaturen und kleinen Geschichten nicht fehlen.

Ich habe den Wunsch des Großherzogs nach guten Mitarbeitern verstanden, nach wirksamer Unterstützung vor allem bei der Vorbereitung seiner Reden und in Situationen, in denen sein Mangel an allgemeiner Bildung nur zu sehr in Erscheinung trat. Aber ich bemerkte bald, daß er auf den hartnäckigen Widerstand seines allernächsten Kreises stieß. Keiner der hohen Würdenträger des Hofes dachte auch nur daran, den geringsten Teil der Autorität preiszugeben, die er mit seiner Person und Funktion verbunden glaubte. Erst später erfuhr ich, daß sie nichtsdestoweniger alle um ihre Stellung zitterten und sich ständig von Feinden umgeben glaubten.

Zunächst war ich mir nicht darüber klar, daß der Mangel an allgemeiner Kultiviertheit bei Wilhelm Ernst größer war, als man normalerweise bei einem ausschließlich auf der Potsdamer Militärakademie erzogenen jungen Offizier erwarten konnte. Ich wurde bald eines Besseren, richtiger eines Schlechteren belehrt.

Der Großherzog hatte nach einem Gastspiel Coquelins des Jüngeren, der im Hoftheater Molières »Eingebildeten Kranken« spielte, den berühmten Schauspieler der Comédie Française zu einem Souper in die Privatsalons des Schlosses eingeladen. Coquelin hatte seine Rolle mit unvergleichlicher Virtuosität gespielt. Ein kleines Dutzend Personen war um den Großherzog und seinen illustren Gast versammelt. Alle sprachen fließend Französisch; nur Wilhelm Ernst hatte einige Schwierigkeiten. Zu Beginn des Soupers hatte er einige Worte gesprochen, dann war das Gespräch ins Stocken geraten. Die Diskussion über Molière war bald erschöpft, und auch über die ausgezeichnete Schauspielertruppe, zu der die beiden Coquelin gehörten, gab es nicht mehr viel zu reden. Der Großherzog schwieg wie ein bescheidener Gast in einem etwas fremden Milieu. Coquelin bestritt schließlich die ganze Unterhaltung allein, bis er durch eine Bemerkung von mir erfuhr, daß ich Maurice Maeterlinck kannte, dessen Stern am Theaterhimmel plötzlich aufgestiegen war. Coquelin berichtete uns über den Erfolg, den Maeterlincks jüngstes Drama »Monna Vanna« in der Comédie Française in Paris errungen hatte.

Coquelin war glücklich, in mir, dem Belgier, der sich in der französischen und belgischen Literatur auskannte, einen interessierten Gesprächspartner zu finden. So geschah es, daß der Großherzog und die anderen Anwesenden unserem Gespräch zuhörten, ohne auf Coquelins Bemerkung zu reagieren, »Monna Vanna« sei Maeterlincks Meisterwerk. Ich war etwas anderer Meinung. Mein Freund Charles van Lerberghe und ich hatten vor Jahren in einem der flämischen Seebäder Maeterlinck selbst sein Stück »Princesse Maleine« vorlesen hören, das wir unsrerseits neben »Pelléas et Mélisande« für sein Meisterwerk hielten. Der Großherzog hatte zu dieser Meinungsverschiedenheit nichts zu sagen. Auch seine Gäste wußten nichts von Maeterlinck, dessen Namen sie an diesem Abend zum ersten Male gehört hatten. Der Großherzog beendete den etwas kläglich verlaufenen Abend mit einem banalen Kompliment für den großen Schauspieler, drückte Coquelin die Hand und verschwand.

Am nächsten Tage besuchte uns der Oberhofmarschall General Palézieux wie schon mehrmals nach dem Abendessen. Er wohnte in unserer Nähe. Die Gesellschaft mit Maria machte ihm Freude, und er genoß die kleinen Desserts und die Pfälzer Weine, die sie ihm anbot. Diesmal kam »Seine Exzellenz«, um mich zu schelten und mich, mit nicht zu großem Ernst, auf die Beobachtung der »Etikette« aufmerksam zu machen. Nicht weil ich zuviel gesprochen hatte – der Großherzog wendete ja nichts gegen mich ein –, sondern weil ich anderer Meinung war als der illustre Gast und weil ich ihm widersprach, hatte ich die Etikette verletzt. »Wer Ohren hat zu hören, der höre«, sagt, wie ich mich erinnere, Molière in einer seiner Komödien. Ich nahm mir des alten Generals wohlwollende Lektion zu Herzen.

Der Oberhofmarschall hatte es nie eilig, nach Hause zu gehen. Er verabschiedete sich von Maria und hielt mich stets noch eine gute Viertelstunde vor dem Haus auf dem Trottoir fest. Er war an diesem Abend gesprächiger als sonst, ein Zeichen seiner inneren Unruhe, ja seiner fixen Idee, von der er nicht loskommen konnte. »Sie, lieber Professor«, sagte er, »sind zu beneiden. Sie sind der einzige am Hof, der nicht fürchten muß, entlassen zu werden. Ich dagegen muß mich jeden Tag beim Aufwachen fragen, ob ich noch Oberhofmarschall bin.« Es war schwer, ihn zu beruhigen. Die über ihm schwebende Drohung wurde allerdings erst akut, als der Großherzog Harry Graf Kessler zur Leitung der Museen nach Weimar berief.

Graf Kessler in Weimar

Elisabeth Förster-Nietzsche führte in diesen Monaten dem Minister Rothe immer wieder die Vorteile vor Augen, die Harry Kesslers Anwesenheit in Weimar mit sich bringen würde. Graf Kessler war der eigentliche Urheber des Experimentes, das in Weimar zu einer künstlerischen und geistigen Erneuerung führen sollte. Ein paralleler Versuch auf dem Gebiet der bildenden Künste versprach ähnliche Erfolge.

In Weimar gab es zwei Museen. Das eine, das normalerweise von den Fremden besucht wurde, enthielt Werke der Lokalkünstler, vor allem die dekorativen Bilder des schon erwähnten Preller; das andere war eigentlich ein Magazin, in dem ohne Sinn und Methode aufgestapelt war, was der von seinem Hofmarschall zu Antiquaren geschleppte Großherzog auf seinen Reisen in Deutschland und im Ausland mit ebensowenig Kenntnissen wie Geschmack erworben hatte.

In diesem »Museum« befand sich ein Saal, der bisher den Professoren der Akademie und einigen anderen in Weimar lebenden Künstlern zu wechselnden Ausstellungen zur Verfügung stand. Der Direktor der Akademie, Hans Olde, besaß nicht die notwendige Durchschlagskraft, um das Niveau dieser Ausstellungen zu heben oder wenigstens die Werke fortgeschrittener Akademieschüler zu zeigen. Nur der Landschaftsmaler Theodor Hagen hatte eine gewisse künstlerische Lebendigkeit bewahrt. Ein Anschluß an eine der Sezessionsgruppen, die in Berlin, München oder Dresden im Kampf unabhängiger Künstler gegen die offizielle Kunstauffassung und -politik entstanden waren, schien angesichts der Mentalität des Lehrkörpers der Akademie unmöglich.

Junge Künstler waren nur nach Weimar zu ziehen, wenn ihnen eine frische, lebendige künstlerische und kulturelle Atmosphäre geboten werden konnte, die dem bürgerlich konservativen Geist der Residenz entgegengesetzt war. Der Posten des Direktors der Museen war frei. Wer konnte ihn besser ausfüllen als Harry Graf Kessler?

Der Großherzog hatte den Charme, der von Harry Kessler als einem vollendeten Gentleman ausging, die Autorität seiner breiten Kultur wie auch seine Leidenschaft für die Kunst deutlich empfunden. Er hatte die Art nicht vergessen, mit der Harry ihm, dem Großherzog, die mit meiner Berufung verbundenen Vorteile für das künstlerische Leben seines Landes dargelegt hatte. Wenige Monate nach dem Beginn meiner Arbeit in Weimar bot Wilhelm

Harry Graf Kessler, Kulturgenie und Visionär des »Neuen Weimar«

Ernst dem Grafen Kessler die Leitung der Museen an. Sie wurde für Harry das Instrument, die Weimaraner mit der Entwicklung der modernen Kunst und mit den verschiedenen Schulen bekannt zu machen, die seit dem Bruch der Malerei und Plastik mit den klassisch-akademischen Doktrinen auf den Plan getreten waren.

Zu jener Zeit gab es weder in Deutschland noch in Frankreich oder England einen fähigeren und berufeneren Menschen als Harry Kessler, der in der Lage war, die Verbindung zwischen den großen Künstlern Europas und dem Weimarer Hof herzustellen. Keinen, der wie er begeisternd für geistigen Austausch wirkte und Freundschaften aufblühen ließ; keinen, der besser als er Ausstellungen und alljährliche literarische Kongresse organisieren konnte. Er war Diplomat und Ästhet von Natur aus und verkehrte freundschaftlich mit den entscheidenden großen Malern, Bildhauern und Schriftstellern seiner Zeit. Sein ererbtes Interesse für alles, was das Theater betraf, hatte ihn mit vielen bedeutenden Schauspielern und Regisseuren in Verbindung gebracht.

Seine künstlerische Leidenschaft führte ihn zu unbekannten kleinen Kunsthändlern, in die Boutiquen und winzigen Galerien, die in Paris wie Pilze aus dem Boden schossen. Auch in Deutschland gab es damals schon eine Reihe solcher Kunsthandlungen, wo die Freunde moderner Kunst erstklassige Werke der Impressionisten und Neo-Impressionisten, aber auch Gemälde von Liebermann, Corinth und Slevogt finden konnten. England blieb in der Entwicklung zurück. Whistler und Rothenstein mußten ihre Werke in Paris zeigen, um zu Verkäufen zu gelangen.

Auch ich wies die einflußreichen Kreise Weimars immer wieder auf das Glück hin, das Harrys Anwesenheit bedeutete, der wie keiner durch sein optimistisches Wesen die muffige gesellschaftliche Atmosphäre zu beleben in der Lage war. Wenn ich dem Großherzog meine Auffassung persönlich mitgeteilt hätte, so hätte ich der Sache eher geschadet. Mir schwebte die Schaffung einer Generalintendanz der Künste vor, die im Museum, im Theater, in der Akademie und auch in dem unter meiner Leitung stehenden Seminar und den Werkstätten eine analoge künstlerische und kulturelle Politik verfolgen sollte. Bis jetzt handelte jeder Direktor für sich, und nicht alle waren so fortschrittlich gesinnt und auch praktisch tätig wie ich in meinem Institut. Nur eine dominierende Generalintendanz der Künste konnte meiner Meinung nach die divergierenden und teilweise sich widersprechenden Tendenzen zusammenfassen und eine neue Ära verwirklichen.

Meine Gedanken fanden bei den Ministern und den anderen Würdenträgern des Hofes wenig Widerhall. Sie waren in ihre geheimen Rivalitäten verstrickt und fürchteten nichts mehr, als daß ein einzelner durch die Gunst des Großherzogs mit Machtvollkommenheiten ausgestattet würde, die ihre eigenen Machtstellungen bedrohte. Unter diesen finsteren Voraussetzungen trat Harry Kessler sein Amt als Direktor der Museen an. Er schrieb mir unter dem 15. Oktober 1902 in einem Brief aus Paris: »Ich werde nach Weimar kommen und besonders gern kommen, wenn es Kämpfe, Intrigen, Gefahren gibt, die gegen die Aufgaben gerichtet sind, die Sie verwirklichen müssen. Aber ich bin weniger pessimistisch als Sie. Was wollen wir eigentlich? Schaffen – wie könnten uns Intrigen daran hindern? Sie sind Ihr eigener Herr in Ihren Ateliers, ich in meinem Museum. Wir werden aufbauen, was uns vorschwebt: eine klare, gesunde, stärkende und produktive Lehre. Mögen die anderen mit saurer Miene folgen, es wird nicht viel ändern … das Nichtige, das sie dem gegenüberstellen, was wir schaffen, kann uns nicht verwunden.

Die Hauptsache ist, daß wir ›fruchtbar‹ sind. Ich selbst werde selbstverständlich schaffen und werde andere zum Schaffen veranlassen. Vor diesen Tatsachen werden alle Phantome verblassen. Ihre Nerven halten Phantome für wirkliche Gefahren. Wenn Sie in einer Woche Ihre Kräfte wiedergewonnen haben, werden Sie selbst darüber lachen. Und ich bin überzeugt, wir werden zusammen noch viel schönere Dinge verwirklichen, als wir es jetzt nur ahnen können.«

Ich hatte für Harry ein Haus zu finden, in dem er die Einrichtung seiner Berliner Wohnung unterbringen konnte. Wenige Schritte von unserem Haus in der Cranachstraße stand ein Bau kurz vor seiner Vollendung. Es bestand die Möglichkeit, noch einige Änderungen vorzunehmen, so daß wenigstens im Inneren eine gewisse Haltung geschaffen werden konnte, die Kesslers aristokratischer Lebensführung entsprach. Der Treppe, die zu den Empfangsräumen in der ersten Etage führte, konnte eine einigermaßen stilvolle, weniger bürgerliche Allüre gegeben werden. Die Halle, das Eßzimmer und Kesslers Arbeitsraum erhielten ihre Physiognomie durch die Möbel und Teppiche, die ich für seine Berliner Wohnung geschaffen hatte, durch die Panneaux von Maurice Denis und die Gemälde Cézannes, van Goghs, Renoirs, der Neo-Impressionisten, unter denen sich ein ausgezeichneter Cross befand.

Helene von Nostitz beschreibt in ihren 1933 erschienenen Erinnerungen »Aus dem alten Europa« Kesslers Wohnung mit Begeisterung: »Alle Erscheinungen, die mir in diesen Räumen begegneten, bekamen dort einen Zusammenhang mit der Welt. Es waren in höherem Sinn die Schranken gefallen. In dem Eßzimmer, wo die träumerischen Renoirs mit ihrem sanften Rosa uns umgaben, entspannen sich unter dem matten Licht unpersönliche, weit ausholende Gespräche. Denn das Stoffliche wurde auch im Wort wie in den Kunstwerken überwunden, und es entstand jene Ferne und jener Schwung, der neue Welten jede Stunde schuf und etwas Frühlinghaftes diesen Räumen gab, ich möchte sagen eine Lieblichkeit voll früher Ahnung, die am stärksten vielleicht in diesem Jüngling von Maillol zum Ausdruck kam, der erstaunt dort neben den Waldnymphen von Maurice Denis um sich blickte. Ich muß dabei an das Wort von Eberhard von Bodenhausen denken, der mit bewegter Stimme einmal sagte: ›Wir wissen gar nicht genug, in welchem Frühling wir leben – überall regt es sich!‹ Und der Gastgeber verstand es, auf die Stimme dieses leise sich regenden Frühlings zu lauschen und ihn plastisch in seiner Umgebung darzustellen.«

Man kann sich nicht vorstellen, unter welchen erbärmlichen Bedingungen Kessler die Direktion der beiden Museen übernahm. Das Budget des einen reichte kaum für die Unterhaltungskosten; das Budget des zweiten war gleich Null. Harry Kessler hatte einen weitausgreifenden, ehrgeizigen Plan, den damals kein Museumsdirektor ins Auge fassen oder auch nur in Angriff nehmen konnte – allein schon wegen der Schwierigkeiten praktischer Art und wegen der Beschränktheit der Mittel, die den Museen im allgemeinen zur Verfügung standen. Sein Plan bestand darin, in einer Reihe von Ausstellungen ein Panorama der malerischen und plastischen Kunstrichtungen in verschiedenen europäischen Ländern zu vermitteln. Niemand konnte sich wundern, daß Kessler in diesem Zusammenhang der modernen französischen Kunst den Vorrang einräumte. Die englischen, holländischen, belgischen, deutschen und die Richtungen der nordischen Länder sollten nacheinander an die Reihe kommen.

Die der französischen Malerei gewidmeten Ausstellungen begannen mit Delacroix und Courbet. Harry gelang es, die Pariser Händler und Sammler zu bewegen, ihm für das Weimarer Museum aus ihren Galerien und Sammlungen wertvolle Werke zur Verfügung zu stellen. Obwohl mit den Transporten große Risiken verbunden waren und wenig Aussicht bestand, Käufer für ihre – wie sie zynisch sagten – Ware zu finden, machten sich die großen Händler eine Ehre daraus, die Weimarer Ausstellung zu unterstützen. Ich habe in Paris Verhandlungen Kesslers mit Durand-Ruel und Bernheim beigewohnt und war hingerissen von Harrys Enthusiasmus und der Beharrlichkeit, mit denen er alle Schwierigkeiten aus dem Wege räumte. Er war zu jedem, auch finanziellen Opfern um so mehr bereit, als die großen deutschen Zeitungen ihre bekannten Kunstkritiker zu den Weimarer Ausstellungen schickten. In ausführlichen Feuilletons wurde ganz Deutschland auf die beispielhafte Arbeit des Weimarer Museumsdirektors hingewiesen, deren Früchte das Publikum Weimars und seiner Umgebung genießen konnte.

Allerdings fand dieses Publikum, das sich sonntags nach dem Gottesdienst im Museum einfand, statt der gewohnten mittelmäßigen einheimischen Kunstwerke nun andere Dinge vor. Die instinktlosen Besucher, die keinerlei Vorbildung besaßen, waren oft aufgewühlt, ja entrüstet. Mit der Gemütsruhe, mit der die Betrachter bisher von ihrem sonntäglichen Besuch nach Hause zurückkehrten, war es vorbei. Viele fühlten sich beleidigt, und an den Familientischen, an denen man früher über die Banalitäten geschwärmt hatte, gab es nun scharfe Auseinandersetzungen. Der Streit blieb nicht auf die vier Wände beschränkt, denn fast jede Familie stand in freundschaftlichen, wenn nicht sogar verwandtschaftlichen Beziehungen zu einer der Koryphäen des Kunstvereins oder der Kunstschule. Selbstverständlich geriet auch die einheimische Presse in Verlegenheit. Harry Kessler war zwar vom Großherzog berufen worden, die Einstellung der Kammerherren und anderer hochgestellter Personen ihm gegenüber aber war zweideutig, mißtrauisch, zumindest reserviert.

Trotzdem war auch positiver Widerhall festzustellen. Die Lokalpresse ließ sich von den Kommentaren Kesslers in den Einleitungen der Ausstellungskataloge inspirieren, die fortschrittlichen Künstler in Deutschland waren dankbar für Kesslers Initiative, und die internationale Presse begann sich für die neue Entwicklung in Weimar zu interessieren. Den Weimarer Reaktionären und den Lokalkünstlern blieb nur noch eine Waffe: anonyme kleine Artikel schüchterner Korrespondenten oder unterzeichnete Beiträge in der Rubrik »Eingesandt«, die von den Zeitungen des Großherzogtums wichtigtuerisch und mit perfider Bereitwilligkeit aufgenommen wurden.

Harry ließ sich in seiner Intensität durch nichts beirren, und er kümmerte sich nicht um die wachsende Feindseligkeit, die ihm entgegengebracht wurde. Andere, weniger bestimmte Naturen hätten sich in dem Gefühl, Perlen vor die Säue zu werfen, entmutigen lassen – Kessler verlor nie sein Ziel aus den Augen, Weimar zu einem Zentrum der Kunst zu machen.

Geistiges Leben in Schloß Belvedere

Schloß Belvedere ist eine fürstliche Sommerresidenz. Die landschaftliche Lage bestimmt vor allem seinen Reiz, und die Disposition des Schlosses mit seinen um einen weiten Hof gelegenen Nebengebäuden für die Kammerherren, die Gäste, für das Gesinde und für die Ställe hat etwas Gewinnendes. Das Ganze wirkt unprätentiös. Keine auffallenden Beziehungen zu einem historischen Stil, aber doch italienischen Charakters, offenbar von einem oberitalienischen Architekten und seinen Stukkateuren geschaffen. Es ist mir nie in den Sinn gekommen, zu fragen, wann das Schloß entstanden, für welchen Fürsten es gebaut worden ist oder wie die Landschaft aussah, bevor der Park angelegt wurde, an dem nichts Künstliches war: weite, offene Räume mit ausgezeichnet verteilten Grünflächen, üppigen Baumgruppen und Gewässern, die vom Thüringer Wald herabkommen. Die Wege nehmen auf natürlichste Weise Rücksicht auf die Höhendifferenzen des Geländes, so daß keine Spur von gewaltsamem menschlichem Eingriff in die Natur fühlbar wird. Selbst das sensibelste Auge empfindet nichts Gewolltes, keinen Mißton. Wo man sich auch befindet, wirkt die Umgebung sammelnd auf die Gedanken; ein gegebener Ort zur Meditation. Wie oft ging ich in diesen Park, um mich zu erholen, um meinen Willen zu stärken oder über einen Rückschlag, über Demütigungen und Kränkungen hinwegzukommen.

Bis dahin hatte kaum eine Wolke den Himmel getrübt. Helle Stunden warfen ihren Glanz auf die Beziehungen, die uns mit Schloß Belvedere und der Großherzoginmutter Pauline verbanden. Kein Schatten fiel auf das Verhältnis zwischen dem Großherzog und seiner Mutter, die sich für meine Arbeit im Seminar interessierte und ausländische wie deutsche Künstler empfing, die Harry Kesslers und meine Gäste waren.

Das Vertrauen, das der Großherzog uns entgegenbrachte, war so groß, daß er den von Harry und mir ausgedachten Plan billigte, unseren gemeinsamen Freund Eberhard von Bodenhausen als Hofmarschall zur Großherzoginmutter Pauline zu berufen, als Graf Medem um seine Entlassung bat. Eberhard hätte der Großherzoginmutter unschätzbare Dienste leisten können. Seine weitverzweigten Freundschaften, die er der Mitarbeit in der Redaktion des »Pan« verdankte, das Wissen, das ihm die Vorlesungen des Heidelberger Kunsthistorikers Henry Thode vermittelten, sein leidenschaftliches Interesse für die moderne französische Malerei und die Sicherheit seines Geschmacks hätten unsre Bestrebungen in schönster Weise unterstützt. Er arbeitete zu jener Zeit an einer Monographie über den altniederländischen Maler Gérard David, dessen Werke damals noch wenig bekannt waren. Leider konnte sich Eberhard von Bodenhausen nicht entschließen, unserem Vorschlag zu folgen, weil ihm die damit verbundenen Opfer – ein Aufenthalt von sieben bis acht Monaten während des Winters in Rom und dadurch die Trennung von seiner Familie und die Aufgabe seiner kunsthistorischen Arbeiten – untragbar erschienen.

Graf Kesslers Aufstieg setzte sich fort. Er verteilte seine Zeit in einem bestimmten Rhythmus auf Weimar, Paris und London, wo er im Hotel Cecil eine kleine Wohnung besaß. Nach Weimar brachte er stets Gäste mit. Dann gab es in Kesslers Haus Lunches und Diners, bei denen es zu Kontakten zwischen den Ausländern und bedeutenden deutschen Persönlichkeiten kam.

Gartengesellschaft bei der Großherzoginmutter

Und es war die Regel, daß die Gäste von der Großherzoginmutter in Schloß Belvedere und auch von Elisabeth Förster-Nietzsche im Nietzsche-Archiv empfangen wurden. Zu den Empfängen und Mahlzeiten lud Harry immer auch Würdenträger des Hofes und hochgestellte Beamte ein, die den Großherzog auf dem laufenden hielten. Daß die Weimarer Bevölkerung voller Neugierde war und daß Übertreibungen und Gerüchte kolportiert wurden, war nicht verwunderlich.

Zu den ersten Gästen zählte der französische Schriftsteller Léon Werth, ein scharfer Kritiker aus Octave Mirbeaus Schule, mit dem mich bald eine dauerhafte Freundschaft verband. Dann kamen meine belgischen Freunde Théo van Rysselberghe und seine Frau. Sehr bald erschien auch der norwegische Maler Edvard Munch. Er kehrte mehrmals zu längeren Aufenthalten in Weimar ein, wobei eine Reihe von Porträts entstand: Kessler, Elisabeth Förster-Nietzsche, ich selbst, meine beiden Kinder – von denen er eine überaus seltene Lithographie schuf – waren seine Modelle.

Auch André Gide kam zwei- oder dreimal nach Weimar. Gide – Autor der »Nourritures terrestres«, der »Voyage d'Urien«, des »Immoraliste« – war damals von schlanker Gestalt, über den Durchschnitt groß, elegant in der Haltung, die gut proportionierten Glieder in einem engen schwarzen Anzug von strengem Schnitt, wie ihn anglikanische Priester zu tragen pflegen. Das schöne Oval des Kopfes, der ungetrübte Blick, die glatten Wangen waren durch einen ziemlich langen, schwarzen Schnurrbart betont, dessen Fransen über seine Lippen fielen.

Die Großherzoginmutter gab Gide einen brillanten Empfang, zu dem die Elite der Intellektuellen und Künstler Weimars geladen war, um der Vorlesung des französischen Schriftstellers beizuwohnen. André Gide las seinem exquisiten Auditorium einen Essay vor, dessen erste Bekanntgabe er zu Ehren des Großherzogs und seiner Bestrebungen in Weimar bestimmt hatte. Die Anwesenden waren von dem aus Gides Worten sprechenden Vertrauen beeindruckt. Als erste erfuhren sie aus dem Mund des Pariser Schriftstellers, daß die französischen Literaten, als deren Wortführer er erschien, den Weimarer Zielen ihre volle Sympathie entgegenbrachten.

Nach Gide kamen die deutschen Dichter Richard Dehmel, Gerhart Hauptmann, Hugo von Hofmannsthal und später auch Rainer Maria Rilke nach Schloß Belvedere. Diese Dichterlesungen fesselten durch ihre Lebendigkeit und geistige Freiheit die Großherzoginmutter Pauline mehr als die Gespräche, die sie in Rom mit Gelehrten, Professoren und Prälaten zu führen pflegte. Die Großherzoginmutter war literarisch und künstlerisch an sich nicht gebildeter als ihr Sohn, aber sie genoß mit lebhaftem Interesse den geistigen Austausch, der bei diesen Zusammenkünften entstand, bei denen sie sich doch als eine Art Mittelpunkt empfand.

Bald versammelte man sich im Freien im Schatten der üppigen Bäume, bald in einem der Salons des Schlosses. Nur die Dienerschaft mit ihren starren, ausdruckslosen Zügen erinnerte uns an die Vorschriften der Etikette, die unsre freimütigen Diskussionen kaum behinderten. Der Besuch Gerhart Hauptmanns ist mir besonders in Erinnerung geblieben. Die Großherzoginmutter erkundigte sich unbefangen nach den Anfängen von Hauptmanns Laufbahn als Dramatiker. Hauptmanns Bericht über seine Entwicklung und seine ersten Dramen machte auf uns, die wir einigermaßen orientiert waren, einen ebenso tiefen Eindruck wie auf sie. Hauptmann war an jenem Tag ausgezeichnet aufgelegt und von der Natürlichkeit der Großherzoginmutter und unsrem

Interesse geradezu hingerissen. Er redete nicht nur von seinem ersten Stück, sondern auch von den »Webern«, von »Florian Geyer« und den anderen Dramen, die zuerst bekämpft und jetzt als Hauptwerke einer neuen nationalen Literatur gefeiert wurden, welche sich neben Ibsen, Strindberg, Tolstoi und Gorki behauptete. Es war ein langer Monolog; wir hingen buchstäblich an seinen Lippen, bis uns der Hufschlag der Pferde im Schloßhof und das Erscheinen der Lakaien daran erinnerten, daß wir Abschied zu nehmen hatten. Mit großem Geschick meisterte die Großherzoginmutter die Situation, erhob sich und dankte Hauptmann in ihrem und unserer aller Namen mit schlichter, bezaubernder Liebenswürdigkeit.

Talent und Persönlichkeit Richard Dehmels waren bei den deutschen fortschrittlichen Schriftstellern unbestritten. Mit dem Roman in Romanzen »Zwei Menschen« war er mit einem Schlag an die Spitze der jungen Literatur gelangt. Nun wollte er in einem Kreis von Gleichgesinnten in Berlin, München oder in Weimar leben. Ich hatte ihn bei einem Diner bei der Gräfin Dohna in Berlin kennengelernt, wo wir in ein langes Gespräch gerieten. Als ich seine Unsicherheit in bezug auf die Wahl eines Domizils wahrnahm, schlug ich ihm vor, einige Tage in Weimar in unserem Kreis zu verbringen, um sich von unseren Bestrebungen eine Vorstellung zu machen, bei denen auch die fortschrittliche Literatur eine bestimmte Rolle spielte. Ich dachte dabei an die Zusammenkünfte bei der Großherzoginmutter und an das Nietzsche-Archiv. Richard Dehmel folgte meiner Einladung und traf bald darauf mit seiner Frau in Weimar ein. Die beiden erschienen als die Verkörperung der »Zwei Menschen«. Beide hochgewachsen, er wie ein nordischer »Gentleman-Bauer«, sie, sehr schwarz, von ausgesprochen beduinisch-semitischem Aussehen, immer mit schwerem, leuchtendem Schmuck.

Ich machte mir keine Sorgen über den Empfang des Paares im Nietzsche-Archiv. Kessler hatte die beiden Dehmels bei einer seiner Einladungen, an der auch Staatsminister Rothe und seine Frau teilnahmen, mit Elisabeth Förster-Nietzsche zusammengebracht. Bald darauf wurden sie von der Großherzoginmutter in der schmeichelhaftesten Weise empfangen. Aber ich hegte Bedenken, ob das Paar wirklich in unseren Kreis passen würde. In unseren Kreis, der gestimmt war wie ein Orchester im Augenblick, in dem der Dirigent am Pult erscheint.

Aber der Dirigent erschien in diesem Augenblick nicht. Es liefen in Weimar Gerüchte um über eine baldige Heirat des Großherzogs. Das hätte bedeutet, daß der Großherzog die Rolle des Dirigenten übernehmen würde. Aber wir mußten noch warten. Fürstenhochzeiten gehen offenbar lange und zähe Verhandlungen der verschiedenen Hofinstanzen voraus. Ich ahnte nichts Gutes und sah, wie sich Wolken zusammenzogen.

Der Kontakt zwischen unserem Freunde Hugo von Hofmannsthal und der Großherzoginmutter Pauline war schwerer zu schaffen als die Beziehung zu Gerhart Hauptmann. Schon die äußeren Umstände waren ungünstiger. Die Teestunde im Salon verlief zeremonieller als im Park. Aber auch bei Hofmannsthal lagen Hemmungen vor. Selbst für intime Freunde war der wirkliche Zugang zu ihm nicht leicht. Man wußte nie, ob man gelegen kam. (Ich hingegen überließ ihm immer die Initiative bei seinen häufigen Besuchen bei Harry Kessler oder auf Schloß Neubeuern, wo wir uns alljährlich von 1901 bis 1913 zwischen Weihnachten und Neujahr mit Eberhard und Dora von Bodenhausen und ihrer Schwester Julie von Wendestadt, mit Rudolf Alexander Schröder, Hugo von Hofmannsthal und seiner Frau, dem Baron Egon von Beroldingen, der Gräfin Ottonie von Degenfeld und anderen trafen, unter denen sich manchmal auch Walther Rathenau befand.)

Solange wir uns im Schloß Belvedere befanden, verharrte Hofmannsthal in zeremonieller Haltung, die – übrigens ohne jede Unterwürfigkeit – angesichts der Beziehung zwischen ihm und dem Hof das gegebene war. Diese reservierte Haltung verschwand, als die Großherzoginmutter uns zum Gartentheater führte, das sie nach den langen Jahren, in denen es nicht benutzt worden war, wieder hatte instand setzen lassen. Harry hatte vorher schon die Großherzoginmutter auf die Rolle hingewiesen, die Hofmannsthal für die Wiederauferstehung dieses zauberhaften Theaters spielen könnte, für das Goethe einige geniale Stücke geschrieben hatte.

Lange Jahre hatte weder ein Besuch noch irgendein Lärm die Stille durchbrochen, die zwischen den Bäumen und den Kulissen aus Thuja herrschte, die einst Goethe gepflanzt hatte. Die Bühnenfläche war gesäubert, und auf dem gepflegten Rasen fehlten nur noch die Sessel, so daß man hätte glauben können, an diesem Abend werde das Theater wieder eingeweiht!

Unsere kleine Gesellschaft blieb auf dem Rasen stehen. Über uns leuchtete das Firmament. Hugo befand sich allein auf der Bühne, huschte zwischen den beschnittenen Thujahecken hin und her, trat an die Rampe und sprach heraus, was er empfand. Sein Gebärdenspiel war völlig entspannt, die Anwesenheit der Großherzoginmutter war ihm entschwunden. Er hielt einen Dialog mit Harry und sprach von Stücken, die er für dieses Theater schreiben wollte. Plötzlich schwieg er und blieb, wie von einem kalten Traum überfallen, unbewegt stehen.

Empfand er – fragte ich mich – die heimliche Anwesenheit Goethes, fühlte er sich verwirrt, an der Stelle zu stehen, wo der Schöpfer des »Faust« seine Schauspieler kritisiert, ermutigt und versucht hatte, sie vom Lampenfieber zu befreien, unter dem sie litten?

Vielleicht dachte er daran, hier seine Stücke aufzuführen, die ihm schon in jugendlichem Alter ein Ansehen und zugleich einen Ruhm eingetragen haben, dessen Gewicht für seine jungen Schultern vielleicht zu groß gewesen ist. Die Identifikation mit dem Theater im Belvedere-Park, die Vorstellung von Goethes Gegenwart, der Gedanke eines neuen dichterischen Aufbruchs und der Teilnahme an einem neuen Weimar hatten sein Wesen im Innersten ergriffen. Ich konnte mir nur zu gut vorstellen, was in jenem Augenblick im Herzen Hugo von Hofmannsthals vor sich ging.

Die Großherzoginmutter Pauline starb, noch ehe Hofmannsthal das Versprechen einlösen konnte, für das Belvedere-Theater ein Stück zu schreiben.

Schiffsbaupläne und Orientreise für die »Hamburg-Amerika-Linie«

Großherzog Wilhelm Ernst konnte sich nicht entschließen, sein Interesse an unseren Bemühungen und Zielen öffentlich und in aller Form zu bezeugen. Er vermied jede ermutigende Geste und traf keine eindeutigen Entscheidungen zur Unterbindung der verschiedensten Intrigen, mit denen man versuchte, einen Keil zwischen ihn und mich zu treiben. Immerhin erinnerte er sich gelegentlich an die Versprechungen, die er mir gemacht hatte.

Im Herbst 1902 kehrte der Großherzog von der Kieler Regatta zurück, der er als einer der vielen Gäste beiwohnte, die sich dort alljährlich um Kaiser Wilhelm II. drängten. Nach seiner Rückkehr ließ er mich über das Interesse informieren, das der allmächtige Generaldirektor der »Hamburg-Amerika-Linie«, Albert Ballin, meinen Weimarer Bestrebungen entgegenbrachte. Ballin hatte sich dem Großherzog gegenüber spontan bereit erklärt, mir die Inneneinrichtung und Ausstattung eines neuen Ozeandampfers zu übertragen, der in den Docks der Firma Blohm & Voß in Hamburg kurz vor der Vollendung stand. Dieses Versprechen bedeutete für die Künstler, Kunsthandwerker und Industriellen des Großherzogtums eine unverhoffte und bedeutende Chance. Begreiflich, daß meine Freude und die meiner Mitarbeiter groß war.

Alles begann unter glücklichen Vorzeichen. Ich wurde von Generaldirektor Ballin eingeladen, zu Beginn des Jahres 1903 an einer Vergnügungsfahrt auf einem der Schiffe der »Hamburg-Amerika-Linie« nach dem Orient teilzunehmen. Der Reiseplan sah den Besuch von Genua, Sizilien, Konstantinopel, Griechenland, Palästina, Syrien, Alexandria, Kairo, Neapel und Marseille vor. Nach meiner Rückkehr hatte ich einen Bericht über meine Vorschläge zur praktischen Einrichtung und zur künstlerischen Ausstattung zu machen. Es war allgemein bekannt, daß Ballin einer der intimsten Freunde und Ratgeber des Kaisers war. Impulsiv und autoritativ, wie er seiner Natur nach war, konnte sich Ballin nicht vorstellen, daß die Selbstherrlichkeit und Sprunghaftigkeit des Kaisers sich einer Entscheidung widersetzen würde, die er, Ballin, als richtig und sinnvoll ansah.

Die »Hamburg-Amerika-Linie«, die stark unter der Konkurrenz der englischen und italienischen Schiffahrtslinien zu leiden hatte, wollte wieder an die Spitze gelangen und plante deshalb eine radikale Modernisierung der Einrichtungen, der Möblierung und der dekorativen Ausstattung ihrer Schiffe, die den Reisenden mehr Bequemlichkeit und auch eine geschmacklich bessere Atmosphäre bieten sollten.

Die Neuigkeit dieser ehrenvollen Einladung an mich machte in Weimar die Runde und erregte bei der Bevölkerung lebhaftes Aufsehen. Die meisten Weimaraner hatten bisher in dem Erfolg unserer Anstrengungen einen Verstoß gegen die sakrosankte Tradition gesehen, als deren Hohepriester sich vor allem die Mitglieder des »Kunstvereins« betrachteten, ob sie selbst Künstler waren oder nur Laien.

Auf dem Schiff »Augusta Victoria« begab ich mich im Februar 1903 auf die sechswöchige Reise, für die mir von Ballin eine Luxuskabine zur Verfügung gestellt worden war. Die Mahlzeiten nahm ich am Tisch des Kapitäns ein, wo sich das kleine Dutzend der persönlichen Gäste des Kaisers traf, für die die Schiffahrtslinie stets eine bestimmte Zahl von Plätzen zur Verfügung stellte. Unter den Eingeladenen befand sich Graf von Fritsch, der sich mir bald anschloß. Von den anderen Gästen des Kaisers unterschied er sich durch seine künstlerischen Neigungen und durch das Interesse, das er meiner speziellen Aufgabe entgegenbrachte. Ich ahnte nicht, daß er schon bald

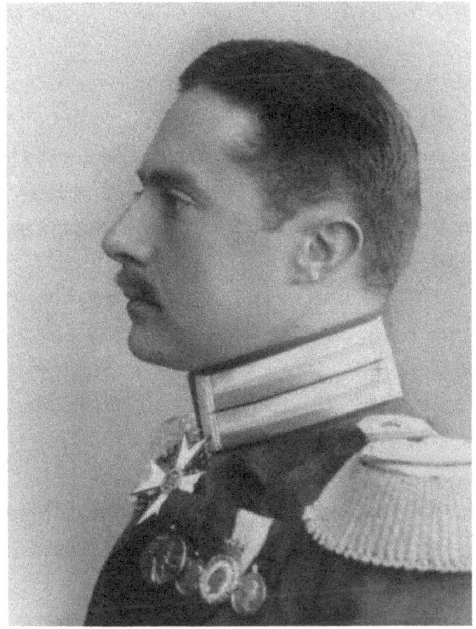

Großherzog Wilhelm Ernst von Sachsen-Weimar

erster Adjutant des Großherzogs von Sachsen-Weimar und sogar Oberhofmarschall werden sollte. Unsere ganze Gruppe wurde während der Reise mit besonderer Aufmerksamkeit behandelt, und sie genoß außerordentliche Vorrechte von seiten des Kapitäns, seiner Offiziere und der Mannschaft.

Außer den Maschinenräumen, den Schotten und den Kojen der Matrosen deutete bei diesen Luxusdampfern nichts auf ihre Herkunft und auf ihr Wesen als Wasserfahrzeug. Die Kabinen, die Gesellschaftsräume, die Restaurants und Bars unterschieden sich nicht von den entsprechenden Räumen eines »Palace-Hotels«. Nichts war aus der Natur der Maschine entwickelt, die ein Schiff im Grunde ist, nichts entsprach seiner natürlichen Gestalt. Der nun einmal verlangte Luxus seiner Einrichtungen sollte meiner Meinung nach bis zu den Möbeln und der dekorativen Ausstattung vom gleichen Prinzip der vernunftgemäßen Gestaltung durchdrungen sein, von dem aus die Ingenieure und anderen Spezialisten die Konstruktion einer solchen mächtigen und prächtigen Maschine entwerfen. Wie das Auto, das sich erst vor kurzem vom Vorbild der Pferdekutsche frei gemacht hatte, war der Ozeandampfer in veralteten, lächerlichen Formen steckengeblieben.

Gewissenhaft beobachtete ich die Bedürfnisse der Vergnügungsreisenden und überlegte mir, wie die Umwelt für die Menschen gestaltet werden könnte, die auf solchen Dampfern von Hamburg nach New York fahren. Diese ununterbrochenen Studien hinderten mich jedoch keineswegs an dem Genuß, den mir die Eindrücke in Sizilien, Rhodos, Konstantinopel, in Athen, Palästina und Ägypten bereiteten.

Bei den Empfängen und Diners beim Sultan, bei den verschiedenen Gesandtschaften und im Palais des Khediven in Kairo, zu denen die kaiserlichen Gäste und selbstverständlich auch ich als Gast Ballins eingeladen waren, sah ich vieles, was man besser nicht nachahmt und von dem es nichts zu lernen gibt. Nur ein Diner im berühmten »Sheppard Hotel« in Kairo ist mir in Erinnerung geblieben. Wände und Plafond des weiten Saales waren in mattem Weiß gehalten und mit Ornamenten eines diskreten orientalischen Barock verziert; die großen Büfetts an den Wänden wie die Türen, die Tische und Stühle in weißem Lack; die Stühle mit scharlachrotem, ornamentiertem Samt bezogen, im gleichen Rot wie der große Bodenteppich. Als wir den Saal betraten, standen in gleichmäßigen Abständen, unbeweglich, sudanesische Neger aufgereiht. Ihre Haut glänzte wie das Leder schwarzer Lackschuhe. Sie trugen weiße Zwillichanzüge. Kronleuchter, Tischgarnitur und die Gedecke waren aus Silber. Das Ganze bildete eine vollkommene Harmonie, bei der die Fräcke der Herren zusammen mit den unbeweglichen Zügen der Neger die Grundtöne verstärkten. Nur die geschmacklosen Farben der Abendtoiletten einiger Damen, die jede noch so sorgfältig ausgedachte Harmonie vernichtet hätten, unterbrachen den einheitlichen Eindruck. Die Frauen ahnen nicht, in welchem Maß sie mit ihren Toiletten die Einheitlichkeit einer geschmackvollen Gesellschaft stören können. Ich erinnere mich an die optische Harmonie bei Diners am Hofe zur Zeit der Hoftrauer, wenn die Damen wie die Herren in Schwarz gekleidet sind und als einzigen Schmuck nur Perlen tragen.

Kaum in Weimar angekommen, legte ich Ballin einen kurzen Bericht vor. Bisher hatte ich keine Gelegenheit gehabt, mit ihm in persönliche Berührung zu kommen. Jetzt ließ er mich zu einer Unterredung nach Hamburg bitten. Von kaum einem Menschen wurde ich je tiefer beeindruckt. Das Fluidum von Macht und Bestimmtheit, das von diesem Menschen ausging, war geradezu magisch. Ich fühlte mich unwiderstehlich angezogen, und es brauchte keinerlei

Anstrengung, seine Aufmerksamkeit zu fesseln und ihn zu überzeugen. Er hörte zu, ohne mich zu unterbrechen und ohne den geringsten Versuch, meine Argumente in Zweifel zu ziehen. Ich sprach vor einem Mann, der offenbar von vornherein meine Überzeugungen teilte. Als ich meine Darlegungen beendet hatte, erhob sich Ballin. Wir setzten uns zusammen an einen kleinen Tisch, auf dem eine Mappe mit einer Menge Photographien der englischen, amerikanischen, deutschen und holländischen Jachten lag, die bei den berühmten Kieler Regatten, bei denen Ballin jedes Jahr mit dem Kaiser zusammentraf, siegreich gewesen waren. Besser hätte mir Ballin nicht zu verstehen geben können, daß er meinen Auffassungen zustimmte und daß er meiner Meinung war, man müsse den veralteten Schiffstypen neuartige Modelle entgegenstellen, deren Einrichtungsstil den logischen Geist der Schiffskonstruktion atmete.

Von den Beispielen, die mir Ballin mit offenbarem Vergnügen vorlegte, gingen Eindrücke von undefinierbarer, souveräner Schönheit aus. Ein unwiderstehlicher Schwung der Form und ein Minimum von materieller Schwere, von denen der Sieg dieser eleganten, zerbrechlichen Schiffsgebilde abhing, neben deren gespannten Segeln die heroischste Kavallerieattacke plump und gewöhnlich wirken mußte.

Ich war ganz erfüllt, durfte aber den vielbeschäftigten Generaldirektor, den Sklaven seiner Pflichten, den wichtigsten Mann aller in Hamburg ansässigen Weltfirmen nicht länger aufhalten. Ballin bestätigte mir das dem Großherzog von Sachsen-Weimar gegebene Versprechen, mich mit der Einrichtung des demnächst vom Stapel laufenden Ozeandampfers zu betrauen, und forderte mich auf, das im Bau befindliche Schiff im Trockendock zu besichtigen.

Aber die Nachwirkungen eines grotesken Zwischenfalls, ein Affront des Kaisers mir gegenüber, brachten den Plan Ballins und damit ein Experiment zu Fall, von dem sich Ballin ebensoviel versprochen hatte wie ich mir selbst.

Affront des Kaisers

Kurz nach meiner Übersiedlung nach Weimar hatte mir die Leitung der »Düsseldorfer Industrieausstellung 1902«, auf der vor allem prachtvolle moderne Maschinen gezeigt wurden, in der Abteilung der angewandten Künste einen Raum zur Verfügung gestellt, in dem ich meine neuesten Arbeiten zeigte.

Unter ihnen befanden sich in einer Vitrine in der Mitte des Saales Steingutarbeiten aus Höhr-Grenzhausen.

Während der letzten Wochen meines Berliner Aufenthaltes hatte mich die preußische Kunstverwaltung beauftragt, die Verbindung mit den Keramikern von Höhr-Grenzhausen aufzunehmen, um mit ihnen zusammen neue Modelle für die Düsseldorfer Ausstellung auszuarbeiten, deren kunst-industrielle Abteilung von hohen Funktionären des Staates und der Industrie sowie von Düsseldorfer Akademieprofessoren organisiert wurde. Die Produkte von Höhr-Grenzhausen waren weit umher bekannt. Aber sie waren künstlerisch veraltet. Meine Aufgabe war, die Produktion im neuen Sinn zu beleben.

In anderen Vitrinen, die ich entworfen hatte – sie entsprachen den bewegten Formen, wie ich sie während meiner Berliner Zeit in den Räumen der »Habana-Cie.« verwendet hatte – befanden sich Seidenstoffe, Webereien und Teppiche, die nach meinen Entwürfen von Krefelder Fabrikanten ausgeführt worden waren. Tapeten und einige noch in meinen Brüsseler Werkstätten ausgeführte Möbel vervollständigten das wohlabgestimmte Ensemble, das in keiner Weise an irgendwelche historischen Stile erinnerte, jedoch keineswegs provokant wirkte.

Im Laufe des Sommers entschloß sich Kaiser Wilhelm II., die Ausstellung zu besuchen. Die Ausstellungsleitung, die mich dem Kaiser vorstellen wollte, lud mich ein, und ich begab mich nach Düsseldorf. Für den Kaiser war ich einer von jenen, die der Diktatur seines Geschmackes trotzten, zudem ein Ausländer, der freidenkende Künstler um sich scharte, Vorträge in allen wichtigen Städten Deutschlands hielt, in denen die Revolte Fuß faßte, und der den berühmtesten »Salon« Berlins, den Cornelia Richters, »erobert« hatte.

Weder die Mitglieder der Ausstellungsleitung noch irgend sonst wer konnte ahnen, was bevorstand. Der Kaiser war mit großem Gefolge gekommen. Die Ausstellung enthusiasmierte ihn. Er hielt sich lange im Saal der Firma Krupp auf, vor dem enormen Bug eines Ozeandampfers für die »Hamburg-Amerika-Linie«, dessen gigantische Erscheinung den Saal beherrschte. Der Bug stand in der Reinheit seiner Linie und der Schönheit der Form der Silhouette einer den Wellen entsteigenden Venus nicht nach.

Der Kaiser mit Gefolge setzte sich wieder in Bewegung bis zur Schwelle des Raumes, den einer der führenden Herren des Komitees als Repräsentation meines Schaffens ankündigte. Der Kaiser blieb brüsk stehen, warf einen erzürnten Blick in den Saal, machte kehrt, wendete sich seiner Suite und der nachfolgenden Menge zu und erklärte mit schneidender, weithin verständlicher Stimme: »Nein, nein, meine Herren, ich verzichte darauf, seekrank zu werden.« Ich kann mich nicht erinnern, ob dies die genauen Worte des Kaisers gewesen sind. Daß es ihr Sinn war, dessen bin ich gewiß. Die Kritiker benutzten damals bei der Besprechung meiner Arbeiten mit Vorliebe den Ausdruck »Wellenlinie«, und die Gedankenassoziation von »Seekrankheit« und »Wellenlinie« war nur zu naheliegend.

Das Gefolge trat beiseite, um den Kaiser vorbeizulassen, der mit triumphierender Geste den Arm erhob. Unter den Herren in Frack und Uniform entstand Betroffenheit und einige Unordnung. Ich befand mich mitten unter ihnen, blaß vor Wut, beleidigt, von einem heimtückischen Hieb getroffen, gegen den ich mich nicht wehren konnte. Der Zug ging weiter. Gedemütigt blieb ich allein zurück. Ich brauchte einige Zeit, um mich von der Beleidigung zu erholen. Und von der Erkenntnis, daß niemand aus dem Gefolge oder aus der Menge gewagt hatte, mir die Hand zu reichen, hätte er es auch von Herzen gewünscht.

Die Nachricht des mir zugefügten öffentlichen Affronts verbreitete sich noch am gleichen Tag in den deutschen Abendblättern, die ihre Leser mit verschiedenen Kommentaren über den Vorfall unterrichteten. Tags darauf glaubte die Presse schon die Folgen des Konfliktes ankündigen zu können, der über meine Person hinaus den Großherzog von Sachsen-Weimar und alle anderen betraf, die mehr oder weniger direkt mit den modernen Kunstströmungen und mit »Neu-Weimar« verbunden waren. Manche Journalisten glaubten vermuten zu dürfen, daß ich demnächst Weimar und Deutschland überhaupt verlassen würde!

Indirekt fühlte sich auch die Leitung der Düsseldorfer Ausstellung getroffen, ebenso die Berliner Staatsfunktionäre, in deren Auftrag ich die Verbindung mit den Keramikern des Westerwaldes aufgenommen hatte, wie auch die Direktoren der Krefelder Seidenindustrie und alle anderen Firmen in Deutschland, die ihre Produkte mit dem verlockenden Etikett »Entwurf Professor van de Velde« ihren Käufern anboten.

Auf den Rat meiner Weimarer Freunde kümmerte ich mich nicht um die Herausforderung des Kaisers, der mit seinem Verhalten auch den Großherzog gekränkt hatte, und blieb dabei, meinen Weg weiterzugehen.

Der Düsseldorfer Vorfall hatte aber für meine Beziehungen zur »Hamburg-Amerika-Linie« und den mir in Aussicht gestellten Auftrag katastrophale

Folgen. Was sich im einzelnen abgespielt hat, habe ich nie erfahren können. Offenbar hatte der Kaiser von Ballins Plänen Kenntnis erhalten und einen Wink gegeben, so daß sich der mächtige Ballin vor der übergeordneten Macht beugte. Er durfte unter keinen Umständen riskieren, die »Hamburg-Amerika-Linie« einer Ungnade des Kaisers auszusetzen. So konnte ich lange auf Nachrichten von Ballin warten; der Kaiser hatte sein Veto eingelegt, gegen das Ballin, obwohl er zum Kaiser freien Zugang hatte, machtlos war.

Wenn auch die Wunde, die ich damals erlitten habe, nie ganz vernarbt ist, so ist doch die Erinnerung an Ballin im Grunde nicht getrübt worden, und ich habe ihm nie einen Vorwurf gemacht. Bedauert habe ich nur, daß wir, die Opfer des gleichen Schicksals, uns nie wieder begegnet sind.

Die junge Großherzogin

Seit der Verlobung des Großherzogs regte sich im Weimarer Palais neues Leben. Auch in den Kreisen des Adels und anderer Würdenträger erwartete man ein gesteigertes Interesse des jungen Fürsten, der sich bisher nur wenig um seine persönliche Umgebung gekümmert hatte. Jeder hatte dabei seine privaten Wünsche und Hoffnungen. Die Hochzeit mit der jungen Prinzessin Karoline von Reuß (ältere Linie) fand im Frühling 1903 statt. Es gab eine Kette glänzender Bälle, Diners und Konzerte, die alles überstrahlten, was bisher an gesellschaftlichen Veranstaltungen stattgefunden hatte. Anläßlich der Hochzeit des Großherzogpaares erhielt ich einen Auftrag von außerordentlicher Bedeutung. Im Namen der Bevölkerung des Großherzogtums bestellte ein Komitee bei mir das Tafelsilber für das junge Paar. Ich entwarf die für feierliche Einladungen bestimmten Gegenstände: neben dem üblichen Service große Fruchtschalen, Blumenkörbe und reiche Kerzenleuchter, deren Zeichnungen ich dem Weimarer Hofjuwelier übergab. Da diese Firma jedoch damals nur wenige Arbeiter beschäftigte, sollte der Auftrag einem bekannten Juwelier in Frankfurt übertragen werden. Ich geriet dadurch in Verlegenheit, der Oberhofmarschall wie Staatsminister Rothe, denen ich den Fall vorlegte, veranlaßten mich, mein Einverständnis zu erteilen.

Der Höhepunkt der Festlichkeiten war das Hochzeitsmahl, bei dem die junge Großherzogin der Hofgesellschaft vorgestellt wurde. Mehr als hundert

Prinzessin Karoline von Reuß mit Großherzog Wilhelm Ernst

Gäste erwarteten stehend im Rahmen der Tischordnung das Fürstenpaar. Die Großherzogin erschien uns wie ein Idol. Schlank, voller Liebreiz, von ungewöhnlicher Schönheit, mit Perlen und Juwelen bedeckt – mit einem in unendliche Ferne gerichteten, verlorenen Blick, wie von einem Abgrund angezogen, aus dem der Tod steigt.

Ich war nicht der einzige, der von der Vorahnung einer drohenden Katastrophe betroffen wurde. Auch andere bemerkten, wie sich der Blick der jungen Herrscherin plötzlich verschleierte und ihre wundervollen Züge sich verzerrten. Nach einigen Tagen tauchten Gerüchte auf, denen die Bevölkerung des Großherzogtums um so mehr Glauben schenkte, als die brutalen Neigungen des Großherzogs, die sich schon in seiner frühen Jugend gezeigt hatten, nicht unbekannt waren. Skandalöse Ereignisse sollten sich in dem Leipziger Hotel abgespielt haben, in dem das Paar nach den Festlichkeiten die Nacht verbrachte. Ich selbst konnte die Großherzogin Karoline nur als ein Opfer betrachten, das unerbittlich dem Martyrium geweiht war, als ein vom Gedanken an Selbstmord verfolgtes Wesen, der ihr angesichts der Beschmutzung von Körper und Seele als einziger Ausweg erschien. Während zwanzig Monaten waren wir, die wir sie liebten und bereit waren, ihr zu helfen, ohnmächtige Zeugen ihrer Tragödie.

Sie war, früh verwaist, bei ihren wenig begüterten Großeltern in der kleinen Residenz Bückeburg aufgewachsen, in einer offenen, liberalen Atmosphäre der Opposition gegen eine Reichsverfassung, die alle Souveräne des alten Deutschen Bundes zum Vasallentum erniedrigte. Die Prinzessin war aufs stärkste vom Charakter ihres Großvaters beeinflußt, der sie zärtlich liebte und seine Ansichten auf sie übertrug. Obwohl er nur ein kleines Fürstentum regierte, hatte er es als einziger gewagt, gegen die Form der Reichsgründung zu protestieren, und immer wieder erklärt, seine Unterwerfung sei erzwungen worden. Die Haltung dieses Fürsten war ein Beispiel vollkommener, stolzer Würde und wirkte trotz einer gewissen Paradoxie in keiner Weise lächerlich.

Die junge Großherzogin besaß eine ebenso stolze und entschlossene Natur wie ihr eigenbrötlerischer Großvater, der in seinem Schloß Bückeburg lebte. Ihre offensichtlich wachsende Entschlossenheit, sich nicht zu beugen, sich durch keine Demütigungen schwächen zu lassen, auf ihren Meinungen und ihrer vom Großvater ererbten geistigen Unabhängigkeit zu bestehen, führte zu ihrer Isolierung im Kreis des Weimarer Hofes. Wenn sie irgendeinen kleinen Fehler machte, verzieh man ihr nicht, auch nicht im Hinblick auf ihre Schönheit – wie wir, Harry und ich und unsere Freunde, es taten, vor denen sie für kurze Augenblicke die Maske fallenließ, hinter der sie sich verbarg und Distanz hielt.

Die Großherzogin fehlte bei keiner Ausstellungseröffnung im Museum am Karlsplatz. Sie kam oft zu mir ins »Kunstgewerbliche Seminar« und fand bei diesen Gelegenheiten Zugang zu einem Gebiet, das sie in Bückeburg nicht gekannt hatte.

Die neuen Entdeckungen und Erlebnisse, zu denen sie sich gerne anleiten ließ, begeisterten sie. Monets Landschaften, Renoirs Akte oder Blumenstillleben berührten sie aufs tiefste, und ihr Interesse für meine Aufgabe und die Probleme des Kunstgewerbes und der Kunstindustrie wurde immer lebhafter.

Ihre Teilnahme an unseren Veranstaltungen, ihre Zustimmung zu unseren künstlerischen und kulturellen Bestrebungen, die zu einer gewissen Konsolidierung der Beziehungen zwischen dem Weimarer Hof und den Künstlern führten, imponierten mit der Zeit auch unseren rabiatesten Gegnern.

Gründung des »Deutschen Künstlerbundes« 1903

Harry Kessler hatte sich vorgenommen, dem Großherzog und der Großherzogin in stetiger Folge die Werke vorzuführen, die in den Ausstellungen der verschiedenen Sezessionsgruppen in Berlin, München und Dresden bei den fortschrittlichen Kunstfreunden Widerhall gefunden hatten. Von diesem Plan bis zum Projekt, eine Vereinigung dieser drei Gruppen zu bilden und alljährlich eine Ausstellung ihrer Mitglieder zu organisieren, war nur ein Schritt. Harrys Plan wurde von den drei Gruppen mit Begeisterung aufgenommen und die Vereinigung unter dem Namen »Deutscher Künstlerbund« gegründet. Der Künstlerbund bildete eine »Auslese der Auslese«, der die bedeutendsten der unabhängigen Künstler Deutschlands angehörten. Der Maler Leopold Graf von Kalckreuth, dessen Vater zur Zeit Karl Alexanders Leiter der Weimarer Akademie der Künste gewesen war, wurde zum Präsidenten gewählt, Harry zum Generalsekretär; Großherzog Wilhelm Ernst übernahm das Patronat der neuen Vereinigung.

Der Staat genehmigte eine provisorische Renovierung der Säle des Museums alter Kunst als Interimslösung bis zum Bau eines neuen Museums für zeitgenössische Kunst, das Harry Kessler offiziell zugesagt worden war. Die Säle, deren Erneuerung mir übertragen wurde, standen für die erste Ausstellung des »Deutschen Künstlerbundes« zur Verfügung. Was für später geschehen sollte, blieb noch offen. Diese erste Ausstellung stieß auf großes Interesse, und die neue Einrichtung der Säle wurde wohlwollend aufgenommen. Am Abend der Eröffnung vereinigte ein glänzendes Fest im Schloß den Großherzog und die Großherzogin mit den Mitgliedern des Vorstandes des Künstlerbundes, unter denen sich die berühmtesten Sezessionisten Deutschlands befanden.

Die Studenten der Universität Jena erschienen in einem großen Festzug mit Fahnen und Fackeln im Schloßhof, um den Großherzog und die Großherzogin zu feiern. Als die Fürstlichkeiten nach dem Diner im Kreis der Gäste, unter denen sich Max Liebermann, Max Klinger und der Graf Kalckreuth befanden, auf dem Balkon erschienen, war der Begeisterungsausbruch so groß, daß die Bevölkerung Weimars von ihm mitgerissen wurde. Die Menge, die sich ebensowenig wie die Studenten über das Drama klar war, das sich im Innern der Großherzogin abspielte, sah im Bild des Fürstenpaares das Symbol der Weimarer Tradition: die Souveränität der freien Kunst unter dem Schutz des angestammten Souveräns.

Gründungssitzung des Deutschen Künstlerbundes am 15. und 16. Dezember 1903 im Großherzoglichen Museum für Kunst und Kunstgewerbe, Weimar

Nachdem sich die Königlichen Hoheiten zurückgezogen hatten, erwarteten die Studenten mit wehenden Fahnen und brennenden Fackeln die Künstler beim Ausgang des Schlosses. Sie zogen mit ihnen zum Restaurant »Kunstverein«, dem Sitz der Opposition gegen die künstlerische Freiheitsbewegung, dem Nest mißgünstiger und eifersüchtiger Mittelmäßigkeit.

In diesem Lokal, einem Musterbeispiel des Typus »Auerbachs Keller«, wo die Luft ebenso nach Intrige roch wie nach Bier und Rauch, brachten die Studenten flammende Trinksprüche auf die Kunst und auf die Künstler aus, die sie, um sie den Anwesenden zu zeigen, auf ihre Schultern hoben. Die Begeisterung riß in dem überfüllten Lokal alle mit. Der Applaus ließ die Scheiben zittern, als Harrys und mein Name genannt wurden.

Die Bonzen, die an ihrem Stammtisch jeden Abend gallige Bemerkungen gegen uns äußerten, waren Hals über Kopf verschwunden, als die Studenten das sakrosankte Lokal überschwemmten. Das Fest dauerte bis zum ersten Schein des kommenden Tages, und auch die Menge auf den Straßen feierte die ganze Nacht hindurch.

Das Nietzsche-Archiv

Im Herbst des gleichen Jahres 1903 wurden die Räume des Nietzsche-Archivs eingeweiht, deren architektonische Gestaltung Elisabeth Förster-Nietzsche mir übertragen hatte.

Damals befand sich auch Nietzsches treuester Freund und Vertrauter aus der Zeit, in der der Denker einsam von Ort zu Ort wanderte, der Komponist Peter Gast, in Weimar. Peter Gast und einigen jungen Nietzscheanern – unter anderen Harry Kessler, Eberhard von Bodenhausen und dem Leipziger Philosophieprofessor Raoul Richter, Cornelia Richters ältestem Sohn – ist es zu danken, daß Elisabeth Förster-Nietzsches Energie durchhielt. Mit ihnen beriet ich mich über die Möglichkeiten des Umbaus, der dem Haus eine einigermaßen würdige Gestalt und den drei Räumen des Erdgeschosses ein weniger banales und bürgerliches Aussehen geben sollte. Keiner meiner Freunde sah in der von mir geplanten Veränderung einen Akt der Pietätlosigkeit, als ich vorschlug, eine Wand zu entfernen, um einen größeren, feierlichen Bibliothekssaal zu gewinnen, in dem fünf oder sechs Dutzend Menschen für Vorträge, Konzerte und andere Veranstaltungen Platz finden konnten. Nietzsche hatte seit dem Tag, an dem ihn seine Schwester von Naumburg nach Weimar gebracht hatte, in der oberen Etage gelebt, deren Räume – auch das Sterbezimmer – unberührt blieben.

Während der Wochen der Arbeit an meinen Entwürfen für das Nietzsche-Archiv habe ich nicht allein im Geist des Philosophen gelebt; ich habe seine Manuskripte berührt, ich habe in ihnen geblättert, ich habe den ersten Aphorismus, den ersten Abschnitt des »Zarathustra« in der Originalhandschrift gelesen. Ich habe die Notizblätter in der Hand gehabt, die er auf seinen Wanderungen im Gebirge beschrieben, und auch die Bücher, die er gelesen und deren Seiten er mit Randbemerkungen übersät hat. Viele dieser Bücher stammten von französischen Autoren. Stendhals Gesammelte Werke sind mir besonders in der Erinnerung geblieben. Ich konnte das Manuskript von »Ecce Homo« lesen. Es gelang uns, von Elisabeth Förster-Nietzsche die Einwilligung zu einer ersten Veröffentlichung (in beschränkter Auflage) durch den Insel-Verlag zu erhalten. Ich entwarf die Typographie und zeichnete die Ornamente des Einbandes und der ersten Seiten dieser Ausgabe, die einige Jahre später herauskam.

An der einen Schmalseite des neuen Bibliotheksraumes stand die Stele aus karrarischem Marmor, auf der sich der überlebensgroße Kopf Nietzsches be-

Das Nietzsche-Archiv

fand, den Max Klinger, ein glühender Bewunderer des »Philosophen mit dem Hammer«, geschaffen hat. Bis zum Jahre 1914 fanden in diesem Raum zahlreiche Vorträge, Konzerte und wissenschaftliche Sitzungen statt. Und viele der in dem gastfreundlichen Hause verkehrenden deutschen und ausländischen Nietzsche-Verehrer kamen in Kontakt mit Seiner Exzellenz dem Staatsminister Rothe und anderen Persönlichkeiten des Hofes.

»Das neue Weimar«

So umstritten unsere Tätigkeit in Weimar war, so sehr interessierte man sich in den kulturellen Zentren Deutschlands für unsere Bestrebungen. Die Redaktion eines der in Berlin und Deutschland meistgelesenen Blätter, des »Tag«, beorderte ihren als maßgebend geltenden Kunstkritiker Hans Rosenhagen nach Weimar. Er kam im Herbst 1903, als unsere Aktivität schon eine gewisse Breite erreicht hatte. Kurz darauf erschien im »Tag« Rosenhagens Feuilleton von neun Spalten mit dem Titel »Das neue Weimar«. Es ist pikant, daß sich die ersten drei Worte dieses Feuilletons – »Was ist Pietät?« – auf Angriffe bezogen, die gerade damals in infamer Weise gegen mich entfesselt worden waren. Durch eine falsche und böswillige Interpretation wollte man mich aufs Glatteis locken, auf dem ich ausgleiten sollte.

Ich hätte, so bot man herum, im Hause des Philosophen Rudolf Eucken in Jena bei Tisch erklärt, das Gefühl der Pietät nicht zu kennen. In Wirklichkeit hatte ich gesagt, nur vor den höchsten Schöpfungen, vor genialen Werken und vor den schönsten künstlerischen Erzeugnissen sowie vor dem menschlichen Erfindungsgeist überhaupt diejenige Achtung zu haben, die mit Pietät gleichbedeutend ist. In diesem Sinn wurde meine Feststellung von allen Anwesenden verstanden und gedeutet. Niemand hatte auch nur daran gedacht, Widerspruch zu erheben.

»Was ist Pietät?« – mit dieser Frage begann Hans Rosenhagen sein Feuilleton. »Ehrt man das Andenken großer Männer besser dadurch, daß man das von ihnen hinterlassene Erbe in unverändertem Zustand für ewig zu erhalten sucht, oder dadurch, daß man ihr Werk in irgendeiner Weise, unter Umständen sogar auf einem ganz anderen Gebiet, jedenfalls aber in ihrem Sinne fortzusetzen trachtet? Für Menschen voll Tatkraft und Initiative kann die Entscheidung nicht fraglich sein. Sie werden stets das Verlangen spüren, Besseres mit ihren Kräften zu vollführen, als den Toten zu opfern, als die Last großer Namen ständig auf ihren Schultern zu tragen. Wie wollte die Welt weiterkommen, wenn solche Menschen nicht wären! Aber es ist klar, daß ihre Absichten häufig mißverstanden werden, besonders von jenen, für die Pietät im Nichtrütteln am Alten und Gewohnten besteht. Und weil dem nun einmal so und die Zahl der aktiv pietätvollen Menschen klein ist, herrscht dort, wo einst ein großer Mann gewirkt, leicht eine Totenstille. Alle Welt stellt sich in den Dienst seines Andenkens. Schwer drückt das Gewicht seines Ruhms auf die, die nach ihm kamen.

Es ist noch nicht gar lange her, daß der Besucher Weimars, trotz Eisenbahn und anderen modernen Errungenschaften, von der Stadt Goethes und Schillers den Eindruck empfing, einen Ort zu betreten, in dem die Zeit lange, lange stillgestanden. Die Schatten der großen Vergangenheit gingen am hellichten Tage um, und jeder laute Ruf des Lebens schien unterdrückt, damit sie nicht verjagt würden. Wer kurze Zeit blieb, empfand diese verzauberte Welt mit dem süßen Behagen, mit dem er als Kind seinen Märchen gelauscht – die Aussicht auf einen dauernden Aufenthalt hätte selbst für den nervösesten Großstädter nichts Verlockendes; denn wenn dieser auch für sich ruhig leben möchte – er will die anderen schaffen sehen, will die Stimmen des Lebens an seinem Ohr haben. Mit dem Regierungsantritt des jungen Großherzogs Wilhelm Ernst nun hat sich die drückende Atmosphäre über Weimar verflüchtigt. Das Pompeji der deutschen Literatur umfängt mit seinen Mauern wieder frisches Leben und geht, wenn nicht alle Zeichen trügen, einer neuen Zukunft entgegen. –

Der junge Großherzog weiß ganz genau, daß eines Fürsten Machtspruch nicht große Dichter und Musiker ins Leben rufen kann, daß das Verdienst der Fürsten, die, wie Karl August, als Schützer und Förderer der Künste Unsterblichkeit gewonnen haben, hauptsächlich in dem sicheren Gefühl für das Reifwerden der ihrer Zeit das Gepräge verleihenden Begabungen, also in einem Voraussehen bestanden hat. Und je nach Bedarf bringt die Zeit einen Plato, einen Leonardo, einen Wagner hervor. Man kann sie nicht zwingen, kann nicht gewaltsam eine Blüte der Dichtkunst, der Bildhauerei, der Staatskunst herbeiführen, wenn die schöpferischen Kräfte fehlen oder sich im stillen vielleicht eine ganz andersgeartete Ära vorbereitet.

Das Voraussehen schließt das Zurückblicken bis zu einem gewissen Grade aus. Alle wahrhaft kunstfördernden Fürsten waren dem Geschmack ihrer Zeit weit voraus. Sie hielten hoch, was noch umstritten wurde. Unbekümmert um die Meinung der Menge opferten sie den Idealen der Zukunft. Darauf beruht auch ihre Wirkung auf die Kunst. Sie helfen, deren Ideale, die in jeder Zeit neue sind, mitschaffen. In diesem Sinne scheint der Großherzog Wilhelm Ernst seine Absichten verwirklichen zu wollen. Er teilt unser aller Empfindung, daß, nachdem Frankreich so Ungeheures auf dem Gebiet der Kunst geleistet hat und jetzt müde zu werden beginnt, Deutschland seine Kunstblüte erleben wird und muß, und hat bereits die ersten Schritte getan, um seinerseits deren Entwicklung zu fördern. Mit sicherem Blick hat der Großherzog erkannt, daß alle seine Kunstbestrebungen in der Luft schweben würden, wenn er ihnen nicht einen Rückhalt an der vorhandenen Kultur des Landes, an dessen Industrien gäbe, und so ging er zuerst daran, diese mit den neuen künstlerischen Gedanken der Zeit in Verbindung zu bringen. Er berief, sich über alle Vorurteile gegen die Nationalität des Künstlers hinwegsetzend, Henry van de Velde in seinen Dienst, mit dem vollen Bewußtsein, in ihm einen der führenden Geister unserer Zeit zur Seite zu haben. Der Staat hat mit dieser Berufung nichts zu tun; aber der Künstler ist für das ganze thüringische Land da. Jeder Handwerker, jeder Industrielle, der das Bedürfnis fühlt, seine Leistungen mit den Ansprüchen der Gegenwart in Übereinstimmung zu bringen, neue Formen, neue Muster, neue Gebrauchsgegenstände zu produzieren, darf sich an van de Velde wenden, ihm Pläne zur Korrektur vorlegen, seinen Rat und selbst, sofern es not tut, Entwürfe von ihm verlangen.

Wenn dieses Unternehmen so fortgesetzt wird, wie es angefangen wurde, dürften die Industrien und das Kunstgewerbe im thüringischen Lande binnen kurzer Zeit einen unerhörten Aufschwung nehmen. Man hat, wenigstens in den intelligenten Kreisen des Handwerks und der Industrie, volles Verständnis dafür, daß die Befruchtung durch einen neuen künstlerischen Geist das beste Mittel ist, um den an sich guten Leistungen ein größeres Absatzgebiet zu schaffen. Van de Velde hat alle Hände voll zu tun. Da wollen die Handtöpfereien und die großen keramischen Fabriken neue Formen, neue Farbenzusammenstellungen, neue Dekors; da können die Thermometer- und Barometermacher ihre in der Aufmachung veralteten Muster nicht mehr loswerden und bitten um moderne Vorlagen für ihre Holzschnitzer; da verlangen die Handwebereien Entwürfe für elegante Westenstoffe und Krawatten, die großen Betriebe solche für Möbelbezüge und Vorhänge. Alle Welt hat von dem Dasein des Künstlers Vorteil. Der bedeutende Kunsttischler Weimars und der Hofjuwelier haben ihre Etablissements beträchtlich vergrößern müssen, um die ihnen auf Grund der Entwürfe van de Veldes zuströmenden Bestellungen bewältigen zu können. Sie arbeiten fast nur noch für seine Auftraggeber. Der Großherzog ist mit eignen Ansprüchen bisher ganz zurückgeblieben; aber wie hoch er persönlich den Künstler schätzt, geht daraus hervor, daß er den Wunsch geäußert hat, das ihm von seinem Lande als Hochzeitsgeschenk angebotene Silbergeschirr für die Tafel möchte nach Entwürfen van de Veldes angefertigt werden. Das ist geschehen, und der Künstler hat mit dieser Arbeit sich selbst übertroffen. Keine Fürstentafel der Welt hat augenblicklich edlere und eigenartigere Jardinieren, Armleuchter, Fruchtschalen, Teller und Bestecke in Silber aufzuweisen als die im weimarischen Schloß. Und bei aller Neuheit der Formen dürfte man den ganzen Schatz in irgendeinem historischen Interieur benützen, ohne daß der Stil des Silbers als Gegensatz zu dem des Raumes empfunden würde.

Van de Velde, der seit über einem Jahr in Weimar wirkt, hat sich außerordentlich entwickelt. Seine Arbeiten haben, ohne Einbuße an Originalität, alles

Provokante, alles Barocke verloren. Der Künstler ist zu einer schlichten, vornehmen und heiteren Schönheit gekommen, die fast an die Antike gemahnt, durch Klarheit der Absicht und Reinheit des Ausdrucks, und über die seine Imitatoren todunglücklich sein werden, weil dieser Stil unnachahmlich ist. Es gibt in Weimar ein paar Interieurs von van de Velde, die jeden Gegner seiner Richtung durch ihre Schönheit entwaffnen müssen und keinen Anspruch an Eleganz und Abwechslung unbefriedigt lassen. Das eklatanteste Dokument seiner Entwicklung in die Höhe aber bildet hier seine Einrichtung des Nietzsche-Archivs, in dem Frau Elisabeth Förster-Nietzsche dem Andenken ihres genialen Bruders ein würdiges Denkmal und den Verehrern von dessen froher Wissenschaft einen erquicklichen Raum der Belehrung und Sammlung gestiftet hat. Wie hier aus einer an sich nicht sehr glücklichen architektonischen Anlage ein Raum geschaffen wurde, der durch ruhigen Ernst an seine Bedeutung mahnt, dabei aber nichts aufdringlich Sakrales hat, so daß er zugleich den Zwecken einer Bibliothek, eines Lese- und Vortragssaales dienen kann – das verdient, aufrichtig bewundert zu werden. Als Farben wirken in dem Archiv: Paneele, Schränke, Möbel aus gelbrötlichem Buchenholz, fräsfarbene Bezüge, weiße Wand und Decke und ein Kamin in gelber Bronze. Einen besonders kostbaren Schmuck wird der Raum durch Max Klingers marmorne Nietzsche-Büste in diesen Tagen erhalten. Für Verehrer des unsterblichen Philosophen sei übrigens bemerkt, daß das Nietzsche-Archiv nicht allgemein zugänglich ist, sondern nur den Freunden des Hauses von seiner Besitzerin geöffnet wird. Wie stark auch außerhalb seines jetzigen Wirkungskreises die Bedeutung van de Veldes anerkannt wird, geht weiter daraus hervor, daß die Meißener Porzellanfabrik ein großes Tafelservice bei ihm bestellt hat, für das ein von Meißen entsandter Former nach Entwürfen des Künstlers unter dessen Augen in Weimar soeben die Modelle anfertigt.

Indessen nicht nur die Anwesenheit und das Wirken van de Veldes in Weimar ist dem Großherzog Wilhelm Ernst zu danken, auch die wichtigen Veränderungen, die jetzt nach und nach mit der Kunstschule vorgehen, sind sein Werk. Es besteht die beste Aussicht, daß Weimar auch als Kunststadt wieder ein größeres Ansehen erlangen wird. Ein Künstler von vorzüglichen Fähigkeiten und entschieden moderner Physiognomie, der schleswigsche Maler Hans Olde, den er vor kurzem als Direktor ernannte, hat den höchst begreiflichen Ehrgeiz, an der Spitze eines von tüchtigen, fortschrittlich gesinnten und rühmlich bekannten Künstlern gebildeten Lehrerkreises zu stehen.

Vortragsraum im Nietzsche-Archiv mit der Nietzsche-Büste von Max Klinger

Der wichtigste Gewinn, den er bei dem Heranziehen neuer Kräfte bisher gemacht, ist einstweilen der Eintritt Ludwig von Hofmanns, der als Mensch, Name und Künstler der Kunstschule zur Zierde gereichen und möglicherweise im stillen Weimar erfolgreicher schaffen wird als in dem unruhigen Berlin. Oldes Pläne für die Leistungen seiner Schule decken sich ungefähr mit den reformatorischen Grundsätzen, die für die Verbesserung des Kunstunterrichts von den Gegnern der Akademien aufgestellt sind.

Der Großherzog hat ferner eine Reorganisation der Kunstsammlungen ins Auge gefaßt. Es wird jetzt ein neues Museum für Kunst und Kunstgewerbe geschaffen. Die Leitung dieses Museums, die Sichtung und Ordnung der vorhandenen Bestände hat der durch seine feinsinnigen kunstästhetischen Arbeiten und seine Beteiligung an der Leitung des ›Pan‹ bekannte Graf Harry Kessler übernommen. Graf Kessler beabsichtigt, in diesen Ausstellungen nur ausgesuchte und eigenartige Schöpfungen der neuesten Kunst vorzuführen, so daß man in Weimar sehr bald ebenso gut über die modernsten Künstler und ihre Leistungen Bescheid wissen wird wie in Berlin. Nichts soll dem Zufall überlassen sein. Der Klinger-Ausstellung werden Vorführungen von Werken Leibls, Liebermanns, Menzels, Trübners folgen. Die Bilder französischer Impressionisten und Neo-Impressionisten, der besten Belgier, der feinsten Engländer werden in Weimar erscheinen, so daß mannigfache Anregungen sowohl für die Einwohner als auch in besonderem Maße für die jungen Kunstschüler von diesem Museum ausgehen dürften.

Man sieht, daß der Großherzog auch bemüht ist, die für die Entwicklung der Kunst nötige künstlerische Atmosphäre zu schaffen, die Situation also nach allen Richtungen mit vollstem Verständnis überschaut.

Wenn wir uns auch alle als Kinder unserer Zeit fühlen, so gibt es doch wenige, die den Mut haben, in großen und wichtigsten Dingen den Ansprüchen, der Stimmung der Zeit zu folgen. Und nicht viele Fürsten sind darunter; denn diese sollen Traditionen pflegen und halten es in der Regel damit so wie die meisten Menschen mit der Pietät. Es gehört eben Talent dazu, ein moderner Mensch zu sein, denn nur der ist es, dem die Fähigkeit gegeben wurde, die Stimme der kommenden Zeit zu vernehmen, und der den Mut hat, festen Schrittes, auf unbegangenen Wegen, ihr entgegenzuwandeln.

Es ist nicht nur für Weimar ein Glück, daß auf dem Throne der Ernestiner jetzt ein Fürst sitzt, der ein moderner Mensch ist, sondern für ganz Deutschland. Denn wir brauchen Erneuerer!«

Ich habe diesen Artikel wörtlich zitiert, weil er den Kern meiner Bestrebungen trifft. Wenn Hans Rosenhagen verzichtet hat, die außerordentliche Bedeutung von Harry Kesslers Museumstätigkeit im einzelnen darzustellen, und wenn er die Regeneration des Lehrkörpers der Kunstschule durch deren Leiter, Professor Hans Olde, nur mit wenigen Worten streift, so ist der Grund wohl darin zu finden, daß er mich für bedrohter hielt als meine deutschen Kollegen. In seiner Klarheit bot Rosenhagens Artikel der Großherzogin Karoline viel Stoff zum Nachdenken über meine Rolle und die Mission, die ich in Weimar erfüllte. Ich wiegte mich in der Hoffnung, sie würde mit gleichem Interesse dem Fortgang meiner Arbeiten folgen wie die Großherzoginmutter Pauline, die infolge einer langen Krankheit ihre Zusammenarbeit mit mir hatte unterbrechen müssen, die ihr so viel Freude bereitete. Mit dem Tod der Großherzoginmutter im April 1904 endete ein Kapitel meiner ersten Weimarer Zeit, in dem sich der noch ungetrübte Optimismus spiegelt, mit dem ich an die Arbeit ging.

Ein adliges Original

Die Schatten, die inzwischen aufzogen, treten in der Erinnerung an eine bemerkenswerte Frau in Erscheinung, der ich zu jener Zeit begegnete.

Gegenüber dem Haus, in dem Liszt seine glänzenden letzten Weimarer Jahre verbracht hatte, bewohnte die Baronin von Meyendorff eine weitläufige Etage. Es kam mir in den Sinn, daß diese Baronin von Meyendorff eine der beiden Damen war, die ich in meiner Jugend beim Liszt-Festival in Antwerpen in Liszts Begleitung gesehen hatte. Seitdem Liszt Weimar verlassen hatte, erschien sie nicht mehr in der Gesellschaft der Stadt. Ich besuchte sie kurz vor ihrer endgültigen Übersiedlung nach Rom. In seiner Liszt-Biographie erwähnt Graf Guy de Pourtalès, daß ihr Gatte russischer Botschafter in Weimar war und daß die Baronin nach seinem Tod in aller Offenheit mit dem großen Meister zusammenlebte, der »in ihrer Nähe die letzten weltlichen Genüsse erlebte«. Pourtalès hebt die Macht hervor, die die Baronin von Meyendorff auf die großen Männer ausübte, die ihr begegneten: auf Berlioz, Villiers de l'Isle-Adam und andere. Sie besaß Geschmeidigkeit, Intelligenz und einen unerschütterlichen Willen – die Reize einer Katze. Man nannte sie »La Chatte«.

Sie war eine geborene Prinzessin Gortschakoff, die typische Vertreterin der hohen russischen Aristokratie. Ihre großen Wohnräume erinnerten mich an die Salons, in denen sich die Heroinen der Romane Tolstois bewegen. Die Einrichtung war prächtig, aber es war ein ziemliches Durcheinander zusammengewürfelter Dinge, die irgendein Dekorateur im Stile Hans Makarts arrangiert hatte, dessen verheerender Einfluß in den adligen Kreisen auch am Anfang des Jahrhunderts noch ungebrochen war.

Die Baronin erschien stets in Schwarz. Ihre Kleider waren von strengem, altmodischem Schnitt, hochgeschlossen bis zum Hals, im Stil jener Damen, die während ihrer winterlichen Aufenthalte in Rom hohe päpstliche Würdenträger empfangen. Sie bewegte sich mit der eindrucksvollen Gemessenheit der »grande dame«. Weibliche Reize besaß sie nicht mehr, und ihre Stimme klang rauh und heiser. Ich erzählte ihr, wie tief Liszt mich als jungen Menschen beeindruckt hatte, als er sich an den Flügel setzte und die Tasten berührte, und wie traurig ich damals war, wegen meiner Schularbeiten nicht genügend Zeit zur Ausbildung meiner Fingerfertigkeit zu haben. Sie ihrerseits behauptete, sich des Besuchs bei meinem Vater zu erinnern.

Über Harrys und meine Pläne für ein »neues Weimar« war sie erstaunlich gut unterrichtet. Aber ich glaubte, aus ihren Augen und den Runzeln ihrer Stirn ihren Zweifel lesen zu können, daß irgend etwas imstande wäre, Weimar aus der Lethargie zu erwecken, die sich seit den legendären Zeiten Liszts ausgebreitet hatte. Sie wollte mich nicht entmutigen, aber sie konnte die Geringschätzung nicht verheimlichen, die sie dem Großherzog und den Hofleuten gegenüber hegte. Obwohl mein erster Besuch eher enttäuschend verlief, lud sie mich freundlich ein, wiederzukommen.

Bei meinem nächsten Besuch erzählte ich ihr zu ihrem großen Vergnügen, daß ich bei meiner Berufung nach Weimar verlangt hatte, keine Kammerherren-Uniform tragen zu müssen. Es hatte sich daraus vor kurzem ein kleiner Zusammenstoß mit dem Großherzog ergeben. Bei einem Galadiner war ich der einzige Gast im Frack. Wilhelm Ernst machte daraufhin eine Anspielung, und ich hatte die Stirn zu antworten, Königliche Hoheit möge sich vorstellen, der Präsident der Vereinigten Staaten habe einen Botschafter an den Weimarer Hof entsandt. Der Großherzog quittierte meine Antwort mit einem Stirnrunzeln, das mehr bedeutete, als es im Augenblick scheinen mochte. Als ich der Baronin diese Geschichte erzählt hatte, wurde der Ton unserer Unterhaltung weniger zeremoniell und die männliche Stimme der Baronin weniger rauh.

Bei einem späteren Besuch sprach sie von den Beziehungen Liszts zu Großherzog Karl Alexander und zum Hof, von den Demütigungen, die er in seinen letzten Weimarer Jahren zu erdulden hatte. Sie beschuldigte Karl Alexander des Unverständnisses für Liszts Plan, aus Weimar das zu machen, was später Bayreuth geworden ist. Die »Chatte noire« verlor in diesem Augenblick ein wenig die Haltung und wiederholte die Worte, mit denen Liszt die Herren und Damen des Hofes apostrophiert hatte: »Esel rechts, Esel links, ich gehe meinen Weg!« Bösartig skandierte sie diese deutschen Worte; mit der gleichen Heftigkeit, mit der sie als junge russische Prinzessin zweifellos bereit gewesen war, ihre Leibeigenen zu prügeln.

Tage- und wochenlang verfolgte mich der verwünschte Refrain: Esel rechts, Esel links …

Das tragische Ende der Großherzogin

Harry Kessler führte seine Pläne weiter. Schritt um Schritt folgten Ausstellungen von Courbet, Manet und von den Neo-Impressionisten. 1904 sahen wir Werke von Cézanne, der – wie Harry im Ausstellungskatalog schrieb – »darauf ausgeht, mit neuen Farben und Färbungen des Impressionismus einen neuen, *strengen* Stil zu schaffen«. Während Ausstellungen von Seurat und van Gogh vorbereitet wurden, verwirklichte Harry ein Projekt, das ihm besonders am Herzen lag: eine Rodin-Ausstellung mit Skulpturen und Zeichnungen, ergänzt durch eine Reihe photographischer Aufnahmen. Großherzogin Karoline wohnte der feierlichen Eröffnung dieser Ausstellung bei, die während der Monate Juli und August 1904 die Aufmerksamkeit aller Kunstkritiker, der Kunsthistoriker, der Kunstfreunde und vor allem der unabhängigen Künstler Deutschlands erregte. Für Harry bedeutete diese Ausstellung einen großen persönlichen Erfolg.

Im Laufe des Jahres 1904 hatte sich das Interesse der jungen Großherzogin für meine Tätigkeit belebt. Bei ihrem letzten Besuch im Seminar zeigte ich ihr die Pläne für ein großes Gebäude, das das Seminar, meine Privatateliers und Räume für eine Kunstgewerbeschule beherbergen sollte. Die Zahl der Schüler, die bei mir zu arbeiten wünschten, nahm ständig zu.

Ein von mir entworfener großer Neubau für die Kunstschule war eingeweiht worden. Er enthielt geräumige Ateliers für die Professoren und daneben jeweils Räume für die Schüler sowie einen Aufenthaltsraum. Dieses Gebäude lag an einer in die Belvedere-Allee einmündenden Straße. Ich plante, in seiner nächsten Nähe eine Schule für Kunstgewerbe und Kunstindustrie zu errichten, die ein größeres Terrain benötigte. Meine Ateliers und einen Teil des Baus gedachte ich längs der gleichen Straße zu legen. Ein zweiter, größerer Flügel war in einem gewissen Abstand projektiert. Zwischen beiden Bauten sollte eine Wiese mit Bänken liegen, auf der sich die Schüler der beiden Institute treffen konnten.

Bei ihrem letzten Besuch folgte die Großherzogin aufmerksam meinen Darlegungen über die Vorteile einer solchen Anlage und über die günstigen Auswirkungen der geplanten Anstalt auf die künstlerische Kultur des Großherzogtums. Auch auf die grundsätzliche Wichtigkeit der Schule wies ich hin, die die Fortführung meiner kunsterzieherischen Ziele auch für den Fall sicherte, daß ich aus irgendeinem Grund einmal meinen Weimarer Posten verlassen würde. Die Großherzogin wiederum erkundigte sich nach dem Verlauf des geplanten Unterrichts, vor allem nach dem Lehrgang für junge Mädchen. Ich erklärte ihr die Aufgaben und Ziele der Klassen für Weberei, Stickerei, Batik, Emaille, Buchbinderei und versuchte zu charakterisieren, in welcher Atmosphäre und in welchem Geist ich die Ateliers, »meine Schule«, geführt wissen wollte. Es sollte weder Snobismus noch Dilettantismus geduldet werden, und alles sollte sich auf so hohem Niveau abspielen, daß – wie ich mich hinreißen ließ zu sagen – auch eine Landesherrin ohne Scheu dort arbeiten könnte. Ich faßte mich rasch wieder und fügte bei, ich wisse wohl, daß ein solcher Wunsch kaum toleriert und die Etikette ihm ein unbarmherziges Veto entgegenstellen würde.

Mit klarem Blick schaute mir die Großherzogin in die Augen und erwiderte: »Glauben Sie, Professor, daß mich irgend jemand hindern könnte, wenn ich eines Tages einen solchen Wunsch hätte?« Und nach einer langen Pause fuhr sie in noch bestimmterem Ton fort: »Und wenn man auch versucht, eine gekrönte Marionette aus mir zu machen!«

Zu Beginn des Winters 1904/05 gingen am Hof Gerüchte um, die auch bald die Bevölkerung beunruhigten. Die Großherzogin sei aus Staatsgründen zur Heirat gezwungen worden, obwohl ihr Herz einem anderen, Unebenbürtigen zugewandt war. Verzweiflung habe sie in Todesgefahr getrieben, als sie – eine leidenschaftliche Reiterin – gejagt von selbstmörderischen Gedanken, auf ihren Ritten durch die verschneiten Wälder, Hals und Brust der eisigen Kälte aussetzte.

Im Laufe des Januar 1905 starb die junge Großherzogin an den Folgen einer bei einem Ausritt zugezogenen Lungenentzündung, die sie innerhalb zweier Tage hinwegraffte. Harry und ich folgten aufs tiefste erschüttert ihrem Sarg, der in der Weimarer Fürstengruft beigesetzt wurde. Wir hatten in der Großherzogin Karoline die Frau verloren, die eine ideale Schutzherrin aller unsrer Wünsche hätte werden können.

Der Hof hielt sich an die strikten Regeln und das Zeremoniell der Hoftrauer. Man ignorierte geflissentlich die Kälte, die zwischen der Bevölkerung und dem Großherzog entstanden war. Der Fürst vermied lange Aufenthalte in Weimar. Er verbrachte den größeren Teil des Jahres auf seinen schlesischen Besitzungen, jagte Hirsche und Wildschweine und zog die Gesellschaft seiner dortigen Nachbarn derjenigen des Hofes und seiner Minister in Weimar vor. Der Tod der Großherzogin, den die Bevölkerung als eine Tragödie empfand, schuf eine Leere, für die der Großherzog die Verantwortung zu tragen hatte.

Schon die erste Trauer nach dem Tod der Großherzoginmutter Pauline im April 1904 hatte einen Vorhang fallen lassen. Jetzt war der Vorhang zum zweiten Male niedergegangen. Für Harry Kessler und mich gab es jedoch keine Pause. Wir fuhren fort, unsere Positionen auszubauen und den Enthusiasmus unserer Freunde und Helfer anzufeuern.

Das Projekt eines Theaters für Louise Dumont

Das »Theater« bedeutet in meinem Leben eine Folge schwerer Enttäuschungen. Sie begannen mit der Weigerung des Großherzogs, der Schauspielerin Louise Dumont ein Terrain für das von ihr geplante »Dramatische Nationaltheater« zur Verfügung zu stellen, und enden mit dem Bau des Werkbundtheaters der Ausstellung in Köln im Jahre 1914, das während des Krieges 1914/18 seinen Zwecken entfremdet und später abgerissen wurde.

Der Plan Louise Dumonts, einer der berühmtesten Tragödinnen zu Beginn des 20. Jahrhunderts, bestand darin, gemeinsam mit ihrem Gatten, dem ausgezeichneten Regisseur Gustav Lindemann, in Weimar ein Theater zu errichten, in dem, ähnlich wie in Wagners Bayreuther Haus, alljährlich während drei Sommermonaten Festspiele stattfinden sollten. Das Ensemble sollte aus den besten Schauspielern und Schauspielerinnen Deutschlands bestehen, und alle Rollen, bis zur bescheidensten, sollten von allerersten Kräften übernommen werden. Den Spielplan wollte Louise Dumont allein bestimmen. Sie hatte die Absicht, sich unserer Bewegung des »neuen Weimar« anzuschließen und durch künstlerisch außergewöhnliche Aufführungen ihrerseits einen Beitrag zu leisten. Sie gedachte, selbst große Rollen zu übernehmen und gemeinsam mit Gustav Lindemann Regie zu führen.

Louise Dumont beauftragte mich mit dem Entwurf eines vorläufigen Projektes, für das ich einen Platz an der Belvedere-Allee halbwegs zwischen Weimar und dem Schloß Belvedere in Aussicht nahm. Die Dumonts und ihre Freunde, die das Kapital für den Bau zur Verfügung gestellt hatten, erwarteten vom Großherzog nur die Bereitschaft, den Platz kostenlos zur Verfügung zu stellen. Der Großherzog oder die Regierung hatten lediglich ja zu sagen. Für alles andere war Louise Dumont bereit zu sorgen.

Es gab im Großherzogtum und in ganz Deutschland keine Gegner dieses schönen Projektes, abgesehen von einigen deutschen Kollegen, die mich um diesen Auftrag beneideten. Aber der Intendant des Weimarer Hoftheaters und

Louise Dumont

seine Freunde bei Hof bekämpften es aufs heftigste, weil es ihren eigenen Plan der Errichtung eines neuen Theaters in den Hintergrund drängte, der den Abbruch des alten, zu Goethes Zeit erbauten Theaters voraussetzte. Mit den niedrigsten und hinterlistigsten Argumenten wurde die lokale Presse alarmiert, und die vom Intendanten geführte Kampagne erniedrigte sich so weit, daß sie mir meinen Status als Ausländer vorwarf, ja sogar versuchte, mich mit dem Hinweis auf angebliche jüdische Ahnen zu diskreditieren. Schließlich hatten Louise Dumont und ihre Freunde von den Angriffen, den Winkelzügen und der unklaren Haltung des Großherzogs genug. Sie verzichteten auf den Weimarer Plan, den sie in anderer Form schließlich in Düsseldorf verwirklichten. Und ich wurde der Möglichkeit eines Beitrages beraubt, den ich für die Architektur des »neuen Stils« zu Beginn des 20. Jahrhunderts hätte leisten können.

Die Studien für das Dumont-Theater führten mich auf ganz neue Wege. Aus dieser Zeit stammen meine Untersuchungen und Überlegungen zur Entwicklung eines Zuschauerraumes, der den neuen künstlerischen Bedürfnissen mehr entsprach als die Säle der italienischen und französischen Theater des sogenannten Guckkastenprinzips oder auch das von Semper wiederaufgenommene Prinzip des Amphitheaters, auf dessen Grundideen Wagner das Bayreuther Festspielhaus errichten ließ.

Mehr als andere künstlerische Veranstaltungen interessierten mich in Berlin und Paris die Schauspielhäuser, die ich fleißig besuchte. In Berlin das »Kleine Theater« Max Reinhardts, in dem er zu Beginn seiner brillanten Laufbahn auf einer winzigen Bühne Stücke von Gorki, Björnson und Tolstoi zur Aufführung brachte, und Brahms »Deutsches Theater«, wo die Dramen Ibsens, Strindbergs und Gerhart Hauptmanns gespielt wurden. In Paris war ich häufiger Gast in den kleinen Theatern Antoines, Lugné-Poes und Copeaus, in denen ich moderne französische Dramatik kennenlernte.

Alle diese Stücke breiteten vor den Zuschauern »Fälle« aus und stellten »Probleme« zur Diskussion, zu denen die Besucher, jeder auf seine Art, Stellung nahmen. Unter solchen Voraussetzungen waren die Aufführungen keine spektakulären »Schaustellungen« mehr, sondern wurden, je nachdem, gleichsam Gerichtssitzungen oder Vorlesungen in einem Hörsaal, in dem der Professor vor den Studenten einen psychiatrischen Fall mit allen seinen Konsequenzen darlegt. Der Gerichtshof, beziehungsweise die Wissenschaft spricht das Urteil.

In solchen Situationen gibt es keine in sich geschlossene Zuschauerschaft mehr, und jede Einheit des Gefühls ist verschwunden. An seine Stelle tritt die Disputation, die bis zu unausgesprochenen gegenseitigen Schmähungen führen kann. In der Kirche steigert die Anwesenheit der Gemeinde meine eigenen Empfindungen. Im Theater dagegen, wo die Phasen eines psychologischen Konfliktes abrollen, stört mich der Gedanke, daß mein Nachbar auf die Äußerungen, die Handlungen der Schauspieler, auf den Ablauf und die vom Autor ausgedachte Lösung des Dramas anders reagiert als ich.

Angesichts solcher Probleme schien es mir manchmal besser, überhaupt nicht ins Theater zu gehen, sondern das Drama allein am Kaminfeuer oder im Schein einer freundlichen Lampe nur zu lesen. Diese Lösung bedeutete allerdings den Verzicht auf den Genuß der Interpretation und der Attraktion, die der Schauspieler oder die Heldendarstellerin auf den Zuschauer ausübt; für den Autor hingegen den Verzicht auf das Erlebnis, die von ihm geschaffenen Gestalten lebendig auf der Bühne zu sehen.

Ich erinnerte mich der Besuche, die ich als Knabe mit meinem Vater im Gefängnis von Antwerpen machte, an die Isolierung der Gefangenen während des sonntäglichen Gottesdienstes, dem sie, jeder für sich in kleinen Kästen, getrennt beiwohnten, um einzig auf den Ablauf der Messe konzentriert zu sein. Dieses System konnte für das Theater natürlich nur beschränkt Verwendung finden. Mit Leidenschaft vertiefte ich mich in diese Probleme, die auf den ersten Blick unlösbar schienen.

Sigurd Frosterus

Mein hilfsbereiter Zeichner Hugo Westberg war stets darum besorgt, daß ich während meiner privaten Arbeit nicht gestört wurde, der immer die Morgenstunden gewidmet waren; nachmittags arbeitete ich für das Seminar.

Eines Tages handelte er gegen die Instruktion, trat, etwas zögernd, bei mir ein und meldete mir den Besuch eines Ausländers, den er angesichts der Dringlichkeit, mit der er mich zu sprechen wünschte, glaubte, nicht abweisen zu dürfen. Westberg hatte mit dem aus Finnland kommenden Besucher einige schwedische Worte gewechselt. Er hatte von ihm einen ausgezeichneten Eindruck empfangen. Auf der Visitenkarte stand: *Sigurd Frosterus,* Architekt.

Der Name war mir nicht unbekannt. Mein Brüsseler Freund Willy Finch, der von Belgien nach Finnland gegangen war, wo er an die Akademie der Künste in Helsinki als Lehrer für Keramik berufen wurde, hatte mir den Besuch eines jungen Architekten angekündigt, der seine Studien an der Polytechnischen Hochschule absolviert hatte. In Finchs Brief vom September 1903 heißt es: »Du darfst Vertrauen zu ihm haben. Er ist sehr kultiviert, hat kunstkritische Aufsätze geschrieben … nimm ihn freundlich auf.«

Ich setzte mich mit Sigurd Frosterus an den Tisch, auf dem sich der Plan für den Zuschauerraum des Dumont-Theaters befand, den ich gerade vollendet hatte. Mein Besucher war aus Helsinki nach Weimar gekommen. Ohne viele Worte legte er mir seinen Wunsch dar, von mir in die Probleme des »neuen Stils« eingeweiht zu werden. Er wollte mein Schüler werden. Keiner meiner bisherigen Mitarbeiter und Schüler war mir mit solchem Freimut, solchem Enthusiasmus und solcher offenkundigen Hochachtung entgegengetreten.

Sein jugendliches Auftreten, der Ton seiner Worte und sein eindringlicher Blick machten mir die Entscheidung leicht. Die Anziehungskraft seiner schönen Züge, sein tadelloses Benehmen taten ein übriges. Frosterus sprach

Henry van de Velde mit (v. links n. rechts) Harry Graf Kessler, Felix Hollaender, Ludwig von Hofmann, Edward Gordon Craig vor dem Modell des Dumont Theaters, 1903/04

fließend Deutsch und Französisch. Er war über alles unterrichtet, was die neuen Kunstströmungen betraf; er kannte die verschiedenen Richtungen in der europäischen bildenden Kunst, vor allem aber in der Architektur und im Kunsthandwerk; er hatte die Publikationen in den deutschen, belgischen, englischen und französischen Kunstzeitschriften studiert und die Reproduktionen genau angesehen. In meine Schriften hatte er sich gründlich vertieft.

Frosterus blieb vom Oktober 1903 bis Ende März 1904 in Weimar. Ich übergab ihm alle meine Studien und Skizzen, die ich auf Grund des mir gestellten Programmes für das Theater gemacht hatte. Unter meinen Dokumenten, die infolge des häufigen Wohnungswechsels, zu dem ich durch den Verlauf meines Lebens gezwungen worden bin, sehr viele Lücken aufweisen, fand ich weder Skizzen noch Pläne zu diesem Theaterentwurf. Mag sein, daß ich mich von der Gleichgültigkeit des Großherzogs und von seinen Schachzügen, mit denen er ein für Weimar und für mich selbst so wichtiges Projekt zum Scheitern brachte, abgestoßen fühlte und mich deshalb nicht mehr um das Schicksal dieser Pläne kümmerte.

Mit großer Befriedigung erinnere ich mich an die Zusammenarbeit mit Frosterus, einem Architekten von beachtlichen beruflichen Kenntnissen und von außergewöhnlicher Sensibilität. Und ich habe die vielen Diskussionen am gemeinsamen Arbeitstisch oder bei unseren Spaziergängen im Weimarer Schloßpark und im Park von Belvedere nicht vergessen. Ich empfand das Bedürfnis, den Arbeitsgefährten, den mir ein glückliches Geschick aus einem fernen Lande zugeführt hatte, im einzelnen in meine Überzeugungen und Ansichten einzuweihen.

Mein junger Freund, der sich bald die Zuneigung meiner Frau, meiner Kinder und auch der treuen Mitkämpfer für ein »neues Weimar« erwarb, machte sich rasch mit allem vertraut, was das Seminar und meine Mission betraf, die mir der Großherzog übertragen hatte. Auch bei seinen späteren Aufenthalten in Weimar – im Sommer 1905 und während der Monate November und Dezember des gleichen Jahres – verfolgte Frosterus mit größtem Interesse meine Arbeiten und meine Funktion als Berater der Kunsthandwerker und der Kunstindustrien.

Ich wünschte, Sigurd für eine engere und längere Zusammenarbeit mit mir zu gewinnen. Aber ich fühle mich heute noch erleichtert, daß es nicht dazu kam, denn er – und mit ihm seine charmante und intelligente Frau – hätte mit mir die Enttäuschungen, Erniedrigungen und Schicksalsschläge teilen müssen, die ich später in Weimar erlitten habe.

Dankbar bin ich Sigurd Frosterus für die wertvolle und immer freundliche Hilfe, die er mir bei der gemeinsamen Arbeit am Vorprojekt für ein Ausstellungsgebäude der Berliner Sezession und auch für das neue Museum in Weimar, das dem Grafen Kessler versprochen worden war, geleistet hat. Für die Berliner Sezession stand ich in Konkurrenz mit zwei anderen Architekten, deren Namen ich vergessen habe. Meine Berliner Freunde, Curt Herrmann, Max Liebermann, der Bildhauer Georg Kolbe, der Sekretär der Berliner Sezession, Paul Cassirer, und andere einflußreiche Mitglieder des Vorstandes, hatten mich überredet, ein Vorprojekt auszuarbeiten, obwohl ich überzeugt war, daß einer der anderen Architekten, der gute Verbindungen zu den Geldgebern unterhielt, den Auftrag erhalten würde.

Auch bei einem anderen Projekt, das ebenfalls zu einer Enttäuschung führte, arbeitete Sigurd Frosterus mit. Die Regierung hatte mir den Auftrag erteilt, für einen Neubau des Restaurants »Webicht«, eines beliebten Ausflugortes in den Wäldern der Umgebung Weimars, einen Entwurf auszuarbeiten. Das Projekt wurde dem Baurat des zuständigen Ministeriums vorgelegt, der es scharf kritisierte. Trotzdem legte die Regierung meine Pläne zusammen mit dem Rapport des Baurats dem Parlament vor, das die Mittel zu bewilligen hatte. Das Parlament stellte sich auf die Seite des Baurats, verweigerte die Bewilligung und leitete mein Projekt dem Staatsminister zu. Die Regierung gab nach und rechnete damit, daß nunmehr der Großherzog, der sich herausgefordert fühlen mußte, aus seiner Privatschatulle die Mittel für die Ausführung meines Entwurfes – seines Beraters – zur Verfügung stellen würde. Aber es geschah nichts. Der für die Ausgaben der Privatschatulle verantwortliche Hofrat bemerkte ironisch, man hätte vermeiden sollen, Seine Königliche Hoheit zu verletzen. Und der Bau unterblieb.

Weitere Kränkungen folgten. Den Garten des Goethe-Hauses umgab eine häßliche, allzu hohe Mauer. Eine Reihe von Persönlichkeiten, an deren Spitze der frühere Hofmarschall von Wedel, zu denen auch Harry Graf Kessler, Ludwig von Hofmann und ich gehörten, reichte beim Großherzog eine Petition ein, die auf die Beseitigung des unwürdigen Zustandes zielte. Das Resultat war eine gegen mich gerichtete kleinliche, gehässige Kampagne, die nicht nur in den Lokalblättern ihren Niederschlag fand, sondern bis in die Witzblätter gelangte.

In dieser Lage war es für mich eine Freude, in Sigurd Frosterus einen jungen Menschen um mich zu haben, der bereit war, meinen Gedanken zu folgen. Ich besprach mit ihm Abschnitt für Abschnitt die Thesen meiner »Laienpredigten«, die ich jetzt präziser zusammenfaßte und auf die neuen Horizonte hin orientierte, die sich mir inzwischen gezeigt hatten.

Meine Vorläufer Ruskin und Morris hatten vergebens die Wiederkehr der Schönheit gepredigt, die unmöglich geworden war, weil Wesen und Begriff der Schönheit seit dem Altertum immer unklarer und widerspruchsvoller geworden sind. Deshalb verlangte ich, daß zuvorderst die Häßlichkeit und die Verseuchung, die von ihr ausgeht, bekämpft werden müßten. Die Waffe, die der Menschheit für diesen Kampf gegeben ist, heißt Gestaltung nach den Prinzipien der Vernunft. Im Bewußtsein, diese den Virus der Häßlichkeit vernichtende Waffe zu besitzen, sah ich eine Periode einer gewissen Neutralität voraus, in der die Idee der Schönheit zwar gegenwärtig bleibt, aber gleichsam in einer Art Schwebezustand nur schwer zu fassen oder zu definieren ist.

Sigurd und ich haben in langen Gesprächen diese Probleme diskutiert und sind gemeinsam zu dem Schluß gekommen, daß die Phase der Neutralität auch in der Entwicklung meiner Arbeiten erkennbar ist, in denen die expressive Heftigkeit des Linearen und auch der Volumen und Strukturen meiner frühen Werke in beruhigtere, neutralere Formen übergeht.

Das tiefe Verständnis, das Frosterus meinen künstlerischen Ideen entgegenbrachte, spiegelt sich in den Briefen, die er nach seinem Besuch im Nietzsche-Archiv an seine Mutter schrieb: »Ohne Zweifel das schönste, was van de Velde geschaffen hat, das geschlossenste, das reinste, das gehaltvollste Werk, das die moderne Kunst bis jetzt hervorgebracht hat. Alles, Wände und Möbel, ist in hellen Tönen gehalten. Die Möbel sind mit einem Samt in mattem Rot bezogen, der an die Reflexe der untergehenden Sonne auf den Schneegipfeln der Alpen erinnert. Das Rotbuchenholz der Möbel läßt durch die Tiefe seiner Färbung die Valeurs der Stoffe in höchster Differenzierung hervortreten. In den strengen Linien der Möbel liegt eine außergewöhnliche Kraft, Geschmeidigkeit und Elastizität, in allem Ornamentalen eine ausgewogene, wunderbare Harmonie. Sie sind weder zu leicht noch zu schwer, weder ›elegant‹ noch ›lässig‹ im englisch-amerikanischen Sinn. Mit einem Wort eine ›feierliche‹ Einheit; nichts fällt aus dem Rahmen, nichts springt in die Augen, aber auch nichts dürfte weggelassen werden. Solche Dinge können nur geschaffen werden, wenn Herz und Seele zusammenwirken, was nicht oft im Leben vorkommt.« Und in einem späteren Brief heißt es: »Nichts ist dem Zufall überlassen, und nirgends zeigt sich auch nur eine Spur von Hast. Mit der gleichen eindringlichen Sorgfalt sind ein Stuhlbein, das Profil eines Tisches, das große Cheminée oder die Nische gezeichnet, in der Klingers schöne Nietzsche-Büste steht. Als Innenarchitekt überragt van de Velde seine Zeitgenossen um vieles, ja ich möchte fast sagen, daß es unter den Modernen nur einen einzigen gibt, der sich mit den großen Meistern der Vergangenheit messen kann, und das ist er.«

Sigurd Frosterus, mit dem ich nach dem Zweiten Weltkrieg wieder die Verbindung aufnahm, hat in Helsinki eine glänzende Laufbahn durchschritten. Als Vermittler meiner architektonischen Prinzipien hat er auf die ihm folgende Generation einen starken Einfluß ausgeübt. Der geniale finnische Architekt Alvar Aalto hat mir ausdrücklich die große Achtung bestätigt, die er und seine Freunde dem gesunden und zugleich sensiblen Schaffen ihres älteren Kollegen entgegenbringen.

Für mich bedeuteten die Jahre 1903 bis 1905 und vor allem die Zusammenarbeit mit Frosterus eine glückliche und wertvolle Vorbereitung meiner pädagogischen Tätigkeit an den Instituten in Weimar und später in Brüssel.

Eine eher groteske Erinnerung führt mich noch einmal zu Frosterus zurück. Es handelte sich um die »Verkleidung« einer Villa in Chicago, die an einer Straße gelegen war, wo jedes Haus aussah wie das andere. Ein höchst origineller amerikanischer Oberst, der eine dieser Villen besaß, wollte als erster seinen Mitbürgern eine Fassade vorführen, wie er sie an einem Haus in Ostende gesehen hatte, das ich einem Bewunderer meiner linear-abstrakten Ornamente in meiner ersten belgischen Periode gebaut hatte. Dieser Oberst, der einst seine Truppen in der Schlacht von Gettysburg zum Sieg geführt hatte, war Besitzer eines der größten »Drugstores« von Chicago.

Er hatte mich in Belgien gesucht und war schließlich nach Weimar gekommen. Dieser ungewöhnliche Schritt rührte mich, und die Bewunderung des Amerikaners machte mir Eindruck. Ein weiter Horizont öffnete sich vor mir, und ich glaubte schon, Amerika in einem Handstreich erobern zu können. Ich nahm den Auftrag an und ließ ein Modell dieser Fassadenverkleidung in ziemlich großem Maßstab herstellen; einige Motive sogar in natürlicher Größe. Frosterus führte die Vorzeichnungen zur größten Zufriedenheit des Auftraggebers aus.

Die Sache machte in Chicago solche Sensation, daß der Oberst mir vorschlug, auch sämtliche Etagen seines »Drugstores« auf diese Weise zu renovieren. Sein telegraphisches Angebot war mit der Bedingung verbunden, mich sofort einzuschiffen und während der Ausführung der Pläne, der Modelle und der Bauarbeiten in Chicago zu verbleiben. Eine Zusage hätte mich auf die Dauer von sechs Monaten von meinen Weimarer Pflichten ferngehalten, ganz abgesehen davon, daß ich um die Einwilligung des Großherzogs hätte nachsuchen müssen.

Unter diesen Umständen konnte ich nicht daran denken, den Auftrag anzunehmen, geschweige denn den Großherzog in einem Augenblick um Urlaub zu bitten, in dem zwei wichtige Entscheidungen bevorstanden: der Bau eines neuen Hoftheaters und die Vergebung der Bauarbeiten für den von mir entworfenen Neubau der Kunstschule. Wenn ich den Auftrag in Chicago hätte annehmen können, so wäre die künstlerische Entwicklung in Amerika vermutlich rasch in Fluß geraten. Ich wäre vielleicht nach Amerika übergesiedelt und hätte jenen Architekten den Weg bereitet, die – Gropius, Mies van der Rohe, Mendelsohn und andere – nach der Machtergreifung durch die »Nazis« nach den Vereinigten Staaten kamen.

Ein neues Hoftheater?

Nachdem der Plan Louise Dumonts zum Scheitern gebracht worden war, drängte der Intendant von Vignau auf die möglichst baldige Errichtung eines Neubaus für das Weimarer Hoftheater. Schon zur Regierungszeit Karl Alexanders hatten solche Absichten bestanden, und der frühere Intendant Hans Bronsart hatte von der Firma Hellmer & Feiner in Wien, die sich als Theaterspezialisten eines europäischen Rufes erfreute, Pläne ausarbeiten lassen. Für ihre zahlreichen Theater in Deutschland und Mitteleuropa benützte diese Firma ein Schema, das von Garniers »Großer Oper« in Paris abgeleitet war, dem wichtigsten Bau im »Stil des zweiten französischen Kaiserreiches«; einem Musterbeispiel sinnlos zusammengewürfelter Formen aller Stile, einer Anhäufung widersprechender Elemente.

Der Großherzog hatte das Exposé seines Intendanten wohlwollend angehört. Allerdings wußte Herr von Vignau, daß der Großherzog die Pläne mir hatte vorlegen lassen. Und er wußte, daß der Großherzog mich um meine Meinung über den Wert der Pläne und über die Frage, ob sie als Grundlage für neue Entwürfe dienen könnten, gebeten hatte. In diesem Vorgehen des Großherzogs lag für den Intendanten etwas Beunruhigendes. Es wies auf die Absicht hin, mich in die Probleme beim Bau des neuen Hoftheaters einzubeziehen, was der Intendant seinerseits unter keinen Umständen wollte. Um diese Möglichkeiten zu vereiteln, war Herrn von Vignau kein Mittel schlecht genug.

Er war es, der Louise Dumonts Projekt eines Nationaltheaters zu Fall gebracht hatte. Und er nützte damals die Gelegenheit aus, die öffentliche Meinung gegen mich und meine Freunde des »neuen Weimar« aufzuhetzen. Das Echo dieser Angriffe war noch nicht verklungen, das Feuer glühte noch unter der Asche. Von Vignau appellierte an die öffentliche Meinung und veranlaßte eine Mitteilung in der Presse, derzufolge ich meine Kandidatur für den Entwurf der Pläne des neuen Weimarer Hoftheaters angemeldet hätte. Dieser falsche Alarm genügte, um die Angriffe gegen mich wieder aufflammen zu lassen.

Ein weiterer Schritt verbaute mir den Weg. Herr von Vignau wandte sich an Heilmann und Littmann in München, die als jüngere Architekten über die modernen Ansprüche, die das an Richard Wagner geschulte Publikum dem Theaterbau gegenüber stellte, besser unterrichtet und die Forderungen der

Bühnen- und Beleuchtungstechniker, die auf ein Maximum von Naturalistik zielten, zu erfüllen bereit waren. Heilmann und Littmann mobilisierten das ganze Personal ihres Büros für die Ausführung der Pläne, die von Vignau dem Großherzog vorlegte. Diese Pläne setzten ohne jeden Skrupel und nur um das neue Theater an der gleichen Stelle wie das frühere zu errichten, die Opferung des alten Goethe-Theaters voraus.

Dieser gegen Ende des 18. Jahrhunderts errichtete Bau galt als eine Reliquie. Goethe war Jahre hindurch Intendant des Hauses gewesen und hatte auf dieser Bühne seine eigenen dramatischen Werke und die anderer Dichter inszeniert; von hier aus entwickelte sich die dramatische Kunst in ganz Deutschland. Hier hatte Liszt die ersten Werke Wagners zur Aufführung gebracht und später jüngeren Komponisten den Weg zur Bühne geebnet. Unzählige Erinnerungen waren mit diesem Theater verknüpft, das in seiner Art ausgezeichnet war. Die Akustik war vorzüglich, und in dem Zustand, in dem es sich befand, konnte es noch lange dienen. Genau erinnere ich mich der hingebungsvollen Aufmerksamkeit, mit der wir jedes Jahr zu Ostern den Aufführungen beider Teile des »Faust« beiwohnten; ich denke zurück an den »Prinzen von Homburg« oder auch an den »Barbier von Bagdad«. In der einfachen und klaren Atmosphäre des Raumes spürte man etwas von der Bescheidenheit und von dem Glauben, unter deren Zeichen Goethe und Liszt in diesen Räumen gewirkt hatten.

Ich war nicht der einzige, der die Zerstörung des Goethe-Theaters als ein Sakrileg, als einen Akt des Vandalismus empfand. Angesichts der pietätlosen Absichten des Intendanten erschien es mir als meine Pflicht, den Großherzog auf die Gefahr und auf die Kritik aufmerksam zu machen, denen er sich im Falle seiner Zustimmung zu den Plänen von Vignaus seitens der Goethe-Gesellschaft und anderer Vereinigungen aussetzen würde, die fanatisch an der Pflege aller Erinnerungen an den Halbgott festhielten.

Während der drei Jahre meiner Dienste beim Großherzog hatte ich niemals um eine Audienz nachgesucht. Immer hatte sich eine direkte Gelegenheit gefunden, bei der ich mit ihm über Fragen sprechen konnte, für deren Entscheidung an seine Autorität zu appellieren war. In meiner Funktion als künstlerischer Berater konnte ich in voller Unabhängigkeit handeln. Jetzt aber bestand die Gefahr, daß ich in eine gefährliche Angelegenheit verwickelt werden würde, und auch meine Freunde, die mit mir stets für die Verwirklichung neuer Dinge eintraten, konnten Mißdeutungen ausgesetzt sein.

Deutsches Nationaltheater mit Goethe- und Schillerdenkmal

In diesem Zustand der Bestürzung entschloß ich mich, eine Audienz zu erbitten. Ich empfand den dringenden Wunsch, meinen Standpunkt darzulegen und neuen Angriffen zuvorzukommen. Ich wollte dem Großherzog erklären, welche Gründe mich gebieterisch zwangen, jede Verbindung mit dem Intendanten und seinen Plänen abzulehnen. Und ich wollte mich vor allem aus allen Intrigen heraushalten. Bevor es jedoch zu der erbetenen Audienz kam, ereignete sich ein Vorfall, der die Öffentlichkeit in ungewöhnlicher Weise beschäftigte und mich die Gefahren erkennen ließ, die mir drohten.

Einige Tage, nachdem ich mein Audienzgesuch eingereicht hatte, wohnte ich einem Konzert im Palais bei. Jede große Soirée des Fürsten endete mit dem »Cercle«. Nachdem der Großherzog das letzte Dutzend der Gäste, die nicht übersehen werden durften, »erledigt« hatte, ließ er mich durch seinen Adjutanten rufen. Beim »Cercle« ist es Brauch, daß nur einige wenige liebenswürdige, oberflächliche Worte gewechselt werden. Diesmal verlief die Sache anders. Der Großherzog drückte mir die Hand und begann ein Gespräch, das allen Anwesenden nicht enden zu wollen schien. Wir standen allein in der Mitte des großen Saales, und der Großherzog kümmerte sich weder um den Ort, noch um den Moment, noch um seine Gäste. Er fragte mich ohne Umschweife nach meiner Meinung über das brennende Problem des neuen Theaters. Unter den Gästen, die in einem weiten Kreis um uns standen, entstand eine außerordentliche Bewegung und Unruhe. Der Oberhofmarschall, der den »Cercle« leitete, aber nicht eingreifen konnte, lief hin und her wie ein Schäferhund um seine Herde. Immer wieder versuchte er, sich dem Adjutanten bemerkbar zu machen, der in vorgeschriebener Distanz regungslos der Befehle des Souveräns harrte. Aber der Großherzog redete immer weiter. Ich legte ihm die verschiedenen Punkte des Problems dar: die Sinnlosigkeit der früheren Pläne, die durch die Fortschritte der Bühnentechnik und auch der künstlerischen Regie überholt seien; die historische Bedeutung des alten Theaters, die gute Absicht der Vertreter der Tradition, die sich gegen seine Zerstörung und gegen den Vandalismus des Intendanten wendeten, die Bedenken gegen die zu geringe Bodenfläche des alten Theaters für einen modernen Neubau und nicht zu vergessen die Unmöglichkeit, mich mit dem Intendanten zu verständigen, der beim Projekt Louise Dumonts auch mich verletzt hatte. Schließlich gab ich dem Großherzog meinen Wunsch zu verstehen, in meiner Funktion als Berater nichts mehr mit der Sache zu tun haben zu wollen, wenn er seine Entschlüsse gefaßt habe.

Unser Gespräch hatte weit mehr als die übliche Zeit in Anspruch genommen. Der Großherzog bedeutete dem Adjutanten, daß er sich zurückzuziehen wünschte. Er dankte mir, gab mir die Hand, ließ verstehen, daß er allein sein wolle, und zog sich in seine Gemächer zurück. Die Anwesenden grüßten ehrerbietig, waren aber verstimmt darüber, daß sie – abgesehen von den Eingeweihten, die die aktuellen Fragen des Hofes kannten – einem Gespräch beigewohnt hatten, dessen Inhalt ihnen unbekannt war. Sie hatten zwar die Entspannung der sonst eher harten Züge des Großherzogs bemerkt, konnten aber nicht wissen, daß ich gleichsam einen Dorn aus seinem Fuß gezogen hatte.

Die dem Hof Nahestehenden fürchteten, ich hätte den Großherzog veranlaßt, mir die Ausführung der Pläne für das neue Theater zu übertragen. Im allgemeinen Durcheinander, in dem sich der »Cercle« auflöste, verließ ich den Saal durch eine Tapetentür und erreichte die Garderobe, ohne von Neugierigen ausgefragt zu werden. Ich ging allein nach Hause und war erleichtert, im Augenblick jeder Verpflichtung entgangen zu sein. Aber ich hatte auch

Illusionen verloren. Der Oberhofmarschall und Staatsminister Rothe, die oft ins Nietzsche-Archiv kamen, erfuhren von Elisabeth Förster-Nietzsche, daß ich mich von allem, was das neue Theater betraf, völlig distanziert hatte. Auf Veranlassung des Intendanten und des Oberhofmarschalls wurden Heilmann und Littmann in München endgültig mit der Ausarbeitung der Pläne beauftragt, und im Jahre 1908 wurde das neue Theater am Platz des mutwillig zerstörten Goethe-Theaters eröffnet.

1905 in Paris – Gordon Craig in Weimar

Im Laufe des Jahres 1905 hielt ich mich mehrmals in Paris auf. Harry Kessler mochte glauben, ich triebe mich in mondänen Lokalen herum – er machte in einem seiner Briefe in dieser Richtung eine Andeutung –, in Wirklichkeit arbeitete ich mit den von Scheidemantel nach Paris entsandten Kunstschreinern an der Einrichtung der Wohnung von Victor und Natascha Golubeff. Die ganze Werkstatt Scheidemantels war mit der Herstellung der Dinge für diese luxuriöse Wohnung an der Avenue du Bois de Boulogne beschäftigt. Im privaten Rahmen – also ohne das Gewicht und die Herausforderung einer Ausstellung – erschienen die Erzeugnisse der verschiedenen kunsthandwerklichen Werkstätten des Großherzogtums Sachsen-Weimar, Möbel, Möbelstoffe, Teppiche, Beleuchtungskörper, Werke der Goldschmiedekunst und Porzellan, zum ersten Male in Paris. Alle Mitarbeiter waren bestrebt, ihr Bestes zu geben, und die verschiedenen Kunsthandwerker des Großherzogtums waren an einer Aktion interessiert, die sie unter sich die Eroberung von Paris nannten. Ich selbst erwartete die Revanche für den »Durchfall«, den ich 1896 bei Bings »Art Nouveau«-Ausstellung mit meinen Arbeiten erlebt hatte, die den Unwillen der Pariser Presse und des von ihr beeinflußten Publikums hervorgerufen hatten.

Victor und Natascha Golubeff hatten die Absicht, einen Kreis von Künstlern, Kritikern und Angehörigen der obersten Schicht der Pariser Gesellschaft um sich zu scharen. Victor besaß herrliche asiatische Kunstschätze und eine Sammlung persischer Miniaturen, die Aufsehen erregten. Natascha, die von ihren Freunden »Tata« genannt wurde, war eine Schönheit. Sie hatte eine wundervolle Stimme und sang mit großem Charme und unvergeßlicher innerer Bewegung Lieder der deutschen Romantiker. Von Wuchs und Haltung eine Prinzessin, war sie von vollendeter Eleganz und sehr verschwenderisch. Victor besaß in Rußland eine große Anzahl von »Seelen« und verfügte über kaukasische Landgüter von unmeßbarer Größe. Auch er war ein Grandseigneur von Natur. Der Salon der Golubeffs, auf die ich im Laufe meiner Erzählung noch zurückkommen werde, wurde rasch, nicht zum geringsten wegen seiner Einrichtung, zu einem Zentrum des Pariser gesellschaftlichen Lebens.

Während eines meiner damaligen Pariser Aufenthalte erhielt ich von Harry Kessler folgenden, am 6. Dezember 1905 in Weimar geschriebenen Brief: »Während Sie, mein lieber Freund, in Paris in eleganten Lokalen bummeln, ereignen sich hier Dinge, Dinge …! Madame van de Velde hat Ihnen wohl geschrieben, daß Max Reinhardt nach Weimar gekommen ist. Gestern haben Hofmannsthal und ich ihm Ihre Theatermodelle gezeigt. Er war vollkommen überzeugt. Er hält Ihre Lösung für das Ei des Kolumbus und empfand die ›pathetische‹ Schönheit der architektonischen Form. Das Nietzsche-Archiv hat seine Begeisterung auf die Spitze getrieben. Heute morgen habe ich ihn am Wickel genommen und ihm schlankweg vorgeschlagen, Ihnen den Umbau des neben dem ›Deutschen Theater‹ gelegenen ›Emberg‹-Saales zu übertragen, den er erworben hat. Er will ihn in ein kleines Theater für vierhundert Personen verwandeln. Begreiflicherweise hat er geantwortet, sich nicht binden zu können, ehe er Sie gesehen und erfahren hat, ob Sie sich für eine solche Arbeit interessieren, und er bittet Sie, gleich nach Ihrer Rückkehr aus Paris zu ihm nach Berlin zu kommen.«

Später heißt es im gleichen Brief: »Noch ein Theatercoup: der Großherzog hat sich für Samstag zu mir zum Diner angesagt.« Der Adjutant des Großherzogs, Graf von Fritsch, hatte den Abend mit Reinhardt und Hofmannsthal bei Kessler verbracht. Mit von Fritsch hatte ich während der Orientreise Beziehungen angeknüpft, noch bevor er erster Adjutant des Großherzogs wurde. Der Graf hatte sich einen Platz in unserem Kreis geschaffen und zugleich das Vertrauen des Großherzogs erworben. Sehr bald bemerkte er die feindselige Gesinnung des Oberhofmarschalls von Palézieux gegen Kessler, den er darüber orientierte. Den Großherzog bat er um Zurückhaltung gegenüber dem Oberhofmarschall, der ihn möglicherweise über Kessler falsch und verleumderisch unterrichtet hätte, um dessen Sturz und sein Verschwinden aus Weimar herbeizuführen.

Auch darüber schrieb mir Harry in einem Brief: »Ich zweifle nicht, daß mir von Fritsch die Wahrheit gesagt hat. Denn vor ein paar Tagen berichtete mir Staatsminister Rothe, daß mein Name für den General von Palézieux ein rotes Tuch sei, und daß er in Wut gerate, wenn er ihn nur hört. Ich erklärte dem Minister, daß ich unter solchen Umständen lieber von der Leitung des Museums zurücktreten würde. Rothe bat mich, es noch nicht zu tun, denn die Dinge könnten sich bessern.«

Der Adjutant versuchte, sich für eine bessere Atmosphäre zu verwenden, aber das Diner war die erste Szene des Dramas, dem wir nur allzubald beiwohnen sollten und dessen finsteren Ablauf weder von Fritsch noch Minister Rothe aufhalten konnten.

Die Ideen über Theaterbau nahmen weiter mein Interesse in Anspruch. In München und Berlin hatten sich die Dinge in Richtung auf intime Räume für eine verhältnismäßig kleine Zuschauerschaft entwickelt, in denen eine gesammelte Atmosphäre, etwas von der Ambiance eines Klubs entstehen konnte. Reinhardt dachte für den Umbau des Emberg-Saales an solche Möglichkeiten, aber er verlor nach einiger Zeit das Interesse an meinen Studien.

Kessler war mit dem englischen Regisseur und Bühnenbildner Gordon Craig befreundet, dem Sohn der berühmten Schauspielerin Ellen Terry. Craig hatte Dekorationen und Kostüme geschaffen, die ohne eine Spur von Imitation auf die Einfachheit der Inszenierung, der Masken und der Kostüme des antiken griechischen Theaters zurückgingen. Harry erzählte ihm von meinen Modellen, meinen Studien und unserer gemeinsamen Arbeit in Weimar. Craig lebte in Florenz und ging nur gelegentlich zu Inszenierungen nach London. Auf Kesslers Vorschlag kam er kurze Zeit, nachdem Max Reinhardt meine Modelle gesehen hatte, zu Besuch nach Weimar. Er war dabei mehrmals in meinem Atelier und studierte lange mein Material. Craigs wachsendes Interesse befeuerte meinen Eifer. Seine neuen Inszenierungsideen, seine Prinzipien für den Bau von Dekorationen und seine Beleuchtungsmethoden führten zu einer Vertiefung meiner eigenen Studien der technischen Erfordernisse der Bühne. Seit der Erfindung der Drehbühne und anderer technischer Neuerungen war die Theatertechnik höchst kompliziert geworden. Gordon Craig suchte, sie zu radikaler Einfachheit zurückzuführen. Der geniale Bühnenreformator gelangte bei den wenigen praktischen Möglichkeiten, die ihm bei Inszenierungen in London und Berlin gegeben wurden, zu einem Maximum an Wirkung bei einem Minimum an technischem Aufwand.

Gordon Craig interessierte sich lebhaft für das Seminar. Er veranlaßte meine Schülerin Erica von Scheel, ihm bei der Ausarbeitung eines Bühnenhimmels zu helfen, von dem er sich eine verblüffende Wirkung versprach. Es war ein Gebilde aus dicht zusammengenähten ultramarinfarbenen Quasten, auf denen das Scheinwerferlicht in einer Art spielte, daß der Eindruck einer immateriellen Unendlichkeit hervorgerufen wurde, wie er – so sagte Gordon Craig – auf der Bühne noch nie erreicht worden war. Erica von Scheel führte mit größter Geduld aus Hunderten von solchen Quasten ein Fragment dieses Bühnenhimmels aus, und die Wirkung war noch größer, als Craig es erwartet hatte. Im großen Saal des Museums veranstaltete Harry Kessler eine Ausstellung von Entwürfen Gordon Craigs.

Als ich meine Ateliers im Neubau der Weimarer Kunstgewerbeschule einrichtete, nahmen meine Theatermodelle einen bevorzugten Platz ein, an dem ich mich oft niederließ, um mich zu sammeln oder um mich bei plötzlichen Ermüdungen, die mich bei besonders anstrengenden Arbeiten überfielen, zu erfrischen.

Nach dem Krieg 1914–1918 war ich kurze Zeit in Weimar, um meine Ateliers zu räumen. Die Theatermodelle waren verschwunden, und in den Mappen fand sich keine Spur von den Skizzen, nach denen meine Modelle ausgearbeitet und hergestellt worden waren.

WEIMAR II

ENTSCHEIDENDE ARBEITEN UND EREIGNISSE

Im Jahre 1906 überstürzten sich die Ereignisse geradezu fieberhaft. Es wurde eine Zeit wichtiger und folgenreicher Entscheidungen. Die positiven Auswirkungen der Zusammenarbeit von Künstlern, Kunsthandwerkern und Industriellen wurden mehr und mehr anerkannt. Andrerseits ließ die Feindseligkeit der Fanatiker, die auf die ewige Dauer der überlieferten Stile schworen, den Glauben an mich als den »Eindringling« nur wachsen, der sich das Recht nahm, seine Ideen zu verbreiten und einen jungen Fürsten auf den Weg einer subversiven Opposition gegen den Geschmack des Kaisers zu führen. Die zwei »Verschwörer«, Harry und ich, kämpften unerschütterlich für die Begründung und Verbreitung einer neuen künstlerischen und kulturellen Gesinnung. In dieser Atmosphäre und Stimmung verbrachte ich eine Zeit angestrengtester und aufregendster Arbeit.

Die Künstlerbund-Ausstellung in London 1906

Die Beziehungen zwischen Deutschland und England befanden sich 1906 im Zustand einer gefährlichen Spannung. Graf Kessler, dessen offiziöse Beziehungen zur »Wilhelmstraße«, das heißt zum Auswärtigen Amt des Deutschen Reiches, nicht unbekannt waren, widmete sich mit höchster Intensität dem Versuch, die drei Nationen Deutschland, England und Frankreich, die einem verhängnisvollen Konflikt zusteuerten, kulturell einander zu nähern. In allen drei Ländern war man bereit, in Harry Kessler den Mann zu sehen, der über das Maximum an Autorität verfügte, die es ermöglichte, englische und deutsche Künstler zusammenzuführen und durch seine Beziehungen zu französischen künstlerischen Kreisen zu einem geistigen und menschlichen Austausch zu gelangen. Seit unserer Übersiedlung nach Weimar waren Harry und ich ja die eifrigsten und begeistertsten Vermittler der modernen französischen Malerei und Bildhauerei gewesen, und auch mit englischen Künstlerkreisen hatten wir die Verbindung aufgenommen.

Auf einem vom Lyzeumklub in London veranstalteten Bankett hatte der englische Porträtmaler Sir John Lavery den Plan einer deutschen Kunstausstellung angekündigt, der auf die Initiative des Grafen Kessler zurückging. Kurz darauf erfolgte die offizielle Einladung von seiten der Gruppe unabhängiger englischer Künstler an den »Deutschen Künstlerbund«. »Ich bin glücklich«, schrieb mir Harry am 21. Januar 1906, »beiden Aufgaben dienen zu können, die mir am meisten am Herzen liegen: der Kunst und dem Frieden.«

Die einladende englische Künstlergruppe setzte sich direkt mit mir in Verbindung und übertrug mir die Einrichtung dieser Ausstellung in der »Princess Gallery« in South Kensington, in der sich zeitweise eine Kunsteisbahn befand. Die weiten Räume hatten früher schon einmal einer Ausstellung der »International Society of Art« gedient, die Whistler organisiert hatte.

Ich war glücklich und fühlte mich geehrt, meinen Weimarer Kunsthandwerkern die Einrichtungsarbeiten anvertrauen zu können, die die Umwandlung der »Princess Gallery« in Ausstellungsräume erforderte. Der Eröffnungstermin war auf den 1. Mai 1906 festgesetzt; ich hatte für die Entwürfe und Vorarbeiten drei Monate Zeit. Für die Montage und die Ausführung der dekorativen Details brachte ich meine Arbeitsgruppe von Weimar nach London mit. In Weimar selbst waren sämtliche Arbeiter und Ziseleure der Müllerschen Werkstätten damit beschäftigt, die Metallarbeiten fertigzustellen, die für die mir zur Verfügung gestellten Vitrinen bestimmt waren. Die Ausstellung in London enthielt nämlich neben der bildenden Kunst auch eine kunstgewerbliche Abteilung, deren Zusammenstellung Harry Kessler übertragen worden war.

Ich hatte im Dezember 1905 in der Galerie Druet in Paris eine Kollektion von Silberarbeiten ausgestellt. Sie kamen zwar rechtzeitig nach Weimar zurück, aber ich konnte sie für die Ausstellung in der »Princess Gallery« nicht verwenden, weil die englischen Zollvorschriften die Einfuhr von Silberarbeiten unter einem bestimmten Silbergehalt nicht gestatteten.

Über die Ausstellung bei Druet, mit der zum ersten Male seit 1896 wieder Arbeiten von mir in der Pariser Öffentlichkeit erschienen, schrieb der »Figaro«

im Dezember 1905: »Henry van de Velde stellt eine Reihe von einzigartigen Silberarbeiten aus. Da wir Dezember schreiben, ist es eine Art Weihnachtsausstellung. Aber sie bedeutet mehr: sie läßt den Willen zur Logik erkennen, zur Einfachheit und Harmonie, der alle Werke dieses Erneuerers der dekorativen Kunst belebt. In jedem der ausgestellten Objekte wirken sich organische Linien aus, die sich gegenseitig bedingen, sich beeinflussen, die sich zusammenschließen und die Volumen wie die Oberflächen bestimmen. Die Ornamente erscheinen als Kristallisation des Spiels von Licht und Schatten, wie Akzente, wie der Grundton eines Verses oder Reimes. Und auch das kleinste Stück wirkt durch den Ausdruck seiner Umrisse, durch die Natürlichkeit, mit der sie in der Hand dessen liegen, der sie berührt, und durch die Selbstverständlichkeit, mit der es sich mit anderen zu einer Gruppe zusammenschließt.

Teeservice, Silberplatten, Besteck, Samowar, Hummergabeln, Gemüseschüsseln, Tischleuchter und so weiter – fünfzig kostbare Objekte, jedes aus einem Stück, ohne Verlötungen. Die Ausführung von Hans und Wilhelm Müller, den Hofjuwelieren von Sachsen-Weimar, wohin van de Velde vom Großherzog berufen worden ist, zeigt ein Können von einzigartiger Feinheit und Sensibilität; meisterhaft in der Hammerarbeit wie in der Ziselierung, in denen sich das Materialgefühl des Entwerfers wie des Ausführenden offenbart. Maître Henry van de Velde hat vielleicht den Stil, dessen Schöpfer er ist, schon in größerem Rahmen angewendet, aber, wie uns scheint, nie vollendeter, nie rhythmischer, nie geläuterter.«

Die Londoner Ausstellung war die erste von modernem Geist inspirierte Veranstaltung im Ausland, durch die sich Publikum und Kritik ein Bild des Schaffens der deutschen Maler und Bildhauer machen konnten, die am Ende des 19. und zu Beginn des 20. Jahrhunderts neue Wege der Kunst beschritten.

Ein peinlicher Umstand drohte, die Eröffnung der Londoner Ausstellung unmöglich zu machen. Ich hatte für den Boden der Kunsteisbahn Kokosmatten bestellt. Die Firma, welche die Matten in dem von mir bestimmten amarantroten Ton zu färben hatte, ging zu spät an die Arbeit. Meine Befürchtungen bestätigten sich am frühen Morgen der Ausstellungseröffnung: die am Abend vorher aufgetragene Farbe war noch naß und glänzend wie Asphalt auf der Straße nach einem Platzregen. Ich war verzweifelt und ratlos. Plötzlich kam mir ein Gedanke. Auf dem Weg zur »Princess Gallery« hatte ich vor einem großen Dampfsägewerk Riesenhaufen von Sägespänen liegen sehen. Der Lieferant der Matten wurde alarmiert, ich beschimpfte ihn in Französisch

Henry van de Velde um 1903

mit den fürchterlichsten Ausdrücken, die mir die Wut eingab – ich, der ich sonst nie in Zorn geriet –, und schrie: »Ich brauche sofort Lastwagen und Männer, die Sägespäne herbeischaffen, sie über die ganzen Matten streuen und mit dem Rechen bearbeiten wie in einer Zirkusarena!«

Die Eröffnung fand zur festgesetzten Stunde statt. Die ungewohnte Verwendung von Sägespänen wirkte als origineller und glücklicher Einfall. Ich nahm die Glückwünsche um so heiterer entgegen, als die Wirkung wirklich ausgezeichnet war.

Beim Bankett am gleichen Abend hatte ich das Vergnügen, neben anderen Persönlichkeiten May Morris, William Morris' Tochter, Walter Crane und

Bernard Shaw kennenzulernen. Ich saß am Ehrentisch neben May Morris. Crane und Shaw saßen uns gegenüber. Crane brachte in Englisch einen Trinkspruch auf mich aus. Ich antwortete in Französisch zur Verwunderung der Anwesenden, von denen die wenigsten wußten, daß ich Belgier war. Bernard Shaw war beauftragt worden, der englischen Regierung zu danken, die durch den Kriegsminister Lord Haldane vertreten war, der dem Bankett präsidierte. Man kann sich vorstellen, daß dieser scheinbar paradoxe Umstand dem bissigen Spötter Anlaß zu allerhand Sarkasmen gab. Und dies, obwohl Shaw genau wußte, daß der Kriegsminister als ausgezeichneter Kunstkenner besser als irgend jemand für diese Rolle geeignet war, auf jeden Fall besser als der Fachminister, dem die Kunstverwaltung zugeordnet war. Bernard Shaw hatte leichtes Spiel. Er hielt eine glänzende und besonders geistreiche Ansprache. Für den nächsten Tag waren alle in London anwesenden deutschen Künstler zu einem großen Bankett eingeladen, das der Lord-Mayor Londons im Mansion-House gab. Es war eine prunkvolle Veranstaltung nach altem Glanz und Brauch, bei der man sich in mittelalterliche Zeiten zurückversetzt fühlte.

In der »Tribüne« erschien folgende Besprechung der Deutschen Kunstausstellung: »Eine große Menschenmenge mit stark kosmopolitischem Einschlag fand sich gestern in der ›Princess Gallery‹, Knightsbridge, zusammen, als Prinzessin Christiane in Begleitung des Prinzen die Deutsche Kunstausstellung feierlich eröffnete. Mr. Lavery hielt als Präsident des Vorstandes britischer Künstler, die die Ausstellung organisiert hatten, eine kurze, die Ziele der Ausstellung erklärende Ansprache. Walter Crane sprach der Prinzessin den Dank der Veranstalter aus. Er pries die Energie des Architekten, Professor van de Velde, unter dessen Leitung die Ausstellungsräume eingerichtet und ausgestattet wurden. Mr. Cranes Lob war wohlberechtigt. Besucher der Kunsteisbahn konnten kaum glauben, daß es sich um das gleiche Gebäude handelte, so vorzüglich haben Professor van de Velde und seine Helfer es in eine Reihe gut beleuchteter, einfach gestalteter Galerieräume verwandelt. Die Wände sind in blassem Rot gehalten, der Boden ist mit roten, mit Sägespänen bedeckten Matten belegt. Die Bilder hängen fast alle auf gleicher Höhe. Verglichen mit dem unruhigen Durcheinander unserer Akademieausstellungen, wirkt der schlichte gute Geschmack der deutschen Ausstellung erholend und gefällig. Was man von den Bildern auch halten mag, sicher ist, daß die modernen deutschen Künstler es besser verstehen, eine Kunstausstellung zu arrangieren, als die meisten unserer Künstlervereinigungen.«

Polemik um die Dresdner Kunstgewerbe-Ausstellung 1906

Im gleichen Jahr 1906 stand in Dresden die Eröffnung der Kunstgewerbe-Ausstellung bevor. Die Dresdner Ausstellung von 1897 war eine Überraschung gewesen. Diesmal galt es, einen Überblick über das Schaffen der Vertreter der neuen künstlerischen Auffassungen zu geben. Die Ausstellung von 1897 hatte mich plötzlich an die Spitze der neuen Bewegung getragen. Inzwischen war ich, obwohl Ausländer, zu einer entscheidenden Funktion in Deutschland gelangt. Kein Wunder, daß die Gegner unserer Bewegung die Dresdner Ausstellung zum Anlaß einer Auseinandersetzung zu machen gedachten, um ihre bedrohten Interessen zu verteidigen. Es sollte alles darangesetzt werden, daß der »neue Stil« auf der Strecke blieb. Die bevorstehende Eröffnung der Ausstellung wurde von den uns günstig gesinnten Zeitungen und Zeitschriften als kommendes wichtiges Ereignis vorbesprochen. Aber auch unsere Gegner bezogen gute Positionen, um die Angriffe zurückzuschlagen, die wir unsrerseits auf sie vorbereiteten. In den Kolumnen der Zeitungen spielten sich die ersten Vorgefechte ab.

Wir, die wir 1897 die erste Schlacht für die neue Kunst in Deutschland geschlagen hatten, mußten neun Jahre später noch einmal die Attacken über uns ergehen lassen, die von einer Meute feindlich gesinnter Künstler, Handwerker, Journalisten und Interessenverbände gegen uns geführt wurden. Die Vorahnung der Gefahr, die schon lange auf mir lastete, hatte mich nicht getäuscht. Die Dresdner Ausstellung, deren Eröffnung Ende Mai 1906 stattfand, war der Ort, an dem ich meine Stellung gegen meine Gegner aus den verschiedensten Lagern verteidigen mußte. Die Zahl der deutschen Künstler, die sich der neuen Bewegung angeschlossen hatten, war wesentlich größer geworden. Von vielen Seiten begann man, mir den Rang streitig zu machen, den ich mir in zehn Jahren des Kampfes erobert hatte. Nacheinander waren Richard Riemerschmid, Bernhard Pankok, Bruno Paul, August Endell, Josef Olbrich, Peter Behrens in die Arena gestiegen. Trotzdem mußte ich allein kämpfen, denn ich konnte nur mit wenigen ihrer Arbeiten, die sie bei der Ausstellung der Darmstädter Künstlerkolonie von 1901 oder der Weltausstellung von St. Louis 1904 gezeigt hatten, einverstanden sein.

Ich mußte in Dresden nicht nur meine eigene Position verteidigen, sondern auch meine Weimarer Mitarbeiter, die Kunsthandwerker und Industriellen des Großherzogtums ins Feuer führen. Das Projekt für einen Museumsbau in Weimar schien damals Gestalt anzunehmen. Bei den Diskussionen über die Beteiligung Weimars an der Dresdner Ausstellung schlug ich vor, dort einen vollständig eingerichteten Museumssaal zu zeigen, dessen Wandgemälde Ludwig von Hofmann übertragen werden sollten. Ich dachte an einen Raum, der später dem geplanten neuen Weimarer Museum einverleibt werden konnte. Für Harry Kessler und mich bedeutete dieses Vorgehen zugleich eine willkommene Probe aufs Exempel. Die notwendigen Mittel für den Aufbau des Museumssaales in Dresden wurden von der Weimarer Regierung anstandslos bewilligt, und Ludwig von Hofmann erhielt den Auftrag für die großen Wandgemälde.

1895 hatte Rodin bei der Eröffnung der Ausstellung bei Bing in Paris der Schar der Gäste auf offener Straße mit Stentorstimme zugerufen: »Dieser van de Velde ist ein Barbar!« Mit der gleichen Begründung verlangte zehn Jahre später der hochangesehene Kritiker des »Berliner Tageblatts«, Fritz Stahl, in seinem Bericht über die Dresdner Ausstellung, meine Vertreibung aus Deutschland, wo ich – an der Spitze der eingedrungenen »Fremdlinge« – seit Jahren eine große Zahl von Schülern gewonnen hätte. Und ein großer Teil der Presse stimmte seinem Verlangen zu. Andrerseits unterstützten mich Kritiker und Kunstschriftsteller vom Format eines Meier-Graefe, eines Hans Rosenhagen, Karl Scheffler und Johannes Schlaf und kleinere Geister, die mir ebenso wohlwollend, ja enthusiastisch gesinnt waren, weil sie wie ich an das Entstehen eines »neuen Stils« glaubten.

Der Kriegsruf, der dem Kampf gegen den »neuen Stil« galt, ließ keinen Zweifel an dem weitgesteckten Ziel: mich, der ich zu einer radikalen Remedur gegen das Gift der offiziellen Kunst und Kunsterziehung aufrief, in Deutschland unmöglich zu machen. Der Kriegsruf lautete: »Barbaren über uns!« Ein bisher unbekannter Kritiker, der junge Dr. Paul Fechter, ließ Fritz Stahl keine Zeit, die angekündigte Serie seiner Feuilletons über die Dresdner Ausstellung fortzusetzen. Er sprang mit einem Satz auf den Kampfplatz, nahm die Herausforderung an und schlug mit schärfsten Waffen zurück. »Philister über uns!« – dies war der Titel von Fechters Entgegnung. Damit war eine Pressefehde ausgebrochen, in deren Verlauf Fechter den niederträchtigen Argumenten der Gegner eine sorgfältig überlegte Darstellung der Entwicklung des »neuen Stils« bis zum Jahre 1906 gegenüberstellte.

Der Museumssaal war nach Stahl, der sich im übrigen eines zurückhaltenden Tones befleißigte, die »größte Scheußlichkeit aller Scheußlichkeiten«. Demgegenüber schrieb Paul Fechter:

»Wer nur einmal mit etwas Geduld versucht hat, den Intentionen dieser eigenwilligen Persönlichkeit nachzugehen, der wird, vorausgesetzt, daß er überhaupt zu verstehen vermag, zuletzt schon dahinterkommen, was van de Velde beabsichtigt hat, und er wird erkennen, wie dieser vielgeschmähte Raum einer der am feinsten, einheitlichsten und persönlichsten wirkenden von allen ist. Hier spricht ein Mensch, der letzte Persönlichkeitskultur besitzt, einer, der weiß, was er kann und vermag, und mit ruhiger Sicherheit sich auf sein Wollen verlassen darf. So abgebraucht das Wort ist, etwas im besten Sinn Aristokratisch-Vornehmes liegt über diesen Räumen, klingt in der sicheren, großen Linienführung, die mit feinstem, nervösem Empfinden den Fluß und das Ausklingen der Formen bekleidet.«

Neben dem vieldiskutierten und so verschieden beurteilten Museumssaal besprach Fechter ausführlich meinen persönlichen Beitrag zur Dresdner Ausstellung, zu dem mich die Ausstellungsleitung trotz meiner Eigenschaft als Ausländer eingeladen hatte: ein Musik- und ein Speisezimmer für den Intendanten des Wiesbadener Hoftheaters Curt von Mutzenbecher. Auf dem Tisch und dem Büfett mit Drehvitrinen befanden sich Silberarbeiten, Porzellan, Bestecke und Gläser; die Wände waren mit Tapeten nach meinem Entwurf ausgestattet.

Welchen Gemeinheiten ich ausgesetzt war und gegen welche Beleidigungen mich Paul Fechter mit jugendlichem Schwung verteidigte, geht aus einem anonymen Beitrag in den »Münchner Neuesten Nachrichten« hervor, der die Aufmerksamkeit des Kaisers ausgerechnet auf eine »offenkundige Insubordination« des Wiesbadener Intendanten zu lenken suchte. Diese widerliche Niedertracht traf übrigens nicht allein das angegriffene Opfer, sondern wies alle diejenigen, die sich an mich wandten, um in einer Umgebung nach *ihrem* Geschmack zu leben, auf die Gefahr hin, sich damit dem Unwillen des Kaisers auszusetzen. Es hieß in den »Münchner Neuesten Nachrichten«: »Welch einen traurigen Eindruck muß es machen, wenn ein deutscher Theaterintendant, ein königlich-preußischer obendrein, heutigen Tages keinen anderen Architekten findet als den Belgier van de Velde, keinen anderen Maler als den Pariser Maurice Denis, keinen anderen Bildhauer als den Pariser Maillol. Das Wandbild von Denis ist wenigstens noch ganz geschmackvoll; aber diese ›sitzende Büste‹ von Maillol, deren Fleisch wie ein Haufen Pneumatikreifen wirkt, die taugt doch überhaupt nichts. Es ist viel darüber gemurrt worden, daß van de Velde hier überhaupt noch als Eindringling auftreten konnte. Gewiß, keine andere

Nation gestattet solche Einmischungen in nationale Angelegenheiten. Aber in diesem Fall war unsre Weitherzigkeit vielleicht doch ganz gut. Indem wir den Import neben unseren Eigenbau stellten, erkannten wir unsere eigene Überlegenheit.«

Ein anderer Kritiker drückte sich in der »Welt am Montag« nicht weniger aggressiv über mich aus: »Er soll sich aus dem Staube machen, ehe er seinen Ruf als Reformator des Kunstgewerbes umgewandelt hat in den eines Destruktors, eines Zerstörers. Mag er seine schwülen Träume lieber in seiner belgischen Heimat als in unserem schlichten Weimar träumen. Weg mit ihm!«

Öffentlich als Feind Nummer Eins gebrandmarkt, befand ich mich in einer paradoxen Lage. Meine Gegner entnahmen ihre Munition meinem eigenen Arsenal und kehrten meine eigenen Waffen gegen mich. Sie verdrehten meine Prinzipien, warfen sich zu Richtern auf und gebärdeten sich päpstlicher als der Papst. Mitten in diesem Hin und Her zwischen Lob und Tadel wartete ich gespannt auf eine Äußerung Karl Schefflers, der schon um die Jahrhundertwende so warm für mich eingetreten war. Er schrieb über die Dresdner Museumshalle: »Van de Velde zeigt in dieser Ausstellung einen Museumsraum, der in allem einzelnen anfechtbar, aber doch die stärkste Talentäußerung ringsumher ist. In dieser Arbeit zeigt sich wieder der leidenschaftliche Drang zum Wachsen und Reifwerden, der die umstrittenen Werke dieses Künstlers so wertvoll macht. Im höchsten Maße interessant ist selbst das Nichtgeglückte: das Verhältnis von Stuckmasse und Paneel, von Stein und Holz und die Gewaltsamkeiten der Metallverwendung.« Scheffler sprach sich weniger enthusiastisch aus als Paul Fechter und zögerte immer noch, mich als Architekten anzuerkennen.

Als sich der durch die Pressefehde entfachte Aufruhr der ersten Wochen gelegt und ich einige Tage der Ruhe bei meinen Freunden, dem Prinzen und der Prinzessin zu Schwarzburg-Rudolstadt, verbracht hatte, bildete ich mir selbst ein Urteil. Was man auch dafür und dawider geschrieben hatte: die Museumshalle erschien mir als ein mißlungenes Werk. Sie war allzu flüchtig entworfen und ungenügend ausgeführt. Flüchtigkeit ist meinem Wesen fremd, und der Sorgfalt der Ausführung galt sonst stets mein Hauptbemühen.

Die Presseangriffe anläßlich der Dresdner Ausstellung und immer wieder aufflammende Gerüchte über die Gefährdung der Stellungen von Ludwig von Hofmann, Harry Kessler und mir verursachten in Weimar große Unruhe. Meine Mitarbeiter bestürmten mich mit Fragen, und die von mir beschäftigten

Kunsthandwerker und ihre Arbeiter sahen sich in ihrer Existenz bedroht. Erst als Harry aus dem Manöver zurückkam und in Weimar, betreut von seinem Diener, sein früheres Leben wiederaufnahm, wurde es wieder ruhiger. Volle Beruhigung trat aber erst ein, als bekannt wurde, daß ich an der Belvedere-Allee, halbwegs zwischen dem Großherzoglichen Schloß und Schloß Belvedere, Terrain gekauft hatte, um mir und meiner Familie ein Haus zu errichten.

»Hohenhof«

Ungefähr zur gleichen Zeit erfuhren meine Mitarbeiter, daß Karl Ernst Osthaus plante, sich in Hagen eine große Villa bauen zu lassen. Einige von ihnen waren in Hagen schon dabeigewesen, als die in Weimar hergestellten Möbel und Museumseinrichtungen im Folkwang-Museum eingebaut wurden.

Osthaus hatte in »Hohenhagen« einige Dutzend Hektar Land gekauft, konnte sich aber zunächst noch nicht über die Wahl des Architekten schlüssig werden, dem er die Pläne für den »Hohenhof«, sein bevorzugtestes Bauprojekt, anvertrauen wollte. Die Überlegungen, die Osthaus bewegten, mir den Auftrag zu geben, hat er später in seinem Buch über mich mitgeteilt: »Während sich die gesamte Kritik diesen Leistungen gegenüber (gemeint sind meine Beiträge für die Dresdner Kunstgewerbe-Ausstellung) ablehnend und teilweise gar feindlich verhielt, führten gerade sie den Verfasser aufs neue zu gemeinsamer Arbeit mit dem Künstler zusammen. Er plante den Bau eines größeren Wohnhauses und war mit der Absicht nach Dresden gefahren, den fähigsten Künstler auszuwählen, um auch diese Arbeit der neuen Bewegung so gut wie möglich dienstbar zu machen. Velde zum zweiten Mal heranzuziehen, lag keineswegs in seiner Absicht, da er ihn in Hagen genügend vertreten glaubte und seinen früheren Arbeiten im Museum keineswegs kritiklos gegenüberstand. Er hoffte vielmehr, durch die Wahl eines anderen Künstlers das Leben in seiner Heimat vielseitiger befruchten zu können. Die für ihn augenfällige Überlegenheit seiner Arbeiten und die fortgeschrittene Reife, die sich in ihnen kundgab, bestimmten ihn aber, alle Bedenken beiseite zu setzen und Velde den Bau zu übertragen.«

Das von Osthaus erworbene Terrain von zwanzig oder dreißig Hektar lag auf einem Plateau hoch über der Stadt und war vor den giftigen Rauchwolken

Hohenhof

der Fabrikschlote geschützt, die über Hagen lasten. Nichts verstellt den weiten Horizont. Ein seit langer Zeit stillgelegter Basaltsteinbruch, der in der Nähe liegt, konnte das im Ruhrgebiet traditionelle Baumaterial liefern. Auf diese Weise waren die Voraussetzungen für eine gewisse Einheitlichkeit der Villenkolonie gegeben, deren Realisierung Osthaus im Auge hatte. Als deren Bewohner rechnete er auf seine Freunde und andere westfälische Industrielle, die mit ihm zusammen im Rheinland und in Westfalen ein neues Zentrum geistiger und künstlerischer Aktivität ins Leben rufen wollten, das moderne Künstler, die sich bisher in Berlin, Dresden oder München niedergelassen hatten, nach Köln, Düsseldorf oder Hagen ziehen sollte.

Der »Hohenhof« wurde im Winter 1907/08 vollendet. Die beste Beschreibung des Hauses stammt von Osthaus selbst: »Es wird an dieser Schöpfung besonders deutlich, daß Velde bei der Gestaltung viel mehr von der Idee des plastisch zu modellierenden Körpers als von der Konkavität des Raumes ausgeht. Hierauf beruht seine Wahlverwandtschaft zu den Griechen, seine

Abneigung gegen die Gestaltungen der Renaissance. Der Hohenhof zeigt das Bestreben, den Kubus als solchen zu greifen, besonders in der Abrundung der Obergeschoßecken an der Ostfassade, in der Ausbauchung des Badeerkers sowie in der Hochstelzung des Daches. Auch die Ausbildung der Schornsteine am Nebenhaus bestätigt das plastische Empfinden. Umgekehrt läßt keiner der Höfe und Gärten eine Neigung zur Raumformung erkennen. Die Belebung des Stoffes ist nicht in der atmenden Spannung zwischen Körper und Raum, sondern im dynamischen Ausdruck der Massen gesucht. Zum griechischen Kampf von Stütze und Last tritt aber das den Griechen unbekannte, den Gotikern um so geläufigere Motiv der Richtung, des drängenden Schubes.

Da der Verfasser sich entschloß, auf seine bisherige Einrichtung zu verzichten, konnte der Hohenhof bis herunter auf das Petschaft auf dem Schreibtisch einheitlich durchgebildet werden. Er ist in dieser Beziehung eine der vollständigsten Schöpfungen des Künstlers geworden und bis zum heutigen Tage (1920) auch unberührt erhalten. Einige Kunstwerke von Bedeutung, so der ›Auserwählte‹ von Hodler, der ›Spaziergang‹ von Vuillard, ein Fliesentriptychon von Matisse boten Ausgangspunkte für die dekorative Gestaltung; für den Garten entwarf gleichzeitig Aristide Maillol eine ›Sérénité‹. Haller schmückte den Haupteingang mit Reliefs, Thorn Prikker entwarf später die farbige Treppenhausverglasung und das eingelassene Eulenbild im Herrenzimmer. Diesem Zusammenwirken lag ein starkes Gefühl für die Notwendigkeit einer Konvergenz des künstlerischen Schaffens beim Verfasser und beim Architekten zugrunde. In der Tat bestrebte sich dieser, die vorhandenen Kunstwerke formal und farbig so restlos in seine Raumkompositionen eingehen zu lassen, daß sie wie daraus hervorgewachsen erscheinen. Wand- und Möbelstoffe, Holzwerk, Teppiche und Vorhänge wurden nach ihnen abgestimmt, während umgekehrt weitere Kunstwerke nach den ornamentalen Bedürfnissen der Räume ausgewählt und eingestimmt wurden. Denn für ein Bild gilt dasselbe, was früher über das Ornament ausgeführt wurde: es hat nur insofern Berechtigung in einem Raume, als es diesen teilt und belebt, das heißt organisch mit ihm verschmilzt.

Der Hohenhof ist als Dokument dieser Epoche um so bedeutsamer, als das gleichzeitige Eigenhaus des Künstlers in Weimar leider in den Tagen der Niederschrift dieser Arbeit (1920) seiner Auflösung entgegensieht.«

Kesslers Sturz

Das Interesse für unsere Tätigkeit in Weimar stieg außerhalb der Grenzen des Großherzogtums ständig. Die Propaganda, die Harry Kessler in Paris und London machte, brachte uns Sympathien vieler Kunstfreunde und Kunstschriftsteller ein. In einem Brief vom Mai 1905 teilte er mir Einzelheiten darüber mit: »Persönlichkeiten, die ich gar nicht kenne, Druet, Denis-Cochin, Octave Mirbeau haben mir sagen lassen, daß sie mit uns Verbindungen aufzunehmen wünschen. Ich sehe, daß wir heute schon in England und Frankreich den gleichen starken Rückhalt besitzen wie in Deutschland. Wir halten die Welt der Kunst in unserer Hand. Um keinen Preis dürfen wir den wunderbaren Angelpunkt, den Weimar bedeutet, verlieren. Bei dieser Gelegenheit: Bonnard wird nach Weimar kommen ...«

Aber in Weimar bereiteten sich finstere Dinge vor. Der Großherzog unternahm eine Reise nach Indien, die ihn mehrere Monate von Weimar fernhielt. Während dieser Zeit irrte der gleichsam arbeitslos gewordene Oberhofmarschall in den Räumen des Großherzoglichen Palais umher und suchte Stoff für eine Intrige, um sich ein für allemal von der Wahnvorstellung zu befreien, er werde verabschiedet. Ich hatte keinen Zweifel, was er anzettelte. Ich wußte, in welchem Maß er dem Grafen Kessler feindlich gesinnt war, und sah voraus, daß er ihm eine Falle zu stellen suchte, wie dies seine Art war, wenn er glaubte, irgend jemand dränge sich zwischen den Großherzog und ihn. Zunächst suchte er, die Beute, die er belauerte, unsicher zu machen und zu ermüden. Er lockte Harry mit Projekten, die Enttäuschungen bringen mußten, welche der Hofmarschall zynisch und skrupellos dem Großherzog oder der Regierung zuschob. In diesem Fall war es der Bau eines neuen Museums, für das die Mittel einerseits aus vorhandenen Fonds, andrerseits auf dem Weg einer Stiftung des Großherzogs – wie von Palézieux versicherte – aufgebracht werden sollten. Graf Kesslers Mutter hatte ihrerseits formell eine Schenkung von sechzigtausend Francs zugesagt.

Harry drängte mich, Vorprojekte und einen ungefähren Kostenanschlag zu machen. Ich konnte nicht verstehen, daß er glaubte, die Vorschläge des Generals seien ernstgemeint, denn ich wußte, daß von Palézieux im Augenblick, in dem er sich zu sehr festgelegt fühlte, neue Projekte vorbringen werde, die ebensowenig zum Ziel führen könnten.

Unterdessen verfolgte Harry Kessler einen Plan, der ihm besonders am Herzen lag: eine Ausstellung von Zeichnungen Rodins. In solchen Fällen machte er bedenkenlos Ausgaben und scheute auch vor keinem persönlichen Opfer zurück.

»Lieber Freund«, schrieb mir Harry am 28. Mai 1906 aus Paris, »ich bin überaus glücklich. Ich habe bei Rodin déjeuniert, und er hat mir Hunderte von Zeichnungen gezeigt, damit ich eine Auswahl für das Museum treffen kann. Er hat mir versprochen, dem Museum einen Rodin-Saal zu stiften unter der Voraussetzung, daß er diesen Saal einrichten kann, der die Statue ›Das Zeitalter der Luft‹, Zeichnungen und eine große Zahl von kleinen Gipsmodellen enthalten soll, die vielleicht zum Schönsten gehören, was er geschaffen hat. Nun hängt es von uns ab, daß sich dieser wunderbare Plan verwirklicht, denn Rodin hält sein Versprechen. Wir müssen also an einen solchen Saal denken. Rodin war überaus freundlich. Er wünscht, daß ich mit ihm im nächsten Jahr nach Griechenland fahre, um ein Buch mit ihm zu machen. Das heißt, kein Buch über ihn, sondern eine Zusammenfassung seiner Ideen über die Kunst, die man während der Gespräche stenographisch aufnimmt und die als Buch von ihm herausgegeben werden. Finden Sie nicht auch, daß das sehr reizvoll ist? Aber werde ich so lange von Weimar abwesend sein können? Es braucht mindestens sechs Wochen im Dezember und Januar. Rodin hat wunderbare Gedanken, die verlorengehen oder entstellt werden, wenn man nicht darangeht, etwas Definitives aus ihnen zu machen. Ich habe Madame von Sobukew veranlaßt, sich von Rodin porträtieren zu lassen; wir gehen morgen zusammen zu ihm.«

Die Ausstellung der Rodin-Zeichnungen wurde im Januar 1906 eröffnet. Die Blätter gehörten zum Schönsten und Eindrucksvollsten aus den Mappen des Rodinschen Ateliers im Palais Biron, wo sich der Meister vor kurzem eingerichtet hatte. Rodin hatte die Absicht, sämtliche Zeichnungen – alles Aktdarstellungen – dem neuen Museum zu schenken, in das der Dresdner Ausstellungssaal eingebaut werden sollte. Eines der Blätter war als persönliches Geschenk für den Großherzog bestimmt; es war mit einer herzlichen Widmung Rodins versehen. In einer Welle der Begeisterung und Achtung für Rodin hatte die Universität Jena ihm den Ehrendoktor verliehen.

Die unschätzbare Großzügigkeit des genialen französischen Bildhauers wurde durch das groteske Eingreifen des Seniors der Weimarer Maler besudelt, die sich in die verrauchten Höhlen ihrer Stammlokale zurückgezogen hatten, wo sie rachsüchtige Pläne schmiedeten. Die Aktzeichnungen lösten bei dem aufgeregten alten Herrn einen Anfall von Schamhaftigkeit aus. Er stürzte auf die Redaktion der in Weimar und im ganzen Großherzogtum meistgelesenen Zeitung. Das »Eingesandt«, das am Tag nach der Eröffnung der Rodin-Ausstellung erschien und das den üblichen Vermerk trug: »Die Redaktion übernimmt keine Verantwortung«, lautete: »Es ist tief zu bedauern, daß wir im neuen Museum am Karlsplatz von Zeit zu Zeit in den Ausstellungen auf Bilder und Zeichnungen stoßen, die unser Gefühl aufs tiefste verletzen. Es zeugt von einem Tiefstand der Sittlichkeit der Künstler und von einer Laxheit der Auffassung des Ausstellungsvorstandes, daß solche Ausstellungen den Weimarer Kunstliebhabern geboten werden, und es herrscht in allen Kreisen darüber eine große Empörung. Ist das Gebotene doch so anstößig, daß wir unsere Frauen und Töchter warnen müssen, die Ausstellung zu besuchen. Daß gerade jetzt eine Reihe von Zeichnungen des französischen Bildhauers Rodin seit Wochen unter dem Bemerken als Widmung des Künstlers an Seine Königliche Hoheit unseren Großherzog ausgestellt werden, ist eine solche Schmach für uns Weimarer, daß wir unsere Stimme dagegen erheben. Es ist eine Frechheit des Ausländers, unserem hohen Herrn so etwas zu bieten, und unverantwortlich vom Vorstande, diese ekelhaften Zeichnungen auszustellen und eine solche Ausstellung zu dulden. Möge der Franzose aus seinem Künstlerkloakenleben sich ins Fäustchen lachen, so etwas in Deutschland an den Mann gebracht zu haben; wir wollen uns das nicht ruhig gefallen lassen und rufen Pfui und tausendmal Pfui über den Urheber und seine Helfershelfer, die solche Abscheulichkeiten uns vor Augen stellen.

H. Behmer, Professor«

Die törichte Prüderie wurde zunächst komisch genommen, und die Witzblätter hatten wieder einmal Stoff für Karikaturen. Trotzdem wurden die Anspielungen des »beleidigten« Professors, es handle sich um pornographische Zeichnungen, zum Vorwand für eine Hetze, die die Widmung Rodins an den Großherzog als eine Beleidigung bezeichnete. Für den Oberhofmarschall und seine Trabanten war es die gefundene Gelegenheit, Harry Kessler als dem Organisator der Ausstellung einen Teil der Verantwortung zuzuschieben, beziehungsweise zu behaupten, er habe die Beleidigung bewußt provoziert.

Von diesem Augenblick an warf sich der Oberhofmarschall zum Hüter der öffentlichen Sittlichkeit auf und zum Verteidiger der verletzten Ehre seines fürstlichen Herrn. Pharisäisch plusterte er sich auf. In den Lokalblättern erschien ein Communiqué nach dem anderen, die zweifellos dem auf der

Harry Graf Kessler

Indienreise befindlichen Großherzog zugestellt wurden. Der Oberhofmarschall und der Privatsekretär des Großherzogs wußten als einzige, wo sich der Großherzog aufhielt.

Beim Ausbruch des Sturmes befand sich Kessler in London, wohin ihm das ganze Pressematerial geschickt wurde. Er ging sofort zum Angriff über und ließ nicht locker, während sein Gegner glaubte, das Opfer schon in seiner Gewalt zu haben. Welche Waffe hatte Harry bereit? Den Brief des Hofsekretariates mit der Bitte, Rodin für das Geschenk an das Museum und für die dem Großherzog persönlich überreichte Zeichnung zu danken. Der Oberhofmarschall behauptete, nichts von einem solchen Schritt zu wissen. Und der Privatsekretär des Großherzogs, Baron von Egloffstein, leugnete – mit gutem Gewissen? –, den Brief geschrieben zu haben.

Der Oberhofmarschall verlangte, den Brief zu sehen, vermutlich aus Furcht, der Großherzog könnte sein Manöver durchkreuzen. Harrys Stellungnahme war so kategorisch, daß niemand an ihrer Richtigkeit zweifeln konnte. Aber angesichts der Tatsache, daß der Oberhofmarschall es wagte, den Privatsekretär zu decken, blieb Harry nichts anderes übrig, als den Brief vorzuweisen. Ich spüre noch die Angst, die wir alle ausstanden, denn wir kannten die Unordnung, in der sich seine Korrespondenz, seine Notizen und Manuskripte befanden; hatten wir doch oft genug die Papiermassen sich auf seinem Schreibtisch türmen sehen. Wir suchten in dem Durcheinander, ordneten die Briefe, fanden aber nichts. Vielleicht befand sich der Brief in einem der Hotelappartements in Paris oder London, wo er sich außer seiner Wohnung in Weimar eingerichtet hatte. Auch in Paris und London suchten hilfreiche Freunde. Nach drei Wochen endlich wurde der Brief im Hotel Cecil in London gefunden. Unser Freund war der Gefahr entronnen.

Graf Kessler forderte den Oberhofmarschall zum Duell. Aber am Tag, an dem dem Oberhofmarschall die Forderung überbracht wurde, starb von Palézieux plötzlich, noch bevor er sich an den Ehrenrat der Generale in Berlin gewendet hatte.

Um die Affäre Rodin wurde es relativ ruhig. Kessler ließ sich in keiner Weise irremachen. Wie stets hatte er eine Menge neuer Pläne im Kopf. Unter anderem beschäftigte er sich mit einer Dünndruckausgabe der deutschen Klassiker in besonders sorgfältiger typographischer Ausstattung und in wertvollem Einband. Es gelang Harry, für die nach dem Großherzog benannte »Großherzog-Wilhelm-Ernst-Ausgabe« unseren gemeinsamen Freund Alfred Walter Heymel zu interessieren, der einen bedeutenden Teil des erforderlichen Kapitals zur Verfügung stellte, und den Insel-Verlag in Leipzig zu bewegen, die Produktion dieser außergewöhnlichen Bände zu übernehmen, die in bibliophilen Kreisen großen Eindruck machte und zu anhaltendem Erfolg führte.

Ich teilte den Optimismus meines Freundes nicht. Gewiß, er hatte dem Sturm standgehalten und glaubte, den Äußerungen des Großherzogs anläßlich eines Gesprächs kurz vor dessen Abreise nach Indien Vertrauen schenken zu dürfen. In einem Brief Kesslers vom 25. Januar 1906 heißt es: »Der Großherzog war sehr freundlich zu mir und erinnerte an das gemeinsame Diner mit Gerhart Hauptmann, das ihm viel Freude gemacht habe. Wir hatten eine Diskussion über Kunstfragen, die er mit Bonhomie und nicht ohne gewisse Intelligenz führte. Er versicherte mir, es sei sein Ziel, die moderne Kunst zu fördern, wenn es ihm auch schwerfalle, gewisse Maler zu verstehen und zu schätzen. Alles in allem hatte ich einen guten, ja sogar sympathischen Eindruck.«

Ungefähr sechs Monate später reichte Harry Kessler seine Entlassung unter Umständen ein, die in Deutschland und jenseits der Grenzen höchstes Aufsehen erregten. Ich war Zeuge der Beleidigung, die der Großherzog Kessler zufügte, seines groben, unmöglichen Verhaltens einem Mann gegenüber, der sich mit Leib und Seele einem Werk gewidmet hatte, das dem Großherzog die höchste Achtung der künstlerischen und intellektuellen Elite Deutschlands und anderer Nationen eingebracht hat.

Der vom Großherzog gewählte Augenblick wie die Art und Weise, mit der er Kessler fallenließ, waren grauenhaft. Er war entschlossen, Kessler loszuwerden, ohne ihn anzuhören, ohne ihm Gelegenheit zu geben, sich zu rechtfertigen und die Machenschaften seines nicht mehr faßbaren Gegners aufzudecken. Der ganze Hof war versammelt, um den von seiner Indienreise zurückgekehrten Großherzog zu begrüßen. Die Würdenträger, die hohen Regierungsbeamten und einige Künstler standen in einer Reihe. Der Großherzog schritt die Reihe ab, drückte jedem einzelnen die Hand und wechselte jeweils ein paar Worte. Er kam zu Kessler, blieb stehen, ohne ihm die Hand zu reichen, verzog mit dem Ausdruck offener Verachtung das Gesicht und ging wortlos weiter.

Nachdem der Großherzog verschwunden war, blieben die Anwesenden einige Augenblicke wie versteinert stehen. Nur die Mitglieder des engeren Gefolges verließen den Raum mit hochmütiger, triumphierender Miene. Sie hatten von einem verhaßten Rivalen nichts mehr zu fürchten.

Die Nachricht von der Demission Kesslers verbreitete sich wie ein Lauffeuer. Beflissene Berichterstatter prophezeiten das Ende des »neuen Weimar« und meldeten schon am übernächsten Tag meinen und Ludwig von Hofmanns Rücktritt. Wir besprachen uns sofort über diese Frage und waren beide entschlossen, Kessler in die Ungnade zu folgen. Aber unsere Freunde in Weimar und auswärts drangen in uns, auf unseren Posten zu verbleiben. Kessler machte uns die Entscheidung leicht. Auch er bat uns dringend, auszuharren, unseren Gegnern die Stirn zu bieten und den kommenden Ereignissen entgegenzusehen. Wir folgten diesen Wünschen und benützten jede Gelegenheit, um uns mit allem, was Kessler in Weimar und für Weimar geschaffen hatte, solidarisch zu erklären.

Es schien, als ob einer der Grundpfeiler des von uns mit so leidenschaftlicher Begeisterung errichteten Gebäudes eingestürzt sei. Kessler war der Meinung, daß der Bruch zwischen ihm und dem Großherzog keineswegs den Verzicht auf den Ausbau eines internationalen künstlerischen und literarischen Zentrums in Weimar bedeute. So wurde die ganze Affäre nur zu einem »Zwischenfall«, der dem »neuen Weimar« wohl einen Schlag versetzte, sein Bestehen aber in keiner Weise in Frage stellte.

»Unter keinen Umständen«, schrieb mir Kessler, »darf sich unser Kreis auflösen. Wir werden aus Weimar das Kunstzentrum, das internationale Kunstzentrum machen, wie wir es uns vorgenommen haben. Ich rechne bestimmt damit, mich jedes Jahr drei oder vier Monate in Weimar aufzuhalten. Endlich werde ich von Scherereien und Klatsch verschont bleiben. Vielleicht wird es uns mit der Zeit gelingen, einen Saal für Ausstellungen zu finden, bei denen wir nichts mehr von der offiziellen Clique zu fürchten haben werden. Vielleicht können wir dort auch Konzerte veranstalten ...! Denken Sie darüber nach, mein Lieber. Wir sehen uns in spätestens vierzehn Tagen, bevor ich zu einer Übung einrücken muß!«

Die Weimarer Kunstgewerbeschule

Die Errichtung meines Institutes für Kunstgewerbe und Kunstindustrie bedeutete den Abschluß meiner Zusammenarbeit mit dem Großherzog, die auf der Zuneigung und Achtung beruhte, welche ich ihm ursprünglich entgegengebracht hatte. In völliger Unabhängigkeit erfüllte ich meine Aufgabe als Leiter des Institutes, das erst im Jahre 1912 in die Hand des Staates überging.

Die offizielle Bestätigung des bewilligten Betrages, den ich für den Bau einer großherzoglichen Kunstgewerbeschule angefordert hatte, deren Pläne schon lange vorlagen, erhielt ich (1906) nach der Rückkehr von einem Aufenthalt in Schwarzburg. Der Großherzog stellte mir ein Terrain und die für den Bau notwendigen Mittel zur Verfügung. Die Regierung versprach mir einen jährlichen Beitrag, dessen größten Teil der Großherzog zu seinen Lasten übernahm. Andrerseits wendete ich mich um finanzielle Unterstützung an eine Reihe von Freunden und nahm in den ersten Jahren des Institutes materielle Opfer auf mich, die mir meine eigene materielle Lage eigentlich nicht erlaubte.

Im Gegensatz zum üblichen Vorgehen war es mir nicht in den Sinn gekommen, für die neue Schule einen Lehrplan aufzustellen und zu veröffentlichen. Ich wäre in große Verlegenheit gekommen, wenn ich ein Programm hätte aufsetzen sollen. Welches Mindestmaß von Kenntnissen hätte ich verlangen sollen? Nichts als ein Zeugnis über abgeschlossene Schulbildung, die zur Verständigung zwischen Lehrer und Schüler genügte! Ich wollte den Unterricht der Weimarer Kunstgewerbeschule auf die Beziehung zwischen Meister und Lehrling gründen, wie sie in den großen Zeiten des Kunsthandwerks bestand. Das wechselseitige Spiel, das sich zwischen mir und den Kunsthandwerkern bei der gemeinsamen Arbeit im »Kunstgewerblichen Seminar« entwickelt hatte, bestärkte meine Überzeugung, daß nur in der belebenden Atmosphäre gegenseitiger Achtung und im gemeinsamen Bestreben, die Dinge so gut wie nur möglich zu machen, der Wille zum Vollendeten entstehen könne, der in den Räumen der neuen Schule herrschen sollte.

Die großherzogliche Schule hätte eigentlich Werkstatt oder Laboratorium und die Schüler hätten Laboranten genannt werden sollen, eine Bezeichnung, die sie mit Stolz hätten tragen können. Eine der Hauptaufgaben der Schule sah ich darin, die unvollständige Arbeitsgruppe, die ich in Weimar vorgefunden hatte, zu ergänzen. Im Verlauf von drei oder vier Jahren sollten auf Grund eines strengen Unterrichts fähige Zeichner und Modelleure herangebildet werden, um den Schlendrian zu beseitigen, der in Deutschland wie in allen anderen mitteleuropäischen Ländern die undurchsichtigen Bereiche der Konkurrenzwirtschaft beherrschte, deren mit dem Stigma »billig und schlecht« belastete Produkte von Neuigkeit zu Neuigkeit gehetzt wurden. In der Erziehung nach den Prinzipien vernunftgemäßer Gestaltung sah ich hingegen die Möglichkeit, adäquate, funktionelle Formen und organische Ornamente zu entwickeln, mit denen die Industrien die Aufmerksamkeit des abgestumpften Publikums erregen und den sinnlosen Übertreibungen einer uferlosen Phantasie Einhalt gebieten konnten. Wenn in einigen Jahren *ein einziger* guter Buchbinder, Keramiker, Ziseleur, Weber von Möbelstoffen und Teppichen oder ein Möbelentwerfer aus der Kunstgewerbeschule hervorgehen und zu unserer Arbeitsgruppe stoßen würde, wäre der Kampf um so leichter gewonnen, als andere Schüler an anderen Stellen unsre Position verstärken und in neu zu schaffenden Werkstätten der verschiedensten kunstgewerblichen Zweige positive Funktionen übernehmen könnten.

Die neue Kunstgewerbeschule und ihre Ziele wurden erst einige Monate nach ihrer Gründung in der Presse besprochen. Die Öffentlichkeit reagierte in verschiedener Weise auf die pädagogischen Methoden, die sich von den Lehrprinzipien anderer Kunstgewerbeschulen so grundsätzlich unterschieden. Beim Aufbau meines Institutes war ich vom Hof wie auch von der Regierung

Die Großherzogliche Kunstgewerbeschule

so unabhängig, daß beide Instanzen erst allmählich durch Zeitungsartikel über meine Maßnahmen unterrichtet wurden. Weder der Großherzog noch die Regierung gaben irgendwelche Zeichen der Billigung. Sie zeigten aber auch nicht die geringste Gegnerschaft. Man begriff nur langsam, daß Weimar ein einzigartiges und in seiner Art erstmaliges Institut besaß, das radikal auf jede Stil-Imitation verzichtete. Die revolutionäre künstlerische Bewegung hatte gleichsam in der Stille ihre feierliche Investitur erhalten.

Mein Weimarer Institut, auf dem die Fahne des Aufstandes wehte, war die fortschrittlichste Zitadelle der neuen künstlerischen Prinzipien. Von hier aus konnten die Fundamente der veralteten offiziellen Pädagogik erneuert, die Gunst des Publikums gewonnen, und von hier aus konnten schließlich die Weltmärkte erobert werden. Solange mir nur das »Kunstgewerbliche Seminar« zur Verfügung stand, mußten notgedrungen die Forschungsergebnisse und die aus den Werkstätten hervorgehenden Arbeiten ganz betont den Stempel meiner Persönlichkeit tragen. Während meiner Lehrjahre als Pädagoge bin ich mir über viele Dinge klargeworden. So konnte ich meinen Schülern künstlerische Gesetze vermitteln und sie auf die eiserne Disziplin der vernunftgemäßen Gestaltung verpflichten.

Der Schüler unterwarf sich dieser Forderung um so leichter, als von ihm keine Kenntnisse der vergangenen Stile verlangt wurden. Er wurde nicht mit den Produkten der Vergangenheit bekannt gemacht, sondern geschult, das Wesentliche der Form der verschiedensten Gegenstände zu erkennen, eine pädagogische Methode, die sich nur auf die Ergebnisse von Analysen und praktischen Werkstätten-Erfahrungen stützen kann. Von diesem Augenblick an war die vernunftgemäße Gestaltung die einzige Quelle, aus der die Schüler bei der Lösung konstruktiver Probleme oder bei der Erfindung von Formen und Ornamenten schöpfen konnten. Die Atmosphäre in den Werkstätten und Laboratorien war intensiv, sprudelnd und frei von jeder Unsauberkeit. Wenn ich sie mir wieder vergegenwärtige, spüre ich ihren frischen Wind, der etwas von Meeres- oder Gebirgsluft hatte. Die Schüler und Schülerinnen arbeiteten in weißen Mänteln, wie sie die Ärzte oder Schwestern in Spitälern tragen. Alle Arbeiten – gedanklich und praktisch – wurden gleichsam mit der hygienischen Sorgfalt ausgeführt, die einem fröhlich begrüßten Neugeborenen entgegengebracht wird.

Im Lehrplan gab es weder kunstgeschichtliche noch stilgeschichtliche Kurse. Sie hätten nur Belastung bedeutet und den Schüler von dem von mir vorbezeichneten Weg ablenken können. Die Ausbildung beruhte auf folgenden Grundlagen: 1. Technisches Zeichnen, jeweils der handwerklichen Gattung entsprechend, 2. Farbenlehre, angewendet auf die verschiedenen Handwerkszweige, und 3. die Ornamentlehre, die auf Grund der dynamo-graphischen, abstrakten Gesetze den verschiedenen Handwerksgattungen die Motive liefert. Ich hatte einen Assistenten für den Unterricht im technischen Zeichnen und eine Assistentin für die Farbenlehre, die mir auch im Ornamentkurs behilflich war. Mir selbst stellte ich die Aufgabe, im Zuge meiner Untersuchungen und Entdeckungen die Gesetze einer rationalen Ästhetik aufzuzeigen und zu formulieren, befreit von den läppischen Definitionen und sterilen, nebulosen und künstlichen Prinzipien, deren sich die Ästhetiker offizieller akademischer Observanz bedienen.

Im großen Atelier, in dem die Kurse über Ornamentzeichnen und über die Farbenlehre gegeben wurden, fanden die Schüler nichts als ein halbes Dutzend von Gipsabgüssen nach von mir geschaffenen Ornamenten vor. Außerdem Blumen und Blätter, die für Kompositions- und Harmonieübungen der Teilnehmer am Farbkurs bestimmt waren.

In den Lehrplan war die Architektur nicht einbezogen, obgleich ich damals die Kraft in mir spürte, mit fähigen Hilfskräften die Institutsaufgaben in dieser Richtung zu erweitern. Ich wollte aber die ursprünglich gesetzten Grenzen nicht überschreiten, die dem Institut als einem Instrument zur Hebung der kunsthandwerklichen und kunstindustriellen Produktion Sachsen-Weimars gesetzt waren. Zudem reichten die mir vom Großherzog zur Verfügung gestellten Mittel nicht zum Aufbau einer Architekturabteilung aus, wie ich sie mir vorstellte. Hier wäre eine direkte Verbindung mit einer Universität oder einer Technischen Hochschule notwendig gewesen, weil meiner Meinung nach die Zusammenarbeit der zukünftigen Architekten mit Ingenieuren unerläßlich ist. Mehr konnte man in Deutschland von einem kleinen Institut nicht erwarten, und es wäre falsch gewesen, mehr scheinen zu wollen.

Die Schule besaß eine Folge von Räumlichkeiten, die bei der Einweihung – im ersten Schuljahr 1907/08 hatten sich siebenundzwanzig Schüler eingeschrieben; 1914, beim Ausbruch des Ersten Weltkrieges, waren es gegen achtzig – als zu zahlreich erschienen. Im Erdgeschoß befanden sich die beiden geräumigen Ateliers des Seminars, eines für die Zeichner, das andere für die Modelleure. In einem sehr großen Saal arbeiteten an langen Tischen die Schüler aller Jahrgänge zusammen, wobei die fortgeschrittenen die jüngeren korrigierten und anregten. Überall standen Vasen und Schalen mit Blumen, Früchten und Pflanzen, die als Material für Harmoniestudien und abstrakte Farbkompositionen dienten. Der Schüler bestimmte den Rhythmus. Der Lehrer leitete den Kurs auf Grund der jüngsten Forschungen auf dem Gebiet der Farbe durch den französischen Physiker Chevreul, die Amerikaner N. O. Rood und Maxwell und den Professor an der Sorbonne, Charles Henry.

Für Farbkurs war Fräulein Dora Seeligmüller meine Assistentin. Sie half mit besonderer Geschicklichkeit und außergewöhnlicher Sensibilität den Schülern bei ihren Arbeiten. Eine Sammlung der schönsten Beispiele der in diesen Kursen entstandenen abstrakten Kompositionen verblieb im Archiv des Institutes, solange ich die Direktion innehatte. Die gleichen Schüler führten unter Leitung von Fräulein Dora Wibiral im selben großen Atelier Ornamente aus, die sie auf Grund der von mir entdeckten Gesetze entwickelten. Ich selbst beschäftigte mich mit meiner Mitarbeiterin mit dem Wesen der Linie und mit den Gesetzlichkeiten ihrer abstrakten und strukto-dynamographischen

Lampe im Treppenhaus der Kunstgewerbeschule

Kräfte. Neben diesen Ateliers befand sich ein besonderer Raum, der den Schülern zur Verfügung stand, die allein arbeiten oder ungestört über bestimmte Arbeiten oder Probleme nachdenken wollten.

Zwei große Ateliers standen Fräulein Helene Börner zur Verfügung für ihre verschiedenen Webstühle und Vorrichtungen zur Herstellung von Knüpfteppichen. Im gleichen Flügel des Gebäudes, ebenfalls im Erdgeschoß, befanden sich die Werkstätten für Metallbearbeitung und Lampenbau sowie das Atelier für Goldschmiedekunst, dem Albert Feinauer als Lehrer Vorstand. Als Goldschmied und Ziseleur war er damals einer der ersten. Er hatte von meinen Plänen, in Weimar Werkstätten einzurichten, gehört und bot sich für eine probeweise Beschäftigung an. Damals mag er ungefähr fünfundzwanzig Jahre alt gewesen sein. Er führte nach meinen Entwürfen eine Reihe von Teeservicen aus, die handwerklich unvergleichlich sind und zum besten gehören, was ich in meinem Leben geschaffen habe. In dem zur Straße im rechten Winkel gelegenen Flügel war die keramische Werkstatt mit einem großen Brennofen und kleineren Laboratorien untergebracht, in dem der Kunstschule gegenüberliegenden Flügel die Gießereiwerkstätte, die auch den Bildhauern der Kunstschule zur Verfügung stand. In ihr wurden auch die Metallteile hergestellt, die bei meinen Möbeln und sonst bei meinen Bauten Verwendung fanden. Im Obergeschoß des Vertikalflügels hatte ich mein sehr großes Privatatelier und Räume für meine Assistenten. Daneben lagen die Werkstätten für Buchbinderei, graphische Künste und Vorsatzpapiere sowie für Batik.

Die Stunden, die ich in den Ateliers für Keramik, Buchbinderei und Goldschmiedekunst verbrachte, bedeuteten für mich eine besondere Erholung. So sehr ich die beiden letzteren liebte, so stark fühlte ich mich gerade von der keramischen Arbeit angezogen. Hier konnte ich in direktem Zusammenhang mit Töpferscheibe und Brennofen praktische Versuche anstellen; ich veränderte Profile und Formen, um den Prozeß der Glasuren zu beschleunigen oder zu verlangsamen; ich unterbrach ihn durch vorspringende Elemente und leitete die Glasuren in Rillen, um das Tempo des Flusses der Glasuren zu regeln. Um die Temperaturen zu verändern, verwendete ich Feilspäne und Messing- oder Kupferdrähte, die – je nachdem die Hitze weniger oder mehr als tausend Grad betrug – zu grünen oder roten Färbungen führten: zu jenen roten Ochsenblutfarben, die die japanischen und chinesischen Keramiker über alles schätzten.

Ich nahm an der geduldigen und exakten Arbeit des Buchbinders Dorfner teil, an der ich vor allem die Feinarbeit der Goldpressung liebte. Als Dorfner an die Schule kam, war er noch ein Anfänger. Er entwickelte sich rasch zu einem der tüchtigsten Meister dieses schönen Handwerks, für das sich zu Anfang des Jahrhunderts vor allem in England, Frankreich und Belgien eine Reihe eifriger und reicher Sammler interessierte. Mit seinen Schülern schuf Dorfner die Einbände für die Luxusausgaben des Insel-Verlages, für die ich die ornamentale Ausstattung entwarf. Nicht zu vergessen die Einbände seiner Schülerin Else von Guaita, die vielleicht die Perfektion ihres Meisters nicht ganz erreichte, ihm aber an künstlerischer Sensibilität überlegen war.

Alljährlich kam der russische Bildhauer und Holzschneider M. Kogan zu Kursen an die Kunstgewerbeschule. Er war ein hochtalentierter und kultivierter Künstler von außergewöhnlich sicherem Geschmack, aber unvorstellbar faul. Ehrgeiz oder Neid kannte er nicht. Seine bildhauerische und zeichnerische Begabung stand der Maillols nicht nach, aber er beschränkte sich auf Plastiken in kleinem Format, weil ihm die Kraft und Ausdauer für das große Format fehlten. Seine Zeichnungen besaßen eine Noblesse und Sensibilität der Linie, wie sie in diesem Maß bei kaum einem seiner Zeitgenossen zu finden waren. Ich hätte ihn an sich gerne meinem Institut als ständigen Lehrer verbunden. Sein Einfluß vor allem auf die Entwicklung der künstlerischen Sensibilität wäre in allen Abteilungen heilsam und fruchtbar gewesen. Aber ich fürchtete, er könnte die strenge Disziplin der vernunftgemäßen Gestaltung nicht akzeptieren, auf der das Institut aufgebaut war. Persönlich war Kogan sehr kultiviert, ganz und gar nicht Bohemien, eine offene Natur. Er redete ungeheuer viel, und es war schwer, seinen Redestrom zu unterbrechen, weshalb ich ihm den Zugang in mein Privatatelier verwehrte.

Nach einigen Jahren hatte die Kunstgewerbeschule den Beweis ihrer Lebensberechtigung erbracht. Und immer noch verzichtete ich auf die Formulierung eines Programms. Wenn sich ein Schüler anmeldete, interessierten mich in erster Linie sein Charakter und seine Begabung. Den jungen Menschen, die von offiziellen Kunstschulen kamen, mißtraute ich trotz all ihrer lauten Begeisterung für meine Ideen und Prinzipien, die sie vielleicht in einem von mir gehaltenen Vortrag, in Zeitschriftenartikeln oder in meinen Büchern kennengelernt hatten. Bis zum Beweis des Gegenteils betrachtete ich sie als von falschen Grundsätzen infiziert. Im Laufe der Jahre stieg die Zahl der Schüler ständig. 1913, bei der Feier meines fünfzigsten Geburtstages, begrüßten mich in meinem Atelier achtzig junge Menschen: siebenundzwanzig aus dem Großherzogtum, drei aus anderen thüringischen Ländern, zweiundvierzig aus den übrigen Teilen Deutschlands und acht Ausländer.

Haus »Hohe Pappeln«

In jener Epoche betrachtete ich die Entwicklung des Weimarer Institutes als mein wichtigstes Lebensziel. Mit seinen Werkstätten war es das wirksamste Mittel zur Verwirklichung meiner Aufgabe und zur Propaganda meines Apostolates. Ich liebte das kleine Land, als ob es mein eigenes wäre, und fühlte mich an Weimar gebunden. Trotzdem hatte ich geistige Schwierigkeiten, mich einzuordnen. Im Grunde konnte es zu keiner geistigen Assimilierung kommen. Mein Charakter und meine Ansichten waren von Natur aus dem Wesen der an den Hof gebundenen Menschen zu entgegengesetzt, und auch den Weimarer Künstlern, die nicht verstanden, was ich liebte und wollte, fühlte ich mich fern.

Henry van de Velde mit seiner Familie vor ihrem Haus »Hohe Pappeln« in Weimar

Die materielle Eingliederung gelang mir rascher und leichter. Ohne mir über die Zukunft meines Schaffens Gedanken zu machen, beschloß ich nach einigen Jahren meines Aufenthaltes, mir außerhalb der Stadt ein Haus zu bauen. Ich wählte einen Platz in Ehringsdorf, auf dem sich eine Gruppe ungewöhnlich hoher, majestätischer Pappeln befand. Sie gaben diesem Haus den Namen. »Das Haus unter den hohen Pappeln«, so betitelte eines Tages mein Sohn Thyl unsere Wohnstätte. Seitdem wurde unser Haus unter diesem Namen bekannt. Ich habe ihn oft aus dem Mund erstaunter und auch schockierter Spaziergänger gehört, die sich über seine ungewohnte architektonische Form aufregten, während ich mich, ihnen unsichtbar, im Garten befand. Auch die Kutscher benannten das Haus so. Wenn sie mit Fremden auf der Besichtigungsfahrt durch Weimar zu dem Haus kamen, hielten sie oft an, weil die Straße steil anstieg, reihten das Haus unter die Kuriositäten der Stadt ein und erzählten in lakonischen und stereotypen Sätzen einiges über mein Leben und meine Rolle in Weimar. Sehr oft endete die kurze Erzählung mit einem unverdienten Lob auf meinen Charakter, vielleicht weil ich gelegentlich etwas großzügigere Trinkgelder gab, als es in Weimar üblich war.

In diesem Haus wuchsen meine fünf Kinder heran in der Unschuld und Fröhlichkeit eines sorglosen Lebens ohne Krankheiten, ohne konventionellen Zwang und ohne von allzuviel Arbeiten gequält zu werden, in der Fülle ihrer Kräfte und in der freien Entwicklung ihres Wesens. Ich selbst habe es dem Haus »Hohe Pappeln« zu danken, daß ich über eine gewisse Isolierung in der kleinen Residenz abseits der großen Zentren, in die mich mein wachsender Ruf und auch materielle Vorteile hätten ziehen können, leichter hinwegkam. Ich war so intensiv mit dem Aufbau der Kunstgewerbeschule beschäftigt, daß ich, auch von da aus gesehen, keine Enttäuschung oder Verbitterung empfand. Ich widmete mich, wie mir schien, der denkbar schönsten Aufgabe, mit der das Glück verbunden war, mit jungen Männern und Mädchen zusammenzuarbeiten, die, glühend wie ich selbst, einem Ideal folgten, das ich vor ihren Augen hatte erscheinen lassen.

Frauen in Weimar

Sehr viel rascher, als wir glaubten hoffen zu dürfen, erweiterte sich der Kreis um das »neue Weimar«, der mit Kessler seinen glänzendsten Vertreter verloren hatte. Elisabeth Förster-Nietzsche versuchte, die Kesslersche Tradition der ungezwungenen Geselligkeit, der Dejeuners und der Empfänge fortzusetzen. Als wir, meine Frau und ich, uns im Haus »Hohe Pappeln« eingerichtet hatten, sahen auch wir die Freunde dieses Kreises bei uns. Die unteren Räume unseres neuen Hauses eigneten sich ebensogut für intime Zusammenkünfte wie für größere Gesellschaften. Die Schriftsteller Johannes Schlaf und Paul Ernst, die ebenfalls nach Weimar übergesiedelt waren, hielten sich außerhalb unsres Kreises, weil ihre Art zu leben sich von der unseren unterschied. Aber auch sie glaubten an den Aufstieg Weimars und fühlten sich als Mitstreiter. Man sah sich, aber man kam nicht zusammen. Hier fehlten uns Richard Dehmel und seine Frau, die die Verbindung hätten herstellen können.

Auch Alfred von Nostitz-Wallwitz war mit seiner jungen Frau Helene, geborene von Hindenburg, nach Weimar gezogen. Sie war eine Enkelin des Fürsten Münster, des ersten deutschen Botschafters nach dem Siebzigerkrieg. In

Einrichtung in van de Veldes Haus »Hohe Pappeln«

der Atmosphäre französischen Kunst- und Geisteslebens aufgewachsen und erzogen, war sie die Personifikation der Synthese deutscher und französischer Kultur. Der Dichter Ernst Hardt, der durch den enormen Erfolg seines Schauspiels »Tantris der Narr« in die erste Reihe der deutschen Dramatiker nach Gerhart Hauptmann und Wedekind gelangt war, wohnte mit seiner jungen Frau Polyclète de Eslin in einer mit erlesenem Geschmack eingerichteten Villa »Am Horn«. Der ausgezeichnete Pianist Walter Lampe und seine Frau Else von Guaita, die in die Buchbinderwerkstatt der Kunstgewerbeschule eintrat, kamen von München und schlossen sich dem Kreis der intellektuellen und künstlerischen Elite an, die innerhalb Deutschlands höchstens in Berlin ihresgleichen suchen konnte.

Die Götter scheinen ihre Hände über die jungen Frauen unseres Kreises gehalten zu haben, und die Feen haben Blumen auf ihren Weg gestreut. Poly Hardt, Helene von Nostitz, Elly von Hofmann, meine Frau, Erica von Scheel und Else von Guaita waren Schönheiten. Eine »Corona«, die den verwöhntesten Ansprüchen standhielt. Schönheiten ganz verschiedener Art: Erica von Scheel der Typus der Nordländerin, während Elly von Hofmann, eine Tochter des Berliner Archäologen Kekule von Stradonitz, das vollendete Beispiel römisch-klassischer Schönheit war. Auf der anderen Seite meine Frau mit allen Merkmalen keltischer Herkunft: blaßblaue, kühle, gletscherfarbene Augen, weizenblonde Haare, eine ruhige, distanzierte Haltung. Helene von Nostitz wiederum glich einer Walküre; so frühreif ihre Erscheinung war, so unverändert blieb ihr Leben lang die Spannkraft ihrer Bewegungen; immer war sie auf der Suche nach neuen künstlerischen Erlebnissen. Polyclète de Eslin, Ernst Hardts Frau, war in Athen im Kreis des Premierministers Venizelos aufgewachsen, eine kleine, schlanke Gestalt mit Gesichtszügen wie eine Meißener Porzellanfigur, eine außergewöhnlich offene, lebhafte und vornehme Natur. Else von Guaita war von verwirrender, ausgesprochen exotischer Schönheit und hätte eine Zigeunerin oder eine Beduinin gewesen sein können. Sie kam aus einer vor langer Zeit aus Italien nach Frankfurt eingewanderten Bankiersfamilie. In ihren Zügen, in denen keine Spur von Germanischem zu entdecken war, mischte sich Exotisches mit Altflorentinischem. Ohne eigentlich schöpferisch zu sein, besaß sie einen höchst verfeinerten Geschmack und eine für alles Schöne wache Sensibilität. Von Else von Guaita erhielt ich einen Band mit Sonetten Platens, in den sie zum Gedicht »Tristan« ein Buchzeichen gelegt hatte. Ich ließ dieses Gedicht von einer Schülerin des kalligraphischen Kurses abschreiben. In einem kleinen Rahmen hat es mich mein Leben lang begleitet; wo ich auch war, befand es sich über meinem Bett.

»Wer die Schönheit angeschaut mit Augen,
Ist dem Tode schon anheimgegeben,
Wird für keinen Dienst der Erde taugen,
Und doch wird er vor dem Tode beben,
Wer die Schönheit angeschaut mit Augen.«

Alle diese jungen Menschen gaben der Atmosphäre, in der ich lebte, einen Zauber besonderer Art. Unter ihnen nahm Erica von Scheel einen besonderen Platz ein. Sie war meine erste Schülerin und wie Sigurd Frosterus mit größter Begeisterung bei der Sache. Und wie Sigurd trat sie in freundschaftliche Beziehungen zu meiner Frau und den Kindern, die sie vergötterten. Das Wichtigste aber: sie war hochbegabt. Als erste führte sie Arbeiten in Batiktechnik aus, die von meinem Freund Thorn Prikker aus Java importiert worden war. Ich war über den Arbeitsvorgang gut orientiert und konnte Erica von Scheel bis in alle Details der Technik informieren, ohne sie selbst ausführen zu können. Bei anderen Handwerksgattungen, in deren Praxis ich mich einzuleben hatte, erging es mir ähnlich.

Für Batik interessierte ich mich besonders. Thorn Prikker hatte mir seine Sammlung gezeigt, und ich kannte und bewunderte schon vor 1900 die herrlichen Batikstoffe der ethnographischen Museen in Rotterdam und Leyden. Die in Weimar entstandenen Stoffe unterschieden sich von den traditionellen, geometrischen Motiven der javanischen »Sarongs« durch eine Formensprache, die auf Grund meiner Theorie der dynamischen Linie entwickelt wurde. Die geometrischen Gebilde der klassischen javanischen Batiken sind bedingt durch die Verwendung der kleinen, muschelartigen »Jantings«, mit denen die kleinen Finger der Javanerinnen arbeiten und aus denen wie aus dünnen, schnabelartigen Röhren das gewärmte, flüssige Wachs fließt. Die europäischen Frauen fanden Gefallen an diesen javanischen Ornamenten. Die Herren der »Haute Couture« wollten aber linear-dynamische Ornamente haben, an deren Zukunft sie glaubten. Der bekannteste unter ihnen, Paul Poiret in Paris, hatte mich zu einem Besuch aufgefordert, weil er mir einen Teil der Ausstattung seiner Geschäftsräume übertragen wollte. Bei meinem Besuch zeigte ich ihm die Batikarbeiten Erica von Scheels, die in ihrem dekorativen Reichtum und der Pracht der Ausführung unvergleichlich waren. Poiret war entzückt und wünschte, Erica von Scheel in Paris zu haben. Erica stimmte zu und zog in eines der Gebäude der »Communs« des Palais Biron, wo Rodin vor kurzem sein Atelier eingerichtet hatte, in dem seine stürmische Produktivität den gemäßen Raum fand. In den »Communs« wohnte eine Reihe von Künstlern, meist Ausländer, unter denen sich Rilke und Ivo Hauptmann befanden, der Schüler meines Freundes Paul Signac geworden war. Nach einiger Zeit heirateten Erica und Ivo. Mit Rilke blieben sie zeitlebens in Freundschaft verbunden. Zwei Jahre hatten Ericas Arbeiten bei der Pariser und internationalen Kundschaft Poirets großen Erfolg. Aber die Mode ist unbeständig und haltlos. Als meine Jüngerin war Erica nicht bereit, ihre künstlerischen Ideale zu opfern und den Kompaß, auf den sie ihr Leben eingestellt hatte, nach den wetterwendischen Schwankungen und Launen des Pariser Geschmacks zu richten.

Helene von Nostitz-Wallwitz, Büste von Rodin

Auf dem Schachbrett, auf dem die Partie zwischen dem abtrünnigen Großherzog und unserem Kreis gespielt wurde, blieb der Vorteil auf unsrer Seite. Unter den Neuankömmlingen spielte das schon erwähnte Ehepaar von Nostitz eine große Rolle. Alfred von Nostitz war zum sächsischen Gesandten in Weimar ernannt worden. Daß man einen Ästheten statt eines Routinediplomaten gewählt hatte, war ebenso bezeichnend wie die Ernennung des Grafen Prozor zum russischen Gesandten. Prozor war ein bekannter Schriftsteller; er hatte Ibsens »Nora« ins Französische übersetzt.

Alfred von Nostitz gehörte zu den ersten Besuchern unsres Hauses »Bloemenwerf« in Uccle. Ich hatte ihm für seine Berliner Junggesellenwohnung die Einrichtung entworfen und ihn in Paris zu den Kunsthändlern mitgenommen, bei denen er herrliche moderne Werke erwarb. Jetzt befand sich all das in Nostitzens Villa an der Tiefurtallee. Rodin hatte vor kurzem die Büste Helenes geschaffen, die neben dem Porträt von Natascha Golubeff zu seinen schönsten Werken gehört.

Es war Helenes Lebensinhalt, Künstler, Schriftsteller und Musiker um sich zu haben und ihr eigenes und das Leben anderer dadurch zu bereichern. In ihrem Buch »Vom alten Europa« stellt sie das Leben unseres Weimarer Kreises in den Jahren 1908 bis 1910 dar. Als ich es las, erinnerte ich mich unseres Bedauerns, daß Helene und Alfred Weimar verließen, um nach Wien zu gehen, wo Alfred einen Gesandtenposten erhalten hatte.

Einladungen, Feste und Vorträge reihten sich in ununterbrochener Folge. In einer nächtlichen Vorstellung wurde uns im Garten der Villa Nostitz Ernst Hardts »Ninon de Lenclos« vorgespielt. An einem anderen Abend tanzte auf dem von Scheinwerfern erleuchteten Rasen eine Tänzerin. Es wurde musiziert, es wurde gelesen. Walter Lampe setzte sich an den Flügel, Hugo von Hofmannsthal, Rainer Maria Rilke trugen Gedichte vor …

Nach den verwünschten Zeiten des Nazismus und des Krieges beschrieb Karl Scheffler in seinen Lebenserinnerungen »Die fetten und die mageren Jahre« die neuweimarische Periode und gestand nur mir zu – er hätte sagen sollen »uns« –, daß für mich das Wort Kultur kein leeres Wort, sondern eine Realität bedeutete, und daß die Lebensformen, die mir vorschwebten, als griechisch oder amerikanisch hätten bezeichnet werden können. Bei dieser Gelegenheit macht aber Scheffler unseren von England übernommenen gesellschaftlichen Stil lächerlich, wenn wir bei unseren gemeinsamen Diners und Soupers im Smoking – Scheffler schreibt »Frack« – erschienen. Dies sei alles Komödie gewesen, und wir hätten nur mit Handschuhen oder mit Fingerspitzen unter komplizierten, verkünstelten Worten die wirklichen Probleme berührt.

Ich wende mich gegen seine Darstellung unsres Lebensstils, weil sie ihn bösartig ironisiert und entstellt. Vor allem aber, weil sie zwischen mir und meinen Freunden und Gesinnungsgenossen einen Trennungsstrich zieht, wenn Scheffler schreibt: »Der einzige, der in diesem parfümierten Milieu in all seiner Eleganz natürlich und naiv blieb, war van de Velde selbst.« Ich hoffte, mich eines Tages noch mit Scheffler über seine Vorwürfe aussprechen zu können; sein Tod hat es unmöglich gemacht, und ein schöner Brauch will es, daß die Toten nicht zur Verantwortung gezogen werden.

Wanderausstellungen

Im Herbst 1906 erhielt ich verschiedene Einladungen von kunstgewerblichen Vereinigungen und von Museumsdirektoren zu Ausstellungen meiner Arbeiten aus den verschiedenen Gebieten des Kunsthandwerks und der Kunstindustrie. In Stuttgart, Bremen, Zürich, Oslo, Kopenhagen und Trondheim wünschte man, eine repräsentative Auswahl von Werken zu sehen, die ich selbst geschaffen hatte, und von solchen, die im Zusammenhang mit meiner Tätigkeit in Weimar entstanden waren. Ich stellte das Material für eine Wanderausstellung zusammen, das je nach dem Ausstellungsort ergänzt werden konnte. Diese Wanderausstellung, die im Laufe des Jahres 1907 zirkulierte, wurde in den verschiedenen Städten von der Kritik sehr günstig beurteilt. Einige der besten und charakteristischsten Beispiele meines Schaffens wurden vom Museum in Trondheim im hohen Norden Europas erworben und in einem eigens dazu bestimmten Saal aufgestellt.

Diese Erfolge, die auch meinen Mitarbeitern und Helfern zugute kamen, schmeichelten der Eitelkeit der Bevölkerung der Residenz und des Landes. Die verschiedenen Instanzen, die mit meiner Tätigkeit verbunden waren, fühlten sich bestätigt, und der Nutznießer war – in gewissem Maß – der Großherzog, den man lobte, daß er mich berufen und durch seine Großzügigkeit die neue Entwicklung ermöglicht hatte.

Ob der Großherzog von seinem Privatsekretär oder von einer anderen Instanz über die Erfolge der Wanderausstellung unterrichtet wurde, weiß ich nicht. Er distanzierte sich mehr und mehr von allem, was sich in seinem Land ereignete, und sein Interesse für meine Tätigkeit war gleich Null. Diese Interesselosigkeit war mir nur angenehm; ich hatte niemandem Rechenschaft abzulegen. Und es bereitete mir stille Befriedigung, dem Großherzog dadurch einen Nimbus zu vermitteln, daß er mir mein Gehalt und meinem Institut eine bescheidene Subvention bezahlte.

Wenn ich in den vielen Zeitungsausschnitten blättere, die meine Frau gesammelt hat, so finde ich nichts als widersprechende Kritiken – bald Tadel, bald Lob. Eine gegen das Gift der Verunglimpfung wie der Verhimmelung weniger widerstandsfähige Natur, als ich es bin, wäre aus dem Geleise geworfen worden. »Van de Velde ist ein Genie«, behaupteten die übertriebensten Verehrer, andere bezeichneten mich als einen »unerbittlichen Denker und Prediger, als einen Ästheten und Poeten«.

Zwischen allzuviel Weihrauch und unversöhnlicher Anfeindung konnte ich nichts anderes tun, als auf mich selbst vertrauen und durch ständigen Fortschritt mit meinen Arbeiten die Richtigkeit meiner Prinzipien und die Kraft der ihr innewohnenden Wahrheit beweisen.

Kunsttheoretische Schriften

Seitdem ich von Jüngern und Schülern umgeben war, verspürte ich ein Bedürfnis nach Schönheit und reiner Form wie nie zuvor. Ich empfand den dringenden Wunsch, meine Umgebung an meiner Begeisterung und der schöpferischen Kraft teilnehmen zu lassen, aus der heraus meine Werke entstanden.

Nachdem Plato und Aristoteles den göttlichen Ursprung der Schönheit erkannt und mehr als zwanzig Jahrhunderte später der deutsche Philosoph Baumgarten die Ästhetik als eine eigene Wissenschaft gefordert hatte, sind Kunst, Vollkommenheit und Schönheit Gegenstand von Spekulationen geworden, die zu einer Verwirrung und Verdunklung der Begriffe geführt haben. Ich suchte leidenschaftlich zu ergründen, was die Gelehrten zu diesen Begriffen zu sagen hatten, und fand bald heraus, welche Ästhetiker des 18. und 19. Jahrhunderts mir als Kronzeugen für meine Theorie der vernunftgemäßen Schönheit dienen konnten. Wer eine Ästhetik unsrer Zeit zu schreiben sich vornimmt, wird sich in die Bücher von Boetticher, Schopenhauer und Fechner und in die ästhetischen Schriften von Theodor Lipps und Paul Souriau vertiefen müssen. Diese haben zur Klärung beigetragen, während viele andere mit ihren Haarspaltereien das Durcheinander nur vermehrt haben.

Im Januar 1907 veröffentlichte der Insel-Verlag in Leipzig eine Art Fortsetzung meiner »Laienpredigten« unter dem Titel »Vom Neuen Stil«. In der Vorrede wies ich auf den Kontrast zwischen dem schädlichen Einfluß der Sentimentalität und der Rückkehr zum Zauber der Materialien hin. Ich schrieb: »Unsere Fähigkeit zur ästhetischen Sensibilität wurde bis an das Ende des 19. Jahrhunderts erstickt. In dem Bereich der Architektur, der Malerei, der Skulptur, der Poesie und der Musik haben wir den Gefühlen alle die höheren und vergeistigteren Empfindungen geopfert, mit denen uns die Sensibilität zu erfreuen vermag. Die Menschheit, die den Genuß an ästhetischer Empfindsamkeit höher stellen wird als den Genuß der Gefühlsempfindungen, wird imstande sein, ein Kunstideal zu erfassen, das Verwandtschaft mit dem griechischen Ideal verspricht.« Alle in dem Buch ausgedrückten Gedanken – auch was nur indirekt gesagt ist – weisen auf ein einziges Ziel: die Schaffung eines neuen Stils, der allen von der Renaissance abgeleiteten Stilen diametral entgegengesetzt ist.

Aus den vielen Kritiken, die über das Buch erschienen sind, greife ich einen Abschnitt aus einem Aufsatz des Schriftstellers Johannes Schlaf heraus, der mir seine Zustimmung ausdrückte:

»Laienpredigten, Zweiter Teil, betitelt sich ein Zyklus von Abhandlungen, in denen Henry van de Velde für seinen neuen Kunststil eintritt. Dieser zweite Teil, ›Vom Neuen Stil‹, erschien soeben; in einer Ausstattung, versteht sich, die die Freude jedes Bibliophilen und Kunstliebhabers sein muß. Er enthält außer einer kurzen Vorrede vier Aufsätze, die über ›Die veränderten Grundlagen des Kunstgewerbes seit der Französischen Revolution‹ handeln, über ›Das Streben nach einem Stil, dessen Grundlagen auf vernünftiger, logischer Konzeption beruhen‹, über den ›Neuen Stil‹ und eine ›Gedankenfolge für einen Vortrag‹. Das Deutsch des belgischen Meisters ist zwar hie und da stilistisch etwas fremdartig, doch ebenso schlicht wie klar und eindringlich. Der, welcher den rechten Sinn hat für ein so wertvolles menschliches und künstlerisches Dokument und seine individuelle, organische Eigenart, würde gerade dieses ein wenig fremdartige Deutsch hier nicht vermissen wollen. Ein Mensch, eine Persönlichkeit, ein fester, rund in sich gefügter und bedeutender Charakter steht vor uns und spricht über das ernsteste, hingebendste, notwendigste Streben seines Lebens. Und was er über den Neuen Stil sagt, ist eine Offenbarung, die lebensvolle und überzeugende Äußerung eines klar Erkennenden, eines Siegers, eines jener ›Europäer‹, die bereits auf fertigem Neuland stehen.«

Ich habe in dem Band »Vom Neuen Stil« die Beobachtungen und Kenntnisse zusammengefaßt, die mich nach und nach in den Stand setzten, der höchsten Reinheit der Form nahezukommen und sie schließlich faktisch zu realisieren. Daß ich nur langsam zur Vollkommenheit gelangte, dessen war ich mir bewußt, aber es war mir noch nicht klargeworden, daß ich Schritt um Schritt dem höchsten Ziel entgegenging: der Schönheit.

Zum Verleger meines Buches »Vom Neuen Stil«, Anton Kippenberg, und zu seiner Frau Katharina, die zu meinen eifrigsten Anhängern gehörten, trat ich in enge freundschaftliche Beziehungen, die bis zum Tode der beiden prachtvollen Menschen – Prof. Kippenberg starb 1950 in Luzern – lebendig blieben.

Zwischen dem Insel-Verlag und der Weimarer Kunstgewerbeschule war eine fruchtbare Zusammenarbeit entstanden, die vor allem die Werkstätten für Buchschmuck und Buchbinderei sowie mein Privatatelier betraf. Ich lieferte Maquetten, typographische Ornamente und Einbandentwürfe für die »Dithyramben«, für die Monumentalausgabe des »Zarathustra« und für »Ecce Homo« von Nietzsche und für »Les heures du soir« von Emile Verhaeren, deren erste französische Ausgabe der Insel-Verlag 1911 herausbrachte. Emile Verhaeren kam bei dieser Gelegenheit nach Deutschland und besuchte uns in Weimar.

Meine Zusammenarbeit mit Anton Kippenberg dauerte bis zum Ausbruch des Ersten Weltkrieges. Der Luxusausgabe der »Dithyramben«, für die ich das Titelblatt und Textornamente gezeichnet hatte, war ein seltsames Schicksal beschieden. Die auf Pergament gedruckten, in Ganzleder gebundenen Exemplare enthielten handvergoldete Zierleisten. Sie befanden sich 1914, bei Kriegsausbruch, in London bei dem damals besten Spezialisten dieser Technik des Handvergoldens. Die drei oder vier Dutzend Bände wurden von englischer Seite sequestriert und zwangsversteigert. Als Anton Kippenberg nach dem Krieg wieder nach London kam, erfuhr er von dem Vergolder, daß sie als »feindliches Gut« betrachtet worden waren. Nach vielem Nachforschen wurden die Exemplare in dem Keller eines Trödlers in der City gefunden. Durch die Feuchtigkeit, der sie während der Jahre ausgesetzt waren, hatten die Bände großen Schaden erlitten. Kippenberg schenkte mir eines der am besten erhaltenen Exemplare.

Mit meinem Buch »Vom Neuen Stil« sind Erinnerungen an mehrere Aufenthalte in Schwarzburg und an den Prinzen Günther zu Schwarzburg-Rudolstadt und seine Gattin Prinzessin Luise verbunden. Aus dem Bedürfnis nach Ruhe suchte ich gelegentlich das Hotel »Weißer Hirsch« in Schwarzburg auf. Nicht weit davon lag die alte Burg, in der das Prinzenpaar einen großen Teil des Jahres verbrachte. Durch einen Herrn des Hofes erhielt ich eine Einladung zum Besuch der Prinzessin.

Der Prinz empfing mich allein, ein großer, kräftiger Mann von etwa fünfzig Jahren. Er entschuldigte sich, daß er mir so formlos unter Verzicht auf alle Etikette gegenübertrat, daß er ein Jagdgewand mit Pelzweste und kurzer Lederhose trug und daß er nur wenige Augenblicke Zeit habe, da er im Begriffe sei, wie allabendlich auf den Anstand zu gehen.

Im Gespräch mit der Prinzessin, die mich nach den Gründen fragte, die mich in diese einsame, vom mondänen Leben so ferne Gegend führten, war

Doppeltitel zu Ecce homo, Autotypie von Henry van de Velde

bald fast nur noch von der Anziehungskraft die Rede, die der Wald, der Thüringer Wald mit seinen romantischen und historischen Erinnerungen auf mich ausübte: die Wartburg, die Gestalten der Tannhäusersage, der Venusberg, Eisenach, Johann Sebastian Bach. Die Prinzessin erbot sich, mir die schönsten Teile dieser Region, zu der ich mich hingezogen fühlte, zu zeigen. Ich stimmte gerne zu und verhehlte nicht, wie glücklich ich über das Zusammensein mit dieser ernsten, reizvollen, selbstbewußten und doch so weiblichen Frau war. Ich hatte sie einige Male von der Terrasse des Hotels aus den steilen Abhang herabreiten sehen und ihre kühne Haltung beobachtet. Bei unseren Ausflügen in einem mit vier weißen Arabern bespannten Break bewunderte ich die Virtuosität und den Mut, mit denen sie das Gefährt lenkte. Die hinter uns stehenden Lakaien waren stets auf dem Sprung, die Pferde anzuhalten und uns aus dem Graben zu ziehen, in den sie uns schon stürzen sahen. Ich begriff die Leidenschaft der Prinzessin, sich ihrer eigenen Kräfte bewußt zu werden. Zugleich ihre Leidenschaft für den Reitsport und ihre geradezu mystische Neigung für die Geheimnisse des Waldes, in dessen Schutz sie sich geborgen fühlte.

Oft haben wir, wenn wir an besonders schönen, feierlichen Orten die Fahrt unterbrachen, unsere Eindrücke ausgetauscht. Ich versuchte in Worte zu fassen, was der Wald für mich bedeutete:

Eine Masse von siegreichen Riesen, einer mächtiger und stolzer als der andere; hohe Rotbuchen, Lärchen, die ihre Zweige wie Spitzengewänder ausbreiten, Birken mit ihrer Rinde aus poliertem Leder und Silber. Den Stürmen halten sie stand, den Gefahren trotzen sie, ohne einen Zoll des Platzes preiszugeben, auf den sie gestellt worden sind. Der Wald, das lebendige Bild und Beispiel dessen, was Dauer bedeutet, eines der großen Schauspiele und eine der mächtigen Lehren, welche die Natur dem Menschen darbietet. Er ist die Verkörperung ergreifender Harmonie und feierlichen Gleichgewichtes unzähliger Kräfte, ähnlich den Kräften, die vom Firmament auf uns herniederstrahlen. Der Wald erweckt in uns das Gefühl einer unaussprechlichen Ruhe. Ein heiliger Ort – der einzige, der keine Erniedrigung oder Unterwerfung von dem verlangt, der ihn zu seinem Trost aufsucht. Ungebeugt und gleich zu gleich betritt der Mensch dieses wunderbare Reich der Natur.

Mit der Zeit bekehrte ich den Prinzen und die Prinzessin zu meinen künstlerischen Überzeugungen. Sie erfüllten einen meiner tiefsten Wünsche: einen Winkel zu haben, wohin ich mich zurückziehen konnte, einen Ort, den niemand – nicht einmal meine Frau – kennen sollte, wo ich ein neues Buch vorbereiten konnte, das der Insel-Verlag so bald wie möglich publizieren wollte: eine Folge von »Essays« als Ergänzung zu meinen bisherigen Vorträgen; Darlegungen, die meine Doktrin auf solide Grundlagen stellen sollten. Und vom Frühjahr des folgenden Jahres an logierte ich nicht mehr im Schwarzburger »Weißen Hirsch«, sondern im Haus eines fürstlichen Försters, das, völlig verborgen, in einer der verlassensten Gegenden des Waldes gelegen war.

Dort vertiefte ich mich im Laufe der Jahre 1908 und 1909 in die Studien für die Abfassung der Kapitel »Die Belebung des Stoffes als Prinzip der Schönheit«, »Die Linie« und »Die vernunftsgemäße Schönheit«, die 1910 in dem Band »Essays« herauskamen.

Seit Beginn der Renaissance des Kunstgewerbes und der Architektur suchte ich klarzumachen, daß diese Wiedergeburt nur dann zum Ziel gelangen könne, wenn wir entschlossen die Idee der Schaffung eines »neuen Stils« verfolgten. Von Anfang an hat man uns vorgeworfen, daß wir die Prinzipien eines Stils zu formulieren und seine Kennzeichen zu umschreiben versuchten, noch ehe er tatsächlich existierte; daß wir künstlich hervorrufen wollten, was bisher stets ohne vorbedachte Überlegung entstanden war. Dieser Vorwurf wäre nicht erhoben worden, wenn wir, statt die Herrschaft vernunftgemäßer Gestaltungsprinzipien zu proklamieren, irgendwelche neuen, sensationellen und frivolen Formen propagiert hätten. Unser Kampf für ein Ideal, das die Vernunft wieder in ihre Rechte einsetzte, war zu ernst und deshalb wenig geeignet, ein Publikum zu überzeugen, das ganz auf das Momentane, das Wechselnde eingestellt und für das Dauernde, Ewige, das heißt für »Stil« nicht interessiert war.

Ich konnte wohl auf die Meinung der großen Begründer modernen Geistes hinweisen. Auf Michelangelos Wort »Das Schöne beruht auf der Reinigung von allem Überflüssigen« oder auf Leonardos Klage »Weshalb können Schönheit und Zweck nicht zusammen bestehen, so wie es in der Architektur und im menschlichen Körper in Erscheinung tritt?«. Goethe hat sich noch deutlicher über die Beziehungen von Schönheit und Zweck ausgesprochen, als er während seiner Italienreise erkannte, daß die Notwendigkeit das fundamentale Prinzip der Schönheit der antiken Architektur ausmacht.

Wir erklärten: die höchste schöpferische Kraft der Natur ist unveränderlich und ewig, weil sie auf der allmächtigen Intelligenz beruht, die unfehlbar alle Ziele kennt, die sich in den Schauspielen der Natur offenbart, in den Bäumen, den Blumen und in den belebten Wesen. Die Erkenntnis, daß Zweck und Schönheit eins sind, daß sie sich verschmelzen und daß die Schönheit dessen, was wir »Gottes Werk« nennen, dem Elementarprinzip der Vernunft entspringt, entpuppte sich als eine der fruchtbarsten Wahrheiten. Wenn Gott sich dieses Prinzips bedient hat, um seinen Schöpfungen Schönheit und Leben zu verleihen, so kann der Mensch nichts Besseres tun, als eben dieses Prinzip auf alles anzuwenden, was zu schaffen er berufen ist. So schafft er nach Gottes Vorbild. In Epochen, in denen auf dieser Grundlage geschaffen wurde, gab es keine Häßlichkeit.

Alle Gegenstände, Werkzeuge und Waffen aus prähistorischer Zeit bestätigen diese Theorie und lassen erkennen, daß die von den primitiven Völkern sinnvoll und zweckentsprechend geschaffenen Formen unsere Bewunderung erregen, während sie durch naturalistische Konzeption unschön werden.

Unter dem Eindruck dieser Erkenntnisse, die mich deshalb so stark berührten, weil sie mir ausschließlich durch Nachdenken – nicht durch Wissen – zum Bewußtsein kamen, habe ich »Amo« geschrieben. Der Hymnus ist das Resultat einer unerwarteten Offenbarung, eines naiven und glühenden Glaubens. Wäre ich den ausgetretenen Bahnen des Wissens gefolgt, so hätte mich niemals das tiefe, feierliche Staunen überwältigt. Im Rahmen eines von Studenten veranstalteten Vortrags las ich zum ersten Male den Hymnus an die vernunftgemäße Schönheit vor. Meine Freunde gerieten von Abschnitt zu Abschnitt in wachsende Bestürzung, und nur mein enthusiastischer Elan, der Ernst und die Liebe, die aus meinen Worten sprachen, verhinderten, daß meine Zuhörer in Lachen ausbrachen. Ich habe »Amo« in jenem Augenblick geschrieben, in dem mein Glauben von höchster Frische war und eine neue Klarheit meinen Geist und mein Herz ergriffen hatte.

Der Insel-Verlag gab »Amo« als eines der ersten Bändchen in der billigen Serie der »Insel-Bücherei« heraus, die bei den deutschen Lesern einen großen Erfolg hatte.

Mein gleichfalls im Insel-Verlag 1910 erschienener Band »Essays« fand ein ebenso starkes Echo wie das Buch »Vom Neuen Stil«. Das »Presto« des Lebenstempos, zu dem ich durch den wachsenden Erfolg meiner Tätigkeit getrieben wurde, ließ mir wenig Zeit zur Muße. In vielen künstlerischen Vereinigungen und Museen hielt ich Vorträge und stellte mich in den Dienst der kunsterzieherischen Bewegung. Die Museen veranstalteten Vorlesungen und Kurse, um das Niveau der künstlerischen Kultur zu heben. Allgemeine kulturelle Probleme beschäftigten die Intelligenz aller zivilisierten Länder. In Deutschland rief das Interesse für unsre Arbeit in Weimar eine gewisse Unruhe hervor, und andere künstlerische Zentren fühlten sich bedroht oder gar schon überrundet. Man stellte die Frage, ob Deutschland, das auf allen Gebieten nach Hegemonie strebte, auf kulturellem Feld von den nachbarlichen Kulturen überrundet sei: von Frankreich, England oder den skandinavischen Ländern.

Eines der wichtigsten und meistgelesenen deutschen Blätter, die »Frankfurter Zeitung«, griff das Problem auf und stellte einer Reihe bekannter Persönlichkeiten die Frage: »Durch welche politischen Mittel kann die kulturelle Entwicklung beschleunigt werden?« In meiner Antwort, die ich mit ein paar wissenschaftlichen Bemerkungen einleitete, konnte ich eine gewisse Skepsis nicht verhehlen, weil ich tief überzeugt war, daß die bekannten Mittel – Volksbibliotheken, Führungen in Museen, Volkskonzerte und Vorstellungen mit freiem Eintritt – nur auf lange Sicht zu einer Besserung führen konnten und daß jeder »politische«, das heißt künstliche, Eingriff mehr Gefahr als Nutzen für eine normale Entwicklung der Kultur mit sich bringt. Durch solche Eingriffe wird sie der Gefahr ausgesetzt, ihr natürliches, ursprüngliches Wesen zu verlieren. Die Umfrage der Zeitung verriet die gefährliche, in deutschen intellektuellen Kreisen herrschende Ungeduld, eine ebenso fortgeschrittene Kultur zu besitzen, wie sie in den Nachbarländern in langsamem Reifeprozeß entstanden war. In Deutschland war man nur zu geneigt, das Reifen der Dinge durch die Methode des Treibhauses zu beschleunigen. Mir kam die Idee paradox vor, die Kultur der Politik auszuliefern.

Der Vorschlag, den ich machte, mußte nicht weniger paradox, ja absurd erscheinen. Ich bildete mir nicht ein, daß er ernst genommen würde, es war ein Scherz, aber ein Scherz mit ernstem Hintergrund: eine Pferdekur. »Wer« – so schrieb ich – »hätte die Beobachtung noch nicht gemacht, daß jeder von uns, auf welcher Höhe der sozialen Stufenleiter er auch stehen mag, einen oder den anderen geringeren Beruf weit besser ausfüllen könnte als den, welchen er bis jetzt innehatte? In vielen Fällen zeigen sich sogar ausgesprochene Vorlieben; wie viele unter den Höchstgestellten haben sich nicht schon mit Leidenschaft einem einfachen Handwerk gewidmet und es zur Vollkommenheit darin gebracht! Wenn nun alle, durch die ganzen Reihen der Gesellschaftsklassen, mit einem Schlag, freiwillig oder gezwungen, eine oder mehrere Stufen zurückrückten, so würde, durch diese allgemeine und plötzliche Verschiebung, die rückständige Kultur eingedämmt und angesammelt, plötzlich steigen wie das Wasser in den Schleusen. Ein jeder brächte in die mindere Stellung, zur Ausführung der minderen Beschäftigung die Talente, den Charakter, die Manieren mit, die er aus einer höheren Lebensstellung bezogen hat, in welcher er sich als nicht ausreichend erwiesen, und er würde unter seinen neuen Lebensbedingungen als das gelten, was eine hochkultivierte Gesellschaft von jedem Individuum erwarten kann. Auf diese Weise hätten wir durch Zauberei oder infolge eines noch nie dagewesenen Vorgangs in der Weltgeschichte Maurer, Tischler, Typographen mit dem Talent und dem Geschmack von Künstlern, Bauern und Arbeiter mit der Initiative und den Manieren der ›grands seigneurs‹!«

Nicht alle Paradoxe sind nur Spielereien des Geistes oder ephemere Späße. Manche enthalten Keime, die unter günstigen Bedingungen Wurzel schlagen können. Sollte die von mir ausgesprochene Idee von dieser Art sein?

Staatsminister Rothe fragte mich bei einer Gesellschaft im Nietzsche-Archiv, welche Hintergedanken mich wohl zu solchen Ideen gebracht hätten. Er witterte richtig, daß die Verhältnisse im Großherzogtum meinen grotesken Einfall hatten entstehen lassen, denn er erkundigte sich schließlich, wie ich mir die Anwendung meines Heilmittels in Weimar vorstellen würde. Offenbar habe ich ihm dann ein recht düsteres Bild der neuen Hierarchie gegeben, denn er wich mit einem so brüsken Schritt zurück, daß ich meine Hand nach

Elisabeth Förster-Nietzsche im Garten des Nietzsche-Archivs

seiner Teetasse ausstreckte, die ihm zu entgleiten drohte. Er wandte sich rasch Frau Förster-Nietzsche zu, die ihn nur mit Mühe beruhigen konnte. Sie führte ihn zu mir zurück, und ich entschuldigte mich, nicht bemerkt zu haben, daß Seine Exzellenz ernst genommen hätte, was doch nur ein Scherz gewesen sei. Und unsre Freundin bat ich um Verzeihung, daß sie einen Augenblick hatte befürchten müssen, ich könnte mich mit dem Staatsminister entzweien, auf dessen Unterstützung wir angewiesen waren.

Das Abbe-Denkmal in Jena

Nach dem Tode Ernst Abbes beschlossen die Angestellten und Arbeiter der Carl-Zeiss-Werke in Jena, zur Erinnerung an das Werk und an die Uneigennützigkeit ihres Leiters ein Denkmal zu errichten. Abbe, dessen Familie französischen Ursprungs war, verwirklichte ein fortschrittliches betriebswirtschaftliches System, das großzügiger, weniger theoretisch und menschlicher war als die abstrakteren, von Marx und Engels vertretenen Prinzipien. Er errichtete eine Stiftung, die die Verteilung des Betriebsgewinnes in dem Sinne vorsah, daß ein Teil den Arbeitern zur Verbesserung ihrer materiellen Lage zufloß, während der andere Teil zur Unterstützung kultureller Institutionen, der Universität Jena und unter anderem für eine Volksbibliothek und ein Volkshaus bestimmt wurde.

Diese Bestimmungen hoben mit einem Schlag die Würde der Arbeiter, die sich nunmehr unmittelbar mit den kulturellen Einrichtungen verbunden fühlten, die ihnen bisher fremd gewesen waren. Ihre Arbeit wurde geadelt. Sie hatten mehr als eine Existenzverbesserung erhalten. Es hatte eine gewisse Gleichstellung mit den Gelehrten und mit den leitenden Persönlichkeiten stattgefunden, mit denen sie in eine Gemeinschaft eingetreten waren. Hier wurde ein sichtbarer Beitrag zur Kultur geleistet. Ein Fortschritt und Perspektiven, die wirksamer und realer waren, als es mein boshaftes Paradoxon angedeutet hatte.

Zur Errichtung des Denkmals wurde ein Wettbewerb unter nur wenigen Künstlern ausgeschrieben, an dem sich die berühmtesten Bildhauer Deutschlands beteiligten. Keiner der abgegebenen Entwürfe befriedigte die Wettbewerbskommission, und keiner der Bildhauer wurde aufgefordert, ein neues Modell vorzulegen. Die Kommission zögerte und sah keinen Ausweg. Eine Gruppe von Arbeitern beriet sich und beschloß, unabhängig von den anderen Mitgliedern der Kommission, statt einem Bildhauer den Auftrag für das Denkmal einem Architekten zu übertragen, der die vier Reliefs, die Constantin Meunier für ein »Monument der Arbeit« geschaffen hatte, seinem Entwurf einfügen sollte.

Eine Delegation der Arbeiter erschien unerwartet bei mir in Weimar, um sich über Meuniers Reliefs zu erkundigen. Die dreitausend Arbeiter und Angestellten von Zeiss waren der Meinung, mit den Reliefs Meuniers könne das Andenken Abbes am würdigsten gefeiert werden.

Der Zufall wollte es, daß ich zwei Jahre vor Meuniers Tod (1905) dem Meister Modell für eine Büste saß, die zu einer Serie von Porträts belgischer Persönlichkeiten – Emile Verhaeren, Camille Lemonnier, Georges Eckoudt, Emile Vandervelde, Jules Destrée und Théo van Rysselberghe – gehörte. Während dieser Sitzungen erzählte mir Meunier, daß er sich vor Jahren schon wegen des architektonischen Aufbaus des »Monumentes der Arbeit« an Victor

Horta gewendet hätte. Horta hatte ein Modell ausgeführt. Die vier Reliefs sollten in einen von der großen Figur des Sämannes beherrschten Kubus eingelassen werden, an dessen vier Kanten weitere Skulpturen Meuniers vorgesehen waren. Dieses anspruchslose Modell, das eine gewisse innere Größe und Monumentalität besaß, wurde nicht ausgeführt. Spätere Entwürfe, die aus der Zusammenarbeit Meuniers mit Horta hervorgingen, wurden immer weniger gut und führten schließlich zu einem Projekt, das von einem virtuosen Konditor hätte ausgedacht sein können.

Da ich mit der Familie Meunier gut befreundet war, konnte ich meinen Besuchern Hinweise geben, auf welche Weise sie die Reliefs erhalten konnten. Sie wiederum baten mich, ihnen kostenlos einige Vorschläge zu machen, Skizzen oder Modelle für das Denkmal, für das ein Platz mitten in der Fabrik unmittelbar neben dem bescheidenen Haus Abbes vorgesehen war. Ich erklärte, nichts unternehmen zu können, ehe ich nicht meine Freunde in Jena gesprochen hätte, die mir über den Stand der Dinge, das heißt über etwaige Verpflichtungen gegenüber den Bildhauern, die am Wettbewerb teilgenommen hatten, Auskunft geben konnten. Die Delegation betonte noch einmal, daß die ganze Arbeiterschaft der Zeiss-Werke hinter ihr stehe, und verließ mich offensichtlich befriedigt. Die maßgebende Kommission schloß sich der Auffassung der Arbeiter an und übertrug mir den Auftrag. Mein Modell entsprach dem, was sie sich vorstellte. »Die Arbeiterschaft hat diesmal einen feinen Instinkt gehabt«, schrieb der bekannte Kunstkritiker Joseph August Lux.

Eine Gruppe süddeutscher Künstler protestierte wie üblich unter Hinweis auf mein Ausländertum. Lux erwiderte: »Einem im Ausland geborenen Künstler dürfte die Aufgabe nicht zufallen? Künstlerisch, nicht wahr? Was hat die Sache Abbes mit dem nationalen Standpunkt zu tun? Was hat die Kunst damit zu tun? Und vor allem: lebt dieser Künstler nicht in Deutschland? Hat er seine Kraft nicht unserer Sache gewidmet? Beruht ein guter Teil neuer deutscher Kunst nicht auf fremdem Import?«

Botho Graef, der leidenschaftliche Wortführer der Jenaer Intellektuellen – alle wie er Universitätsprofessoren –, schrieb in der Berliner Zeitschrift »Kunst und Künstler« (1912) einen Aufsatz über den »Abbe-Tempel«. Er analysierte die Elemente, aus denen sich das Werk zusammensetzt, mit der gleichen Genauigkeit, mit der er als Kunstgeschichtsprofessor seinen Studenten irgendeinen Bau der Antike oder irgendeines anderen historischen Stils

Henry van de Velde vor dem Ernst-Abbe-Denkmal in Jena

erklärte. Graef war zeitbewußter als die übrigen Professoren, die ängstlich in den konventionellen Grenzen ihres Fachgebietes verharrten. Er führte seine Studenten in die Werke von Degas, Toulouse-Lautrec, Munch ein und machte sie mit dem Schaffen der Expressionisten bekannt, unter denen er das Haupt der Malergruppe »Die Brücke«, E. L. Kirchner, besonders hervorhob. Durch die Einbeziehung der modernen Kunst schlug Graef einen Bogen über die Kluft der Zeiten und eröffnete der kunsthistorischen Betrachtung Perspektiven, die bis zu den ältesten Zeugen der Kunst reichten: zu den Bildern und Ritzzeichnungen der Steinzeit, den kretischen Fresken, zu den ägyptischen Gräbern und den Reliefs der Mastabas.

Er zählte mein Jenaer »Sanktuarium« zur Familie der Tempel und bestätigte damit mein Streben, auf dem Weg über die Disziplin der vernunftgemäßen Konzeption an die wahre klassische Tradition der Architektur anzuknüpfen. In den vom Atem der Natur belebten, nach klassischen Gesetzen rhythmisierten steinernen Formen meines modernen Tempels spürte er die Verwandtschaft mit attischer Kunst. »Als Material« – schrieb Graef – »war das Thema Stein und Erz gegeben, und jedermann weiß, wie erfinderisch gerade van de Velde wird, wenn es sich darum handelt, den künstlerischen Gehalt des Materials zum Leben zu wecken. Die Steine sind aufeinandergetürmt, fast wie bei Bauwerken früher oder primitiver Zeiten, sie wollen nicht Pfeiler oder sonst durch andere Kunstperioden ausgebildete bekannte Bauglieder formen, sondern bilden wie von selbst die schweren, aus drei Blöcken bestehenden Türpfosten mit der eigentümlichen Schwellung in der Mitte. Die geraden Wände dazwischen stehen auf einem Sockel, der dem Grundriß entsprechend gebogen ist und in wundervollem konkavem Schwung aus dem Boden aufsteigt. Die Wand ist durch flache Pilaster belebt, die sich oben in schlanken Spitzbogen verbinden, eine unmittelbare, aus dem Steinschnitt sich ergebende Gliederung. Die grundsätzlich verschiedene Behandlung von Tür und Wand – denn zu den Türen führen allein die Stufen hinauf – wird durch das weitausladende Gesims über den Türen fortgeführt, dem am meisten in die Augen fallenden Kennzeichen des Bauwerks. Sie sind ein Ausdruck des fast bis zur Kampfeslust gesteigerten Schaffensdrangs des Künstlers. Darüber liegt die kupfergedeckte Flachkuppel, kupfern sind die Türen, sparsam mit einem Ornament versehen, das die Schrauben für die Befestigung des Beschlages birgt. Die Türflügel können sich ganz in die Laibung hineinlegen und lassen so den Bau bei geschlossenen wie bei geöffneten Türen gleich vollkommen erscheinen.«

Im zweiten Teil seines Aufsatzes erklärte Graef die ungewöhnliche Form, die Max Klinger der in der Mitte des Tempels stehenden Büste Abbes gegeben hat: »Für das heroisierte Bildnis eines großen Mannes war Klinger der durch eine Reihe starker Schöpfungen erprobte Meister; sein Liszt und sein Nietzsche sind Köpfe in dem Sinne geschaffen wie die bedeutenden Porträts, die in der griechischen Kunst nach Alexander entstanden sind. Sie nehmen die überlieferten Züge nur als eine Grundlage, um das geistige Wesen eindringlich und eindeutig darzustellen, im Geiste hier den Griechen verwandt, in der Form aus Klingers eigener, durch die moderne Entwicklung der Plastik gereifter Auffassung entstanden.«

Ich hätte eine Hermesbüste dem Porträt Abbes vorgezogen. Über den kubischen Sockel mit Flachreliefs auf drei Seiten ärgerte ich mich. Sein Volumen wirkt in der Mitte des Raumes erdrückend, und die weichliche, etwas unechte Grazie der Flachreliefs ordnet sich weder dem Rhythmus noch der mächtigen Männlichkeit des linearen Aufbaus der großen Reliefs Constantin Meuniers ein.

Nach Harry Kesslers Verabschiedung war ein lebhafter Briefwechsel zwischen ihm und mir entstanden. Er wollte über den Lauf der Dinge orientiert sein und fürchtete, daß man auch mich beseitigen würde, dessen Anwesenheit in Weimar am Berliner Hof mißbilligt wurde, weil man mich als Rebell gegen den Kaiser betrachtete. Jedes Lob, jede günstige Kritik, jeder Erfolg, den ich errang, erregte in Berlin unangenehmes Aufsehen; das Zögern des Großherzogs mir gegenüber wurde heftig kritisiert.

Zu dieser Zeit (um 1906) erwarb eine Gruppe deutscher Kunstmäzene die »Villa Romana« in Florenz, um es Künstlern zu ermöglichen, ein oder mehrere Jahre frei von materiellen Sorgen als Stipendiaten zu leben und zu schaffen. Max Klinger war der Initiator dieser Idee und Präsident der Kommission, die die Preisträger bestimmte. Als erste waren fünf Künstler bestimmt worden, die alle den modernen Strömungen angehörten. Ich befand mich unter ihnen. Die Presse ganz Deutschlands schrieb über die Gründung der neuen Institution und über die Wahl der Stipendiaten. Es gab neuen Lärm. Im Lager der offiziellen Künstler wirkte die Entscheidung wie ein Wespenstich oder wie ein Schlangenbiß. Kein Wunder: mit mir waren die beiden bissigsten Karikaturisten des Münchner »Simplizissimus«, Thomas Theodor Heine und Olaf Gulbransson, nach Florenz eingeladen worden!

Harry empfahl mir dringend, die Einladung anzunehmen und mir wenigstens ein paar Monate Sammlung und Erholung zu gönnen. Aber ich konnte Weimar nicht für längere Zeit verlassen. Die Kunstgewerbeschule und die Einrichtung meines Hauses »Hohe Pappeln« erforderten meine Anwesenheit. Ein Urlaubsgesuch wäre zweifellos bereitwillig genehmigt worden. Aber nach meiner Rückkehr hätte ich einen anderen Direktor der Kunstgewerbeschule vorgefunden! Der Posten war zu begehrt.

Außerdem hatte Professor Koetschau, der zum Nachfolger Graf Kesslers ernannt worden war – er war Assistent am Berliner Kaiser-Friedrich-Museum gewesen –, vor kurzem sein Amt in Weimar angetreten. Er hatte das Angebot der Regierung unter der ausdrücklichen Bedingung angenommen, daß der längst fällige Museumsneubau verwirklicht würde. Vom Beginn seiner Tätigkeit in Weimar an zeigte Koetschau lebhaftestes Interesse für das Seminar, meine Schule, für meine Ziele und meinen Kampf. Er wurde mit großer Sympathie von unserem Kreis aufgenommen. Seine Verläßlichkeit, seine gerechte und objektive Art und seine natürliche Autorität, die auch von den deutschen Museumsfachleuten besonders geschätzt wurden, öffneten ihm und seiner

Frau den Zugang zu allen Zirkeln, die trotz aller Machenschaften des Hofes die Fahne des »neuen Weimar« hochhielten.

Bei seinen ersten Besprechungen mit der Regierung hatte Koetschau abgemacht, daß die Ausführung der Pläne für das neue Museum mir übertragen würde. Aber die Regierung verlegte sich auf Verzögerungsmanöver, mahnte zur Geduld und behauptete, beim Großherzog einen günstigen Moment abwarten zu wollen. Koetschau ließ sich nicht zu lange vertrösten. Er traute den vagen Versprechungen nicht mehr, die ihm von seiten der Regierung und des Hofes gemacht wurden, und nahm ein Angebot an, am Berliner Kaiser-Friedrich-Museum eine leitende Stellung zu übernehmen. Auch die Achtung und die freundschaftliche Zuneigung, die ihm von unserem Kreis entgegengebracht wurden, konnten ihn nicht in Weimar halten. Wegen eines schweren Trauerfalles übersiedelte er plötzlich nach Berlin. Sein Weggang wurde von allen, die ihn gekannt hatten, sehr bedauert. Nur eine Spur blieb von ihm zurück: ein Erbbegräbnis auf dem Weimarer Friedhof, das ich auf seinen Wunsch errichtet habe und wo er selbst einst neben seinen Eltern bestattet sein wollte.

Werkbund

Meine Gedanken über die Zusammenarbeit von Kunst, Kunsthandwerk und Industrie, die in meinem Vertrag mit dem Großherzog von Sachsen-Weimar ausdrücklich festgelegt waren, begannen sich zu verbreiten. Außerhalb der Grenzen des Großherzogtums zunächst in Sachsen und Bayern. Der Erfolg meiner Wanderausstellung hatte eine Reihe von Industriellen dieser Länder beeindruckt, die mit Münchner Künstlern in Verbindung standen. An der Spitze dieser Industriellen stand Hofrat Peter Bruckmann, an der Spitze der Künstler die Münchner Architekten Theodor Fischer und Richard Riemerschmid, der von der Malerei zur Architektur und zum Kunstgewerbe hinübergewechselt hatte.

In einigen Kreisen sah man und sieht man heute noch in mir den geistigen Vater des Werkbundes. Die wirklichen Gründer sind aber die Männer des Münchner Kreises. Ihre Initiative führte zu einer Versammlung von mehreren hundert Künstlern, Kunsthandwerkern, Architekten und Industriellen, die im

Oktober 1907 in München stattfand. Hieraus ist der Werkbund hervorgegangen, der im Juli 1908 zum ersten Male offiziell zusammentrat.

Trotzdem darf man sagen, daß die Werkbundidee in ihren wesentlichen Elementen auf das Programm meines Weimarer Seminars zurückgeht und auf die Art der Funktionen, die ich in der kunsthandwerklichen und kunstindustriellen Produktion des Großherzogtums ausübte. Der Werkbund faßte alle lebendigen Kräfte und moralischen Impulse zusammen, deren Verwirklichung ich seit 1902 meine intensivsten Kräfte gewidmet habe.

In den ersten Werkbundsatzungen finden sich folgende Worte: »Die Veredelung der gewerblichen Arbeit im Zusammenwirken von Kunst, Industrie und Handwerk.« »Die Hebung des künstlerischen Niveaus der Erzeugnisse der Handwerker und Kunstindustrien« hieß es im Vertrag, den ich mit dem Großherzog von Sachsen-Weimar abgeschlossen hatte. Sind diese Definitionen nicht identisch? Und wäre die Folgerung anmaßend, daß meine Weimarer Tätigkeit und die Gründung des »Kunstgewerblichen Seminars« die Wurzel und die erste Knospe dessen bedeuteten, was sich im Werkbund entwickelte? Anläßlich der zweiten Jahresversammlung des Deutschen Werkbundes, die vom 30. September bis zum 2. Oktober 1909 in Frankfurt stattfand, wurde ich zu einem Vortrag aufgefordert, für den ich als Thema wählte »Kunst und Industrie«; der Wortlaut ist in meinem Buch »Essays« erschienen. Es handelte sich vor allem darum, die Mißverständnisse zwischen den Künstlern und Industriellen zu beseitigen. Auf beiden Seiten herrschten Mißtrauen und Vorurteile von fast krankhafter Art. Der Vortrag bedeutete für mich eine heikle Aufgabe, bei der ich nur zu leicht zwischen Hammer und Amboß geraten konnte. Ich versuchte, die Notwendigkeit der Zusammenarbeit auf einem Gebiet der wirtschaftlichen Wirklichkeit aufzuzeigen, auf dem seit der Erfindung der Maschinen Fabriken entstanden waren, deren Erzeugnisse infolge der Ahnungslosigkeit der Fabrikanten die Welt mit häßlichen Dingen überschwemmten. Es war schwer, ja vielleicht unmöglich, die Künstler dazu zu bringen, die Schuld der Industrie zu vergessen, schwer, sie von ihrer Abneigung abzubringen. Andrerseits bestand die Gefahr, daß die Industriellen, die bereit waren, auf die in ihren Produktionsmethoden liegende Immoralität zu verzichten, befürchteten, die Mitarbeit von Künstlern werde den Gewinn schmälern, auf dem die Existenz der Industrie aufgebaut war. Ein künstlerisches Ideal mit dem Gewinndenken zu versöhnen, hieß das nicht, Feuer mit Wasser vermischen zu wollen? Ich wagte den Versuch, weil ich überzeugt war, daß gerade und nur durch die Mitarbeit der Künstler der Mißkredit beseitigt werden könne, dem die Produkte der Kunstindustrien ausgesetzt waren.

Meine Darlegungen wirkten auf die im Werkbund versammelten Künstler überzeugend. Und auch die Industriellen verstanden, daß eine geschickt gelenkte Propaganda, die die Mitarbeit der Künstler hervorhob, den Publikumsgeschmack in starkem Maß anreizen konnte. Die Ergebnisse waren rasch zu bemerken. Die Modelle mit dem Schild »Entwurf Professor Soundso« erregten wachsendes Aufsehen, und die Verkaufserfolge steigerten sich außerordentlich. In allen deutschen Haushaltungen standen die »Professoren« hoch im Kurs; sie wurden mit Aufträgen überhäuft.

Bei sorgfältiger Überlegung wäre für sie – und für mich mit ihnen – etwas mehr Zurückhaltung richtiger gewesen. Das Renommee, Professor zu sein, bekam nach und nach einen wenig appetitlichen Beigeschmack.

WEIMAR III

ENTTÄUSCHUNGEN UND KATASTROPHE

Nachdem ich Belgien um die Jahrhundertwende verlassen hatte, geriet meine Arbeit in meinem Heimatland mehr oder weniger in Vergessenheit, obwohl ich nun schon seit langer Zeit an exponierter Stelle im Kampf um die Verwirklichung eines »neuen Stils« stand. Kaum jemand in Belgien kannte meine vier inzwischen in Deutschland veröffentlichten Bücher. Außer einer Handvoll Bekannten aus dem Kreis des Ingenieurs Tassel waren König Albert I. und Königin Elisabeth die einzigen, die über meine Tätigkeit in Weimar und die Rolle, die ich in Deutschland spielte, orientiert waren. Der König und die Königin hatten die in deutscher Sprache erschienenen kunsttheoretischen Werke gelesen. Charles Lefébure, unser gemeinsamer Freund, hatte sie ihnen unterbreitet. Was in den Zeitungen und Zeitschriften vieler Länder bei wachsendem Interesse veröffentlicht, gewürdigt und kritisiert wurde, was so viele Kunstfreunde, Kritiker, Museumsdirektoren und Abgesandte der Kunstverwaltungen europäischer Länder und Amerikas nach Weimar führte, war in Belgien ohne Wirkung geblieben.

Weltausstellung Brüssel 1910

Im Zusammenhang mit der Brüsseler Weltausstellung von 1910 enthüllte sich nun plötzlich das Ergebnis meiner zehnjährigen, unablässigen Arbeit, das Resultat der harten Kämpfe des aus Belgien stammenden Ausländers, der schöpferisch und pädagogisch in Deutschland tätig war. Deutschland erschien mit seinen kunstgewerblichen Produkten an der Spitze der Länder, die an Stelle der stil-imitatorischen Erziehung neue, gesunde Prinzipien gesetzt und die Flut der überladenen, abgebrauchten und nur auf Neuigkeitssensation gerichteten kunsthandwerklichen und kunstindustriellen Produktion eingedämmt hatten.

Die Brüsseler Weltausstellung vermittelte ein eindrucksvolles Bild dieser Situation, in der Deutschland und Österreich die Aufmerksamkeit auf sich zogen. Der deutsche Beitrag war geradezu eine Offenbarung. Das Aufsehen, das dieser schon bei der Eröffnung der Ausstellung erregte, ließ in der Folge nicht nach. Die belgische öffentliche Meinung lobte einstimmig die vorzügliche Ausführung der Möbel und anderer Einrichtungsgegenstände sowie der Produkte des Kunstgewerbes und der Kunstindustrie. Bei den ausländischen Besuchern erregte die hohe Qualität des deutschen Ausstellungsgutes nicht geringere Bewunderung. Man interessierte sich brennend dafür, welche Art revolutionärer Initiative und Aktion eine Entwicklung ausgelöst hatte, die Deutschland mit einem Schlag an die Spitze der teilnehmenden Nationen brachte. Das belgische Publikum war überrascht – und stolz, als es sich herausstellte, daß Deutschland unter der Führung eines belgischen Künstlers zu neuen, vernunftgemäß konzipierten Formen und Ornamenten gelangt war.

Der deutsche Kritiker Karl Scheffler erinnerte im Vorwort des offiziellen Katalogs daran, daß die neue künstlerische Richtung in Deutschland die Weiterentwicklung jener Revolte bedeutete, die rund fünfzehn Jahre zuvor von belgischen Pionieren ausgelöst worden war.

»Kein deutscher Kunsthandwerker«, stellte Scheffler fest, »kann diese Weltausstellung besuchen, ohne sich an die früher so häufig erwähnten Namen von Lemmen, Finch, Serrurier-Bovy oder Horta zu erinnern. Der Mann jedoch, an den wir in Brüssel am meisten denken, ist jener Belgier, der seit zehn Jahren Deutschland zum Schauplatz seines Lebens und Schaffens gemacht und in dem unsre Kunstindustrie einen hervorragenden Inspirator gefunden hat, dessen aufopfernde Tätigkeit viel umstritten worden ist und dessen Arbeit der deutschen Kunstindustrie eine bisher unbekannte Kraft einflößt: Henry van de Velde.

Es ist ein charakteristisches Zeichen der Situation, daß dieser Künstler, wenn er seinem Rang entsprechend in der Ausstellung vertreten gewesen wäre, sich mit einiger Verlegenheit hätte fragen müssen, ob er zur belgischen oder deutschen Abteilung gehöre. In Belgien ist er geboren und erzogen worden, Belgien hat ihm den revolutionären Willen und auch die Tradition gegeben; Deutschland ist seine zweite Heimat geworden und hat ihm ein Tätigkeitsfeld eröffnet; in Deutschland hat er Resonanz und begeisterte Schüler gefunden. In van de Veldes Namen vereinigt sich der deutsche und der belgische Genius. Sein Schaffen bedeutet für uns ein Symbol der Synthese germanischer und romanischer Art, wie alle großen geistigen und künstlerischen Leistungen Belgiens.«

Die Brüsseler Weltausstellung hätte für Belgien segensreiche Folgen haben können, wenn die Regierung der Forderung des bedeutendsten belgischen Kunstkritikers jener Zeit, Fierens-Gevaert, der der Vater des späteren Direktors des Brüsseler Nationalmuseums war, einige Aufmerksamkeit geschenkt hätte: »Als Sühnemaßnahme verlangen wir die sofortige Organisation einer Ausstellung, die der heutigen Wiedergeburt von Kunstgewerbe und Kunstindustrie gewidmet ist.« Knapper und unbarmherziger konnte der Bankerott Belgiens nicht bezeichnet werden, der sich bis zum Jahr 1937 hinzog, als sich Belgien anläßlich der Pariser Weltausstellung mit einem Schlag erholte.

König Albert I. geruhte, mir das Ritterkreuz des Leopold-Ordens in jenem Augenblick zu verleihen, in dem die Dienste, die ich Deutschland geleistet hatte, außerordentliches Aufsehen erregt hatten. Diese ungewöhnliche Auszeichnung, die mir auf dem Höhepunkt der Brüsseler Ausstellung zuteil wurde, war der Ausdruck einer persönlichen Stellungnahme des Königs, die den leitenden Persönlichkeiten der belgischen Kunstverwaltung hätte zu denken geben müssen. In meinem Dankschreiben an König Albert I. gestattete ich mir darauf hinzuweisen, »daß ich, wenn auch nicht der einzige Pionier der Wiedergeburt der Künste auf dem Kontinent, so doch zweifellos der einzige gewesen bin, der seine Aktivität, sein Schaffen und sein Apostolat mit dem Exil hatte bezahlen müssen«.

Ich machte den König auf die Gründung der einflußreichen Organisation des Deutschen Werkbundes aufmerksam und erlaubte mir hinzuzufügen, daß nur eine Vereinigung, die Architekten, Ingenieure, Kunsthandwerker und die Spitzen der Kunstindustrie als begeisterte Anhänger der neuen Prinzipien umfaßte, den Verfall des Geschmacks und der Produktion aufhalten und Belgien den verlorenen Ruf und die in der Folge verlorenen Absatzmärkte wiedergewinnen könnte.

»Die von Deutschland errungenen Erfolge lassen keinen Zweifel über die erforderliche Art des Vorgehens. Aber ich würde meine Gedanken nur unvollständig ausdrücken, wenn ich nicht meiner Überzeugung Ausdruck verliehe, daß auch die methodischste, bestüberlegte Organisation aller Faktoren der Wiedergeburt der Architektur und Kunstindustrie nur dann zur höchsten Wirkung gelangen kann, wenn der Souverän nicht gleichgültig bleibt. Wenn er sein persönliches Interesse nicht kundtut, wenn er nicht von den seinem Rang entsprechenden Vorrechten Gebrauch macht, wie dies in den großen Zeiten der Antike, des Mittelalters und der Renaissance der Fall gewesen ist, dann ist alle Bemühung umsonst. Sire, auf dem Gebiet der Künste und des Geschmacks sind die Völker weniger mißtrauisch als auf den Gebieten der Politik und der Verwaltung. Sie sind bereit, sich mit betonter Bereitwilligkeit dem Geschmack ihrer Herrscher anzuschließen.«

Diese Worte richtete ich an König Albert, als ich von der Haltung des Großherzogs Wilhelm Ernst aufs tiefste enttäuscht war. Ich fühlte ein Nachlassen meiner Begeisterung und meines Arbeitseifers und empfand zum ersten Male nach so vielen Jahren der Abwesenheit von Belgien das Gefühl von Heimweh. Es überkam mich ein gewisser Überdruß, mich bei jeder Gelegenheit als Ausländer verteidigen zu müssen.

Das Pastorat in Riga

Im gleichen Jahr 1910 erhielt ich eine Einladung zur Beteiligung an einem engeren Wettbewerb für ein Pastorat in Riga. Drei Architekten waren aufgefordert worden: ein Vertreter der neuen Wiener Schule, ein Architekt aus Riga und ich. Der Auftrag war sehr reizvoll: drei Pfarrerwohnungen, mehrere Säle und andere Räume für kulturelle Veranstaltungen. Auch das für die Vorprojekte angesetzte Honorar war verlockend. Die Möglichkeit, mein Tätigkeitsfeld bis nach Rußland auszubreiten, bestimmte mich zur Annahme des Angebots. Auf Grund meines Entwurfs wurde mir der Bau des Pastorats übertragen, und ich wurde eingeladen, nach Riga zu kommen.

Auf meinen wiederholten Reisen, die mich im Schlafwagen von Weimar nach der Hauptstadt Lettlands führten, war ich beim morgendlichen Erwachen stets tief von der Trostlosigkeit der weiten litauischen Ebenen beeindruckt. Ich brauchte Stunden in den belebten Straßen Rigas oder in den luxuriösen Empiresalons meines Hotels, um mich vom Bild der Verlassenheit, des Elends und der stummen Anklage dieser Landschaft zu befreien. In allen

Van de Velde im Weimarer Atelier, 1911,
auf seinem Tisch ein Plan zum Pastorat in Riga

anderen ebenen Landstrichen gibt es irgendwelche greifbaren Formen oder wenigstens verschwimmende Linien. Hier gab es nichts; nichts als Unendlichkeit und Leere. Nur einige Strohdächer ragten aus der nackten Ebene, unter denen sich kleine Bauernhöfe duckten, die voneinander weit entfernt lagen. Mensch und Tier lebten unter dem gleichen Dach. Dort lebt man, dort stirbt man, dort bearbeitet man verzweifelt die Scholle, verfolgt von der Furcht vor Hunger, vor dem Teufel und dem Grundbesitzer. Das Ackergerät, das diese Menschen benutzten, hat sich seit urdenklichen Zeiten kaum geändert. Ein Bild des Elends, der Not und des Schreckens, dem ich mich hätte entziehen können, wenn ich eine Stunde länger geschlafen hätte.

War ich dann in Riga, nahm ich – so scheint es mir heute – an einer ununterbrochenen Kette von Festlichkeiten teil, bei denen die alten Gilden, Klubs und andere Gesellschaften sowie private Kreise sich überboten. Jedes Vorstandsmitglied des Pastorats gehörte zu irgendeiner dieser Vereinigungen und machte sich ein Vergnügen daraus, mich in den Kreis seiner Freunde einzuführen und zu den Liebesmählern mitzunehmen. Der Schmaus war üppig, und der Luxus von Tisch und Tischgerät übertraf an Pracht bei weitem alles, was ich am Weimarer Hof, in fürstlichen Häusern der Aristokratie und der Hochfinanz in Deutschland gesehen hatte. Die Tafeln waren überfüllt mit den wertvollen Schätzen der Gilden und Klubs, unerschöpflichen, gigantischen Füllhörnern gleich, wie man sie bei Fest- oder Karnevalszügen sehen kann: Goldschmiedearbeiten, die von einer entfesselten Phantasie erfunden und von virtuosen Händen ausgeführt waren, extravagantes, allegorisches Porzellan, Platten und Teller mit mächtigen, geradezu wollüstigen orientalischen Ornamenten oder unschuldigen, sentimentalen Blümchen verziert, wildgeschwungene Suppen- und Gemüseschüsseln, geschliffene Vasen und Weingläser, Besteck, das von reliefiertem Zierat überladen war. Ich hätte gegen all diesen falschen Pomp, den ich in meinen Schriften anprangerte und in meinen Vorträgen lächerlich machte, revoltieren müssen. Jedoch meine Niedertracht, »Gourmandise« und der Duft der Speisen und Weine umnebelten mein Bewußtsein, und ich überließ mich der teuflischen Versuchung.

Glücklicherweise habe ich auch weniger schwüle Erinnerungen an meine Aufenthalte in Riga. Vor allem befriedigte mich der Kontakt mit den lettischen Handwerkern der verschiedenen Zweige, die sich durch intime Materialverbundenheit und eine logische und intuitive Beziehung zu ihren Werkzeugen auszeichneten. Damals wurde der ganze Bau noch von Hand errichtet. Die Mischmaschine, die für das Zementfundament des Pastorats gebraucht wurde, trat zum ersten Male auf einem lettischen Bauplatz in Erscheinung. In Riga waren bisher alle Gebäude auf Pfählen errichtet. Für meinen Bau empfahlen die einheimischen Unternehmer die Kombination beider Methoden: also ein Zementfundament auf Pfählen.

Heute noch sehe ich die arbeitenden Zimmerleute vor mir, die als einzige Werkzeuge Säge und Axt verwendeten. Besonders die Geschicklichkeit, mit der sie die Axt handhabten, ist mir als eindrucksvolles Schauspiel in lebhafter Erinnerung geblieben. Das Pastorat lag an einer der engen Hauptstraßen Rigas und erstreckte sich über eine Front von etwa fünfzig Metern. Im Sommer 1912 wurde es fertig.

Zu dieser Zeit verfügte ich in Paris über ein Atelier und eine Wohnung, die ich mir eingerichtet hatte, nachdem ich mit der Ausführung der Pläne für das »Théâtre des Champs-Elysées« beauftragt worden war.

»Théâtre des Champs-Elysées« in Paris

Kurz nachdem ich von meinem ersten Besuch in Riga nach Weimar zurückgekehrt war, besuchte mich der Maler Maurice Denis, mit dem ich mich während meiner verschiedenen Pariser Aufenthalte angefreundet hatte. Maurice Denis, der unsere Bestrebungen in Weimar aufmerksam verfolgte, interessierte sich besonders für meine Theaterstudien, bei denen ich auf einen Zuschauerraum und eine Bühne zielte, die den total neuen Anforderungen zu entsprechen suchten, die das Publikum des 20. Jahrhunderts an das Theater stellte.

Eine Gruppe von Pariser Persönlichkeiten plante die Errichtung eines Theaters, das unter der Leitung des international hochgeschätzten Managers Gabriel Astruc nicht nur durch außergewöhnliche Vorstellungen und Konzerte, sondern auch durch seine neuartige architektonische und dekorative Gestaltung die europäischen und amerikanischen Theater- und Musikfreunde anziehen sollte. Denis war mit Astruc befreundet. Präsident der Gesellschaft war Gabriel Thomas. Die Liste der Aktionäre vereinigte Fürsten, Aristokraten, Künstler und Persönlichkeiten der internationalen Hochfinanz. Auf der Liste der Förderer des geplanten Pariser Theaters figurierte an der Spitze Königin Elisabeth von Belgien. Der Entwurf der Pläne war dem Architekten Roger Bouvard übertragen worden, der jedoch keine Lösung gefunden hatte, die den Wünschen der maßgebenden Persönlichkeiten entsprach. Die Leitung der Gesellschaft »Théâtre des Champs-Elysées« hatte Maurice Denis beauftragt, sich genau über meine Theaterbauideen, meine technischen Studien und meine Beziehungen zu Max Reinhardt und Gordon Craig zu informieren und festzustellen, in welcher Weise ich am Bau des Theaters mitarbeiten könnte. Denis war an dem Projekt besonders interessiert, weil er den Auftrag für die Deckengemälde im Zuschauerraum erhalten hatte. Für die dekorative Ausgestaltung der Fassade war der Bildhauer Antoine Bourdelle vorgesehen.

Das neue Theater sollte an der Avenue des Champs-Elysées errichtet werden. Der Plan scheiterte aber am Einspruch des Pariser Stadtarchitekten, der die weitsichtige Entscheidung getroffen hatte, die Avenue des Champs-Elysées vor der Überflutung durch Varietés, Filmtheater und Restaurants, eines häßlicher und banaler als das andere, zu bewahren. Roger Bouvard war der Sohn des Stadtarchitekten. Die Auftragserteilung an Bouvard erschien der Gesellschaft als einzige Möglichkeit, den Bau des Theaters bewilligt zu erhalten. Nach den beiden Enttäuschungen – Widerstand des Stadtarchitekten und unbefriedigende Entwürfe seines Sohnes Roger Bouvard – erwarb die Gesellschaft ein Terrain an der Avenue Montaigne. Trotzdem behielt das entstehende Theater den Namen »Théâtre des Champs-Elysées«.

Bevor ich der Einladung nach Paris folgte, verlangte ich eine schriftliche Erklärung des Präsidenten der Gesellschaft, daß Roger Bouvard mit meiner Mitarbeit und mit der Ausführung neuer Pläne auf Grund neuer Studien einverstanden wäre. Die Chance, ein großes Theater zu bauen, lockte mich unwiderstehlich, nachdem zwei Möglichkeiten in Weimar fehlgeschlagen waren und sonst keine Aussicht bestand, meine Pläne und Modelle für ein Theater des neuen psychologischen Dramas zu verwirklichen. Trotzdem muß ich sagen, daß ich ohne mein Zutun, ja fast gegen meinen Willen zur Mitarbeit an dem Pariser Projekt veranlaßt wurde. Es sollte in einem Land verwirklicht werden, von dem ich annehmen mußte, daß es weit davon entfernt war, meine Ideen und Neuerungen zu akzeptieren. In dieser Situation begab ich mich auf Einladung von Gabriel Thomas nach Paris.

Ich war nach Lage der Dinge eher mißtrauisch. Aber die offene, korrekte und freundschaftliche Art, mit der ich empfangen wurde, ließ meine Befürchtungen schwinden. Gabriel Thomas entwickelte mir sein Programm und die Bedingungen, unter denen ich mit Roger Bouvard zusammenarbeiten sollte. Ich verlange von meinem Mitarbeiter nicht mehr und nicht weniger, bemerkte ich Monsieur Thomas gegenüber, als daß er die von mir entworfenen Pläne unterschreibe. Andrerseits bat ich, unverzüglich den Ingenieur zu bestimmen, der als weiterer Mitarbeiter zugezogen werden mußte. Gabriel Thomas beruhigte mich. Was meine Forderungen in bezug auf Roger Bouvard betraf, so entsprachen sie genau dessen eigenen Wünschen. Daher unterzeichnete ich am 3. Dezember 1910 den Vertrag mit der »Société du Théâtre des Champs-Elysées«.

Mein Ehrgeiz wurde dadurch begrenzt, daß ich offiziell die Rolle des beratenden Architekten spielte. In Wirklichkeit war ich Autor der Pläne, die nur der Billigung durch den Präsidenten des Verwaltungsrates bedurften. Ich übernahm die Verantwortung für den Entwurf und die Ausführung dieser Pläne.

Erleichtert war ich, als ich am nächsten Tag meinen Kollegen Bouvard in seiner luxuriösen Wohnung an der Place de la Concorde aufsuchte. Während unseres Gespräches hatte ich keinen Augenblick den Eindruck, mit einem Künstler, einem Architekten zu verhandeln, viel eher mit einem Verwaltungsrat oder einem Bankdirektor. Aus seinen Worten und in seinem Verhalten war nicht das geringste künstlerische Interesse zu verspüren. Der Vorschlag, der ihm gemacht worden war, änderte zwar seine Beziehungen zur »Société du Théâtre des Champs-Elysées«, aber die Sache blieb, was sie von Anfang an für ihn gewesen war: ein Geschäft. Die von mir vorgesehene Art der »Zusammenarbeit« empfand er in keiner Weise als unwürdig; er erklärte sich bereit, sie bedingungslos anzunehmen.

So hatte ich nur noch mit dem von der Gesellschaft ernannten Ingenieur Milon Verbindung aufzunehmen. Er empfing mich in seinem Büro in einem der Räume des Eiffelturmes. Milon war Eiffels rechte Hand beim Bau des Turmes gewesen. Wir verstanden uns ausgezeichnet. Die gegenseitige Achtung und das Vertrauen, das wir bei diesem ersten Zusammentreffen empfanden, wurden zum Fundament unserer Zusammenarbeit.

Nachdem ich über die wichtigsten Punkte des Planes durch Gabriel Thomas unterrichtet war, machte ich die definitive Annahme nur noch davon abhängig, daß ich in Weimar die notwendigen Dispositionen treffen könnte, damit mein Seminar und die Schule nicht vernachlässigt wurden. Dann nahm ich den nächsten Schnellzug, der von Paris über Berlin nach Riga fuhr. Ich machte mir keinen Augenblick Gedanken darüber, ob meine Kräfte ausreichen würden, zwei so große Aufgaben wie das Pastorat in Riga und das »Théâtre des Champs-Elysées« zu bewältigen, obwohl zur gleichen Zeit noch andere Projekte in Arbeit waren: die Villa Golubeff in Fontainebleau, das Nietzsche-Stadion in Weimar und ein Museum in Erfurt.

In der Rue Boccador, in unmittelbarer Nähe des für das Pariser Theater bestimmten Bauplatzes, mietete ich eine möblierte Wohnung mit einem großen Atelier. Von den Hinterfenstern aus konnte man auf die Avenue Montaigne sehen. Maurice Denis empfahl mir einen jungen französischen Architekten, der gerade die Ecole des Beaux Arts absolviert hatte; sein eigentliches Interesse galt jedoch der modernen Kunst. Er hieß Marcel Guilleminault. Ich sah sofort, daß er eine leidenschaftliche Künstlernatur und sowohl als Maler wie als Architekt sehr begabt war. Sein Wesen war offen, gerade und verläßlich und zeichnete sich durch außergewöhnliche geistige Bildung und eine Sensibilität aus, die auf die kleinsten Nuancen und Feinheiten linearer Formen reagierte. Von Anfang an stürzte er sich auf die Ausarbeitung der Skizzen, die ich aus Weimar mitbrachte. Während unserer Zusammenarbeit war er mit Begeisterung und Hingabe für mich tätig.

Bevor ich mich mit Guilleminault und Milon zur Besprechung meines Vorentwurfes zusammensetzte, hielt ich es für richtig, zusammen mit Milon auf einer Studienreise durch Deutschland die Fortschritte zu studieren, die bei der Anlage der Zuschauerräume und der technischen Ausrüstung der Bühnen gemacht worden waren. Milon, der sich bisher nur auf die technischen Einrichtungen der »Großen Oper« in Paris hatte stützen können, fand Gelegenheit, auf unserer gemeinsamen Reise das Münchner Prinzregententheater, den jüngeren Bruder des Bayreuther Festspielhauses, und einige andere neue Theater kennenzulernen. Im Rheinland, im Ruhrgebiet und in Westfalen waren während der Gründerjahre die Theater wie Pilze nach einem Gewitter aus dem Boden geschossen. Jede Stadt von achtzigtausend Einwohnern glaubte, ein neues Theater errichten zu müssen, dessen Ausführung entweder einem lokalen Architekten oder einer der spezialisierten großen deutschen oder österreichischen Baufirmen übertragen wurde. Es entstand ein Wettstreit in bezug auf raffinierte technische Ausrüstung der Bühnen. Die Drehbühnen, Schiebebühnen, halbkreisförmigen Bühnenhorizonte und zahllose Erfindungen auf dem Gebiet der Beleuchtung und Projektion stammen aus diesen Jahren.

Nach unserer Rückkehr setzten wir uns zu dritt an die Arbeit, Milon, Guilleminault und ich. Eigentlich zu viert. Denn jeden Tag erschien auch Gabriel Thomas in meinem Atelier und setzte uns auseinander, wie ein Zuschauerraum für das Pariser Publikum beschaffen sein müsse. In jeder dieser täglichen Sitzungen versicherte er, daß das französische Publikum keine andere Form des Zuschauerraumes akzeptiere als den Typus italienischer Tradition, der das gesellschaftliche, das mondäne Element eines Theaterabends betonte. Das französische Publikum, wiederholte Thomas immer wieder, wolle in erster Linie im Theater gesehen werden; er gab zu, daß dadurch ein großer Teil der Zuschauer einer guten Sicht auf die Bühne beraubt würde.

Unsere Überzeugung war der seinen diametral entgegengesetzt. Wir verlangten eine Zusammenfassung der Zuschauer und die Konzentration der Blickrichtung auf die Bühne. Alle, die Vertreter der privilegierten Klasse wie die bescheideneren Besucher, sollten in gleicher Weise den szenischen Vorgängen folgen können. Monatelang spielte Monsieur Thomas die Rolle des weitblickenden Moderators, der zwischen beiden Auffassungen vermittelte. Er war sich klar darüber, wie schwer mir die verlangten Konzessionen fielen und welche Anstrengungen es mich kostete, zu einer Form des Saales zu gelangen, die einerseits den Gewohnheiten des Pariser Publikums entgegenkam und andrerseits einen Fortschritt gegenüber der üblichen Form bedeutete, deren Hauptfehler darin bestand, daß ein Teil der Zuschauer wenig oder fast gar nichts von der Bühne sehen konnte.

Ingenieur Milon sah für den Zuschauerraum natürlich ein Eisenskelett vor. In den Jahren seiner Zusammenarbeit mit Eiffel war er zur Überzeugung gelangt, daß die Eisenkonstruktion jeder anderen überlegen sei. Ich hegte in dieser Hinsicht keinen Zweifel bis zu dem Tag, an dem er mir die Kosten für den Rohbau vorlegte. Ende März 1911 konnte ich Gabriel Thomas die Pläne unterbreiten, die von Roger Bouvard und Henry van de Velde unterzeichnet waren.

In weniger als vier Monaten hatten wir dank der unablässigen Arbeit Milons und Guilleminaults das Kunststück fertiggebracht, den in Auftrag gegebenen Entwurf zu schaffen: einen Zuschauerraum für achtzehnhundert Personen, eine Bühne für große Opern- und Schauspielaufführungen mit allen technischen Einrichtungen, Magazine, Garderoben für die Schauspieler, eine Bar und ein Foyer. Weiterhin einen zweiten Theatersaal für kleine Schauspielaufführungen und einen Ausstellungsraum mit eigenem Zugang und eigenen Treppen.

Das Terrain war offensichtlich zu klein für ein solches Programm. Nur der große Zuschauerraum, die Eingangshalle, die Galerien und die geräumigen Treppen hatten genügende Dimensionen, die den Eindruck einer gewissen Festlichkeit und Monumentalität hervorrufen konnten.

Nachdem Monsieur Thomas die von Marcel Guilleminault ins Reine gezeichneten Skizzen in Händen hatte, rief er die Herren des Verwaltungsrates der Gesellschaft zusammen. Die Sitzung fand im Hause einer titelreichen Persönlichkeit – zumindest eines Grafen – unbestimmter Nationalität statt. In der großen Eingangshalle seiner Villa hing sein lebensgroßes Porträt als päpstlicher Kammerherr. Eine monumentale Treppe führte zum Salon, in dem sich die Mitglieder des Komitees versammelten. Die Pläne und die perspektivischen Skizzen Guilleminaults wurden geprüft. Roger Bouvard war nicht erschienen. Die Zusammenkunft wäre reibungslos verlaufen, wenn ich nicht ernste Einwände gegen die Wahl des Terrains erhoben hätte, das für das überladene Bauprogramm nicht ausreichte. Sehr geschickt wich Präsident Thomas einer Diskussion über diesen Punkt aus. Er richtete einige liebenswürdige Worte an mich und lobte das Vorprojekt, das einige Klippen überwunden hätte und den Ansprüchen des französischen Publikums auch in gesellschaftlicher Hinsicht Rechnung trage. Die Anerkennung, die mir Gabriel Thomas zollte, war aufrichtig gemeint.

Auf ein großes Foyer, den zweitwichtigsten Ort des italienischen Theatertypus, wo sich die Besucher sehen lassen und während der Pausen unterhalten können, mußte ich aus Mangel an Platz verzichten. Ich versuchte, es durch weite Wandelgänge und eine Folge von Galerien zu ersetzen, die mit der Eingangshalle in Verbindung standen. Die für offizielle Persönlichkeiten bestimmten Proszeniumslogen ließ ich weg. An ihrer Stelle sah ich an den beiden Enden der den Zuschauerraum umfassenden Rundgalerien weit vorgezogene, offene Loggien vor, in denen die Besucher während der Pausen promenieren und von wo sie in den Zuschauerraum sehen konnten. Ich erwartete von dieser Neuerung eine vorteilhafte räumliche und psychologische Bindung zwischen Saal und Galerien, die den Verzicht auf eine gewisse Zahl von Sitzen rechtfertigte, die ohnehin schlechte Sicht gehabt hätten. Die runden Linien der Balkone besaßen im Entwurf ausdrucksvolle Spannung. Sie schlossen sich unmittelbar an die die Kuppeldecke tragenden Stützen an. Monsieur Thomas war von der eleganten Lösung dieser Neuerung entzückt. Die Salons, die Bar, die Galerien bildeten ein organisches Ganzes, das, wenn auch nicht klassisch in der Form, den praktischen Ansprüchen, »dem kollektiven wie dem individuellen Wohlgefühl des französischen Publikums« – wie ein Kritiker später sagte – durchaus entsprach.

Im Verlauf der weiteren Planungsarbeiten kam ich auf den Gedanken, die Entwürfe einer Spezialfirma für Betonkonstruktion vorzulegen. Ich hielt mich um so mehr dazu verpflichtet, als ich dadurch eine wesentliche Einsparung bei den Fundamenten und dem inneren Gerüst erhoffte. Ich besprach diese Frage mit meinem Freund Théo van Rysselberghe, der von Belgien nach Paris übergesiedelt war. Sein Haus in Neuilly war das Zentrum unserer Maler- und Musikerfreunde aus der Zeit der »Vingt« in Brüssel geworden. Théo wies mich auf den Bruder eines seiner Architektenfreunde hin, der sich auf Betonkonstruktionen spezialisiert hatte. Die beiden Brüder hatten eine Firma gegründet: Frères Auguste et Gustave Perret. Théo stellte den Kontakt mit Auguste Perret, dem Architekten, her, und ich suchte ihn mit den Theaterentwürfen auf. Ich wollte mich, erklärte ich ihm, ohne offiziellen Auftrag informieren, ob die Firma Perret die Ausführung in armiertem Beton zu übernehmen bereit sei. Fürs erste genüge mir eine unverbindliche Antwort, um mir über die Grundfrage klarzuwerden: Eisen oder Beton. Ich wollte dann das Problem dem Ingenieur Milon und dem Präsidenten Thomas unterbreiten. Nach einigen Tagen erhielt ich die Antwort, daß die Firma die Ausführung übernehmen wolle und daß mit einer bedeutenden Einsparung gerechnet werden könne.

Im Besitz dieser Auskünfte bat ich den Präsidenten und Milon zu einer Besprechung mit Perret in meinem Atelier in der Rue Boccador. Milon gegenüber, dessen enthusiastisches Interesse, dessen peinliche Gewissenhaftigkeit und dessen freimütigen Charakter ich in den Monaten unserer Zusammenarbeit schätzen gelernt hatte, befand ich mich in einer besonders delikaten Situation. Aber der berühmte Fachmann für Eisenkonstruktionen war nicht im geringsten enttäuscht und mißbilligte mit keinem Wort die von mir eingeholten Informationen. Gabriel Thomas wiederum hatte allen Anlaß, sich über die mögliche Einsparung von mehr als hunderttausend Francs zu freuen. Das Ergebnis unsrer Besprechung kann mit wenigen Worten beschrieben werden. Die Firma Perret wurde mit der Ausführung des Rohbaus betraut. Milon und ich sollten uns im einzelnen mit Auguste Perret über die Konstruktion und die Stützen des Zuschauerraumes verständigen, an dessen Form, vor allem an der Disposition der Logen und Fauteuils des ersten, zweiten und dritten Balkons, nichts geändert werden sollte. Ich hatte keinerlei Anlaß zu Mißtrauen. Schließlich war ich es ja selbst, der die Firma Perret empfohlen und herangezogen hatte, ganz abgesehen davon, daß Théo van Rysselberghe sich wiederholt für die absolute Loyalität seines Freundes Auguste Perret verbürgt hatte.

Aber die Ansprüche der Firma Perret und die Eingriffe Auguste Perrets wurden sehr bald unverschämt, die Art, wie er mit dem Präsidenten Thomas architektonische Fragen behandelte, zynisch. Ich erfuhr erst später, daß Gabriel Thomas mit Perrets Haltung einverstanden war und die Manöver billigte, mit denen er mich, einen Kollegen, zu verdrängen suchte. Ende März 1911 hatte das Komitee noch keine Entscheidung über die Ausgestaltung der Fassade getroffen. Ich legte im weiteren Verlauf verschiedene Skizzen vor, die nicht angenommen wurden. Mit der Zeit wurde ich mir klar darüber, daß hier ein System vorlag. Die Sache roch nach Intrige.

Im Mai unterbreitete ich dem vollzählig versammelten Verwaltungsrat den neuen Entwurf einer steinernen Fassade, die entsprechend den Plänen von Ende März entwickelt war. Auf einem sehr genau ausgeführten Aquarell hatte Bourdelle die Reliefs eingezeichnet, die für den oberen Fries bestimmt waren. Seine Skizzen fanden keinen Beifall, und es entstand Schweigen. Zur letzten Sitzung, der ich beiwohnte, Juli 1911, hatte Gabriel Thomas, ohne mich vorher zu verständigen, Auguste Perret eingeladen. Ich war der Diskussionen in einer offenkundig feindseligen Atmosphäre müde geworden. Nach einiger Zeit packte ich meine Sachen zusammen, entschlossen, die Konsequenzen zu ziehen. In diesem Augenblick legte Auguste Perret zu meiner Überraschung die Skizze der heutigen Fassade auf den Tisch, eine sehr genau ausgeführte, wirkungsvolle Zeichnung. Dieses unqualifizierbare Verhalten, das offenbar mit dem Präsidenten und einigen Mitgliedern des Verwaltungsrates als Komplicen abgesprochen war, machte mich rasend.

Am Tag nach dieser ›denkwürdigen‹ Sitzung verlangte ich von Gabriel Thomas die Lösung meines Vertrages. Ich wurde jeder Verpflichtung entbunden außer der des ›Architecte Conseil‹ (des beratenden Architekten). Gabriel Thomas appellierte an meine Geduld und wies auf die vertrauensvolle Atmosphäre hin, in der wir monatelang zusammengearbeitet hatten. Er bestätigte neuerdings, daß er keine wesentlichen architektonischen Änderungen zulassen werde, und versprach, Auguste Perret in seine Grenzen zu verweisen und einen modus vivendi zu finden, der Perrets Rolle als Konstrukteur und die meinige als Architekt präzisieren sollte. Aber meine Geduld war zu Ende. Ich mußte dringend nach Riga fahren und von dort nach Weimar.

Bei meiner Rückkehr nach Paris war alles in voller Arbeit; der infernalische Lärm der Betonmaschinen vertrieb die Bewohner der angrenzenden Straßen. Guilleminault, der den Lauf der Ereignisse mit größerer Besorgnis verfolgte als ich, berichtete mir, daß er bei einem unserer Besuche auf der Baustelle die Betonarbeiter habe murmeln hören: »Das ist die deutsche Mannschaft!« Der Ausspruch war vielleicht nicht aggressiv gemeint. Aber er stand mit dem überhitzten Nationalismus in Zusammenhang, der sich infolge der gefährlichen Aufschneidereien Kaiser Wilhelms II. – in seinen Reden und durch die Agadir-Affäre – bei jeder Gelegenheit bemerkbar machte. Auch der Bau des »Théâtre des Champs-Elysées« war zur nationalen Sache geworden.

Endlich gingen mir die Augen auf. Man zeigte mir einen Plan, datiert November 1911, mit dem Stempel der Firma Perret. Die Räume an den beiden Enden der Rundgalerien waren geopfert, die Linien der Balkone in einer Weise verändert, daß jede Spannung verschwunden und daß sie zu weichen, leeren Formgebilden geworden waren, die mühsam bis zum ersten Pfosten des Betonskelettes führten. Die Brüder Perret waren skrupellos vorgegangen. Sie scheuten sich nicht, meinen Entwurf frevlerisch zu verstümmeln, um dadurch die Platzzahl des Theaters – im Programm waren achtzehnhundert Sitze festgelegt – auf zweitausend zu erhöhen! Der Verwaltungsrat hatte Gabriel Thomas dazu gebracht, alles zu torpedieren, woran wir monatelang mit größtem Eifer gearbeitet hatten und was die Grundlage für jedes Theater, welchen Stils auch immer, bleibt: die gute Sicht für jeden Zuschauer. Es mag Monsieur Thomas nicht leichtgefallen sein, gerade auf diesen kapitalen Punkt zu verzichten. Er war ohne Zweifel überzeugt, daß ich einem solchen Eingriff niemals zugestimmt hätte, und schämte sich, mir diese Forderungen auch nur vorzuschlagen. In diesem Moment brach ich endgültig mit der »Société du Théâtre des Champs-Elysées«. Die Gesellschaft stimmte neuerdings der Auflösung meines Vertrages nur unter der Bedingung zu, daß ich unter Beibehaltung des Titels als beratender Architekt bereit wäre, Ratschläge zu erteilen und Gutachten abzufassen. Ich dagegen wollte mit dem »Théâtre des Champs-Elysées« nichts mehr zu tun haben. Den weiteren Bauverlauf mit all seinen schmählichen Attentaten gegen meine Entwürfe, denen ich ohnmächtig zusah, konnte ich von den Fenstern meines Pariser Ateliers aus, das ich beibehalten hatte, verfolgen. Gordon Craig, der mich einmal auf der Durchreise in der Rue Boccador besuchte und dem gegenüber ich meiner Enttäuschung Ausdruck verlieh, drängte mich, mit ihm den Bauplatz zu besuchen. Auf dem ersten Balkon stehend, sagte er: »Was für einen Diskussionsstoff werden in fernen Jahrhunderten die Ruinen dieses Theaters den Kunsthistorikern liefern, die die Vergewaltigung aufzudecken versuchen, der dieser Bau ausgesetzt war.«

Im April 1913 wurde das Theater eröffnet. In den französischen und ausländischen Zeitungen erschienen prahlerische, begeisterte Artikel, die das übliche Maß überschritten. In der »Gazette des Beaux Arts« veröffentlichte Paul Jamot, ein Kritiker, der in akademischen Kreisen, bei arrivierten Künstlern und mondänen Snobs großes Ansehen genoß, zwei ausführliche Aufsätze. Mein Interesse an allem, was um das Theater geschah, war erloschen, seitdem sämtliche Beziehungen zwischen mir, Gabriel Thomas und der Gesellschaft abgebrochen waren. Trotzdem hatten die Umtriebe, auf die Paul Jamot auf schamlose Weise anspielte, für mich eine gewisse Bedeutung. Die Animosität, die man in Frankreich gegen Deutschland und demzufolge gegen einen belgischen Künstler empfand, der zum Haupt einer deutschen künstlerischen Richtung geworden war und am Hof von Sachsen-Weimar eine bedeutende Stellung einnahm, mußte für den Kampf ausgenützt werden, den Jamot gegen mich und für Perret führte. Das Nationalgefühl wurde mobilisiert und die Priorität des »französischen Genies« betont.

Monsieur Jamot hat seine Aufgabe ernst genommen und mit einer gewissen Gründlichkeit durchgeführt. Ohne jede Hemmungen kam er zu dem Schluß, daß Auguste Perret der alleinige Erbauer des »Théâtre des Champs-Elysées« sei und daß Gabriel Thomas die Ehre zukomme, dessen Grundideen entwickelt zu haben. Das klang kurz und bündig und schmeichelte dem Nationalstolz. Über die Bemerkung Jamots, Perret habe die »solide Grundlage des französischen Geistes, die Einfachheit, die Vernunft und die Klarheit« nicht vergessen, mußte ich lachen, wenn ich dabei an die Loire-Schlösser oder an Garniers »Große Oper« in Paris dachte. Auf jeden Fall war nach Jamots Meinung der Bau dadurch vor jeder Besudelung oder Verfälschung bewahrt worden, daß der Architekt es vermieden hatte, »die Nachahmung der Vergangenheit durch die Einfuhr ausländischer Moden zu ersetzen«.

Der Name des Architekten Roger Bouvard verschwand noch vor dem meinen in der Versenkung. Ich selbst wurde in drei achtungsvollen Zeilen erledigt, in denen es hieß, ich habe »aus Deutschland meine persönliche Bildung und meine in einem Land gesammelten Erfahrungen mitgebracht, in dem bei zahlreichen neuerdings errichteten Theaterbauten die Konstruktionstypen und technischen Methoden den modernen Erfordernissen angepaßt werden konnten.« Die übrigen Ausführungen Jamots mündeten in Huldigungen für Gabriel Thomas und den von ihm durchgesetzten Auguste Perret, den »vorzüglichen Schüler der Ecole des Beaux Arts«, die, wie jeder wußte, eine »Quelle künstlerischer Ideen« war.

In einem Aufsatz, der zuerst in der Zeitschrift »L'Art flamand et hollandais« und später als Broschüre im Verlag der Librairie G. van Oest, Bruxelles-Paris, erschien, trat Jacques Mesnil den Ausführungen Jamots entgegen. Er war auf den Streit um das »Théâtre des Champs-Elysées« durch einen Artikel in der von Pascal Forthuny herausgegebenen, fortschrittlichen Halbmonatszeitschrift »Les Cahiers de l'Art Moderne« aufmerksam geworden, der mich als den eigentlichen Architekten des Theaters bezeichnete. Auf Perrets Einspruch hin zog Pascal Forthuny allerdings vierzehn Tage später seine Meinung zurück und schwenkte ins Lager meiner Gegner um. Jacques Mesnil, ein Schüler Elisée Reclus' in Brüssel und Hörer meiner Vorträge an der Brüsseler »Université Nouvelle« in den neunziger Jahren, drang in das Dickicht der widersprechenden Daten und verschieden interpretierten Aussagen und Verträge ein. Mein Mitarbeiter Marcel Guilleminault, der mir von dem Tag an, da ich die ersten Striche des ersten Vorentwurfes gezeichnet hatte, geholfen und an den

Besprechungen mit Gabriel Thomas teilgenommen hatte, gab Jacques Mesnil alle notwendigen Einblicke und orientierte ihn über sämtliche Einzelheiten des Arbeitsverlaufes. Mesnil unterzog alle Teile des Theaters einer strengen, unnachsichtigen Kritik und schloß auf Grund der von ihm bemerkten Fehler auf Widersprüche zwischen der Konzeption und der Ausführung. Die Freundschaft, durch die er mit mir verbunden war, hinderte ihn nicht, bestimmte Axiome meiner ästhetischen Überzeugungen und vor allem die Unausgeglichenheit zu kritisieren, mit der ich bisweilen das Element der Linie mißbraucht hatte – »völlig dem unkontrollierten van de Veldeschen Impuls hingegeben«, wie Jacques Mesnil sich ausdrückte. Auch seine auf hohem Niveau stehende Schlußfolgerung, eine Lehre für die Historiker, lautete kritisch: »Von Anfang an bestand bei diesem Bauvorhaben eine Zweideutigkeit, die sich unmittelbar in das dem Architekten gegebene Programm übertragen hat. Henry van de Velde hat sich diesem durch einen Grundirrtum befleckten Programm untergeordnet und so geschickt wie nur möglich einen Kompromiß zwischen der alten und neuen Vorstellung eines Theaters hergestellt. Aber trotz allen Scharfsinns, mit dem er die Gegensätze aufzulösen suchte, bleibt das Gleichgewicht der gegensätzlichen Prinzipien unstabil und das Werk gleichsam doppelsinnig. Die Einfachheit im Dekorativen entspricht nicht seinem mondänen Charakter; Form und Anordnung des Zuschauerraums erfüllen nicht alle Ansprüche eines Theaters, das ausschließlich der Kunst gewidmet ist. Das Ganze ist der Ausdruck eines geschmeidigen Talentes, das sich den Umständen anzupassen und alte Motive durch neue Mittel zu verjüngen versteht. Aber es ist kein Beispiel für die Zukunft, die neue Lösungen verlangt. Doch van de Velde weiß das besser als sonst irgend jemand.«

In der offiziellen Broschüre, die zur Eröffnung des Theaters erschien, hieß es bei der Beschreibung des Gebäudes: »Vereinigung von französischem Geschmack und angelsächsischer Technik« sei das Ziel Gabriel Thomas' als Gründer des Hauses und Gabriel Astrucs als seines Direktors gewesen, und diese Formel habe auch den Mitarbeitern als Leitstern gedient. Unten auf derselben Seite stand in winzig kleinen Lettern: »Die Mitarbeiter sind die Herren A. und G. Perret, Konstrukteure und Dekorateure, Roger Bouvard, geschäftsführender Architekt, Henry van de Velde, beratender Architekt.« Die Notiz erschien mehr als ein Jahr lang in den reichillustrierten Wochenprogrammen des »Théâtre des Champs-Elysées«. Ich hätte wohl gegen diese Publikation protestieren können, aber ich war dazu zu stolz.

Es blieb mir nur eine Möglichkeit, gegen die Piraterie Auguste Perrets vorzugehen: das Urteil eines internationalen Schiedsgerichts. Meine Pariser Freunde, die meine Arbeit verfolgt hatten – Paul Signac, Maximilien Luce, Emile Verhaeren, Gordon Craig, Théo van Rysselberghe, André Gide –, drängten mich zu handeln. Harry Kessler hatte den französischen Kunstkritiker Arsène Alexandre über meine Absicht unterrichtet, und Alexandre erklärte sich bereit, das Präsidium des Schiedsgerichts zu übernehmen. Auch Kessler drängte mich, vor allem, weil Auguste Perret eine wichtige deutsche Kunstzeitschrift für sich gewonnen hatte. Ich dachte, den angesehenen Architekten der älteren Generation, »Père« Bonnier, dessen aufrechte Haltung ich bei der Ausstellung »Art Nouveau« bei Bing im Jahre 1896 kennengelernt hatte, zu gewinnen. Außerdem den Meister der holländischen Architekten, Petrus Hendrik Berlage, und einen englischen Kollegen. Ich weiß nicht, ob die Bande Perret-Thomas von meinem Plan zur endgültigen Lösung des Streitfalls Kenntnis erhielt. Sie hätte vor einem Gremium von Fachleuten ihre Ansprüche rechtfertigen müssen, während sie bisher den stichhaltigen Argumenten Jacques Mesnils nur die Aussagen von Kunstkritikern gegenüberzustellen in der Lage war, die nicht ernst genommen werden konnten. Falls sie sich weigerte, sich dem Schiedsgericht zu stellen, war der Fall erledigt. Ich selbst konnte in aller Ruhe der Entscheidung des Schiedsgerichtes entgegensehen, das sich mit einer einzigen Frage zu beschäftigen gehabt hätte: War die Grundkonzeption des Theaters, seiner baulichen Elemente und ihrer logischen Zusammenfügung in dem Vorentwurf definitiv festgelegt, den ich im Januar 1911 vorgelegt und in den Plänen von Ende März ausgearbeitet hatte, die auf dem Metallskelett von Milon beruhten, oder war sie es nicht? Ein Ereignis von entscheidender Bedeutung kam meinen Gegnern zu Hilfe: der Erste Weltkrieg, der ihnen während vier Jahren und noch lange Zeit danach die Möglichkeit bot, den Haß gegen alle auszuspielen, die in irgendeiner Verbindung zu dem Deutschland vor 1914 standen. Unter diesen war niemand mehr exponiert als ich, niemand eine geeignetere Zielscheibe für die Nationalisten, die nirgends stärker als in Frankreich und Belgien den Haß bis zur Weißglut geschürt hatten. Und wer erinnerte sich nach dem Krieg von 1914 bis 1918 noch an die offizielle Broschüre und an die Programme der Gesellschaft des »Théâtre des Champs-Elysées«, wer noch an den Konflikt Perret – van de Velde?

Zusammentreffen mit Gabriele d'Annunzio

Zu Beginn unsres Jahrhunderts war die einzigartige gesellschaftliche und kulturelle Stellung von Paris noch unbestritten. Was sich in London oder Berlin auf künstlerischem oder geistigem Gebiet ereignete, blieb so gut wie unbekannt; keinerlei Resonanz war zu verspüren. Die wenigen Künstler und Intellektuellen, die der Pariser Gesellschaft die Bezeichnung »Elite« verweigerten, wurden als gefährliche, umstürzlerische Elemente angesehen. Für sie – und ich gehörte zu ihnen, seitdem mich meine Arbeit für das »Théâtre des Champs-Elysées« mit der »Gesellschaft« in Berührung gebracht hatte – war es in der Tat eine »Gesellschaft« im verächtlichsten Sinne des Wortes: Ersatz für eine wirkliche Aristokratie, nur auf das Äußere bedacht, sich selbst beweihräuchernd, in ewigem Karneval lebend, ständig auf der Jagd nach neuen Übergenüssen künstlerischer, geistiger, sexueller, dramatischer Art; nie befriedigt, überzeugt, den besten Geschmack zu besitzen, eine Welt der Intrigen, in der jeder den anderen beleidigte und prostituierte.

Victor und Natascha Golubeff, über die ich meinen Lesern schon berichtet habe, gehörten zu den Außenseitern dieser »Gesellschaft«. Während der Jahre 1911 bis 1914 wohnte ich vielen Empfängen bei, die sie in ihrer seinerzeit von mir eingerichteten Wohnung an der Avenue du Bois de Boulogne gaben und bei denen sich immer interessante Menschen trafen.

Eine der markantesten Persönlichkeiten der Pariser Saison von 1911 und 1912 war der italienische Dichter Gabriele d'Annunzio. Er hatte vor kurzem nach dem sensationellen Bruch mit Eleonora Duse Italien verlassen und seine berühmte Florentiner Villa »La Capporicia« verkauft. In kürzester Frist war d'Annunzio der große Magnet der Saison geworden, und ebenso rasch setzte er seine Karriere als »Don Juan« fort. Er konnte sich rühmen, hierfür außergewöhnliche Anlagen zu besitzen und beneidenswerte Erfolge errungen zu haben.

Schon bei meiner ersten Begegnung mit d'Annunzio in der Wohnung meiner Freunde Golubeff fühlte ich mich von ihm physisch abgestoßen, ein Gefühl, von dem ich mich auch später nicht frei machen konnte. Ich habe während meines ganzen Lebens einen Widerwillen gegen Impotenz jeder Art empfunden, aber diesmal wurde mein Widerwillen durch die Begegnung mit einem Mann hervorgerufen, der sich im Zustand ständiger erotischer Hochspannung befand. Ich wäre vielleicht etwas toleranter gewesen, wenn ich d'Annunzios Werke mehr geschätzt hätte. Aber ich konnte weder an ihrer zweideutigen Stimmung noch an ihrem übertriebenen Wortschwall Gefallen finden.

Eine Szene, der ich beiwohnte, kann ich nicht vergessen. Natascha Golubeff hatte in ergreifender Weise einige Lieder von Hugo Wolf gesungen, der damals besonders gefeiert wurde. Sie verließ den Musikraum. D'Annunzio blieb stehen, und eine Gruppe junger affektierter Frauen drängte sich um ihn. Seine Gegenwart und die oberflächlichen Redensarten, die er von sich gab, machten die Damen verrückt. Plötzlich sah ich, wie der kahlköpfige Faun bei seinem eigenen Spiel Feuer fing. Er warf flammende Blicke auf die kühnen Dekolletés. Hätten die Beteiligten sich nicht dem allgemeinen Aufbruch anschließen müssen, so hätte das Schauspiel, dessen Zeuge ich war, unfehlbar mit einem Skandal geendet.

Ich machte mir keine Illusionen über den Fortgang der Ereignisse. Auch Natascha, deren ungewöhnliche Schönheit d'Annunzio reizen mußte, konnte dem neuen Super-Don-Juan nicht widerstehen. Sie verliebte sich sterblich in den italienischen Dichter. Victor Golubeff tat alles, um die Zerstörung ihres gemeinsamen Glücks zu verhüten und Natascha vor einem Abenteuer zu bewahren, dessen Ende bei der Skrupellosigkeit d'Annunzios nur zu deutlich vorauszusehen war. Er versuchte, seine Frau zu bestimmen, Paris zu verlassen. Er bat mich, in Fontainebleau Land für den Bau eines großen Hauses zu suchen. Seine augenblickliche Beschäftigung – die Herausgabe einer luxuriös ausgestatteten Zeitschrift »Ars Asiatica«, an der die bedeutendsten Kunsthistoriker und Orientalisten mitarbeiteten – erlaubte ihm nicht, sich zu weit von Paris zu entfernen. Mit Hilfe Marcel Guilleminaults, der in meinem Pariser Atelier verblieben war, wurde das Terrain bald gefunden. Guilleminault machte sich mit der gleichen Gewissenhaftigkeit an die Ausarbeitung der von mir skizzierten Entwürfe für das geplante Haus, mit der er mit mir beim »Théâtre des Champs-Elysées« zusammengearbeitet hatte. Nachdem aber Victor und Natascha Golubeff sich zur Scheidung entschlossen hatten – Natascha war inzwischen d'Annunzios offizielle Mätresse geworden –, verzichtete Victor auf den Bau des Hauses.

Er bat mich aber, für die Einrichtung des kleinen Hauses zu sorgen, das Natascha mit ihren beiden Söhnen, die sie bei sich behalten wollte, in der Avenue de la Faisanderie bezog. Aus den Möbeln und Gegenständen, die ich einst für die Wohnung in der Avenue du Bois de Boulogne geschaffen hatte, wählte ich aus, was zu gebrauchen war, und ergänzte es durch neue Entwürfe. Dabei kam ich viel mit Natascha zusammen, die nun nicht mehr, wie sie die früheren Heidelberger und Pariser Freunde nannten, »Tata«, sondern nur noch »Donatella« heißen wollte, wie sie ihr berühmter Freund getauft hatte.

Obwohl ich d'Annunzio in jener Zeit häufig begegnete, kamen wir uns nicht näher. Wir trafen uns bei Dejeuners im Haus in der Avenue de la Faisanderie und bei gemeinsamen Theaterbesuchen mit Donatella, wenn d'Annunzio einer Aufführung beiwohnte, die er versprochen hatte sich anzusehen. Auch bei Windhundrennen, zu denen ich Donatella gern begleitete, sah ich ihn. Die beiden unterhielten einen Hundezwinger mit ausgesucht schönen, wegen ihres Stammbaumes berühmten Tieren. (Es ist mir passiert, daß ich mich eines Abends auf der Leinwand eines Lichtspieltheaters erblickte, wie ich gemeinsam mit Donatella und d'Annunzio an der Barriere des Rennplatzes den Wettlauf der Hunde verfolgte.)

Trotz meiner unabänderlichen Antipathie gegen d'Annunzio besuchte ich einmal mit ihm das Pariser Kupferstichkabinett, wozu er auch Graf Kessler eingeladen hatte. Hier erwies sich d'Annunzio als ausgezeichneter Kenner der italienischen Künstler, von denen ihn vor allem diejenigen interessierten, die den Tod des heiligen Sebastian dargestellt hatten. Sein Urteil über Besonderheiten und die künstlerische Qualität der einzelnen Zeichnungen war ausgezeichnet und zuweilen von überraschender Tiefe, seine Kommentare einfach, unpathetisch und frei von dem unerträglichen Schwulst seiner Verse, die wie Seifenblasen zerplatzten. Seitdem d'Annunzio – in französischer Sprache – am »Martyrium des heiligen Sebastian« arbeitete, dessen Komposition er Claude Debussy übertragen hatte, umgab er sich mit unzähligen Abbildungen der Legende.

Jedem, der es hören wollte, erzählte er, daß er in den »vollkommenen Formen der Beine der Rubinstein die Reinkarnation des jungen Heiligen«, des Schutzheiligen der Schützen, erkannt hatte. Ida Rubinstein war von Diaghilew für die Rolle der Sultanin im Ballett »Scheherezade« verpflichtet worden, das ganz Paris und die Fremden ins »Théâtre des Champs-Elysées« zog. Tonio Antoncini, d'Annunzios Sekretär, beschreibt in der Monographie über seinen Herrn und Meister, wie der Dichter nach einem Besuch des Balletts unter der Tür des Hotels Meurisse, wo sie wohnten, plötzlich ausrief: »Schau, das sind die Beine des heiligen Sebastian, nach denen ich schon so lange suche.« Wahrlich, man nimmt seine Einfälle, wo man sie findet!

An die Generalprobe des »Martyrium des heiligen Sebastian« habe ich keine erfreuliche Erinnerung. Donatella hatte mich gebeten, den Abend mit ihr allein in der Proszeniumsloge des ersten Balkons zu verbringen. Das Theater war von einem höchst erwartungsvollen Publikum bis zum letzten Platz besetzt. Bevor der Vorhang sich hob, zog Donatellas Erscheinen alle Blicke auf sich. Nur wenige erkannten mich, der sich sofort in den Hintergrund der Loge zurückzog, als ihren Begleiter. Astruc übertraf sich selbst; noch nie hatte der routinierte Theatermann, der er war, eine solche Meisterschaft in der Inszenierung eines Bühnenwerkes gezeigt. Die Episoden des musikalischen Schauspiels, das einem alten Mysterium verwandt ist, hatten aber in ihrer Abfolge etwas Schleppendes und Verschwommenes. Die Voraussage des Kritikers de Montesquiou, der bei den Snobs als Orakel galt, bewahrheitete sich: »Man weiß wirklich nicht, was der dritte und vierte Akt noch bringen soll; den ersten beiden ist nichts mehr hinzuzufügen.«

»Tata« beobachtete nervös die Bestürzung der glühendsten Bewunderer des italienischen Dichters und der geduldigsten unter den geladenen Gästen. Es war fast Mitternacht, als der Vorhang vor dem dritten Akt aufgehen sollte. Die Besucher des Parterres unterhielten sich in erheblicher Lautstärke, und man hörte sogar, wie mit den Füßen gescharrt wurde. Trotzdem kam niemand auf den Gedanken, gegen den Dichter und seine geschwollenen Tiraden zu protestieren, aber die Worte »zu lang« und »streichen« lagen auf aller Lippen.

In diesem Moment bat mich »Tata« dringend, de Montesquiou zu ersuchen, einzugreifen und alles zu tun, um eine Katastrophe zu vermeiden. Ich eilte zu dem bewunderten Dichter der »Hortensias bleues«, stellte mich vor und übermittelte ihm Donatellas Bitte. Was ich sagte, weiß ich nicht mehr, auch nicht, was der in Verlegenheit gebrachte Graf erwiderte; aber ich glaube mich zu erinnern, daß er mich am liebsten zu allen Teufeln gejagt hätte. Ich wurde jetzt selbst von größter Aufregung ergriffen und stürzte zur Bühne, wo ich sicher war, Astruc zu treffen. Ich fand ihn nervös, zusammen mit d'Annunzio. Ich übermittelte den beiden den Wunsch Donatellas, fluchte über die Gleichgültigkeit de Montesquious und empfahl ihnen dringend, das einzige Mittel anzuwenden, um die vorzeitige Flucht der Zuschauer zu verhindern: entschlossene und große Striche für die restlichen zwei Akte.

Vor Beginn des Ersten Weltkrieges

In Weimar war es ruhiger geworden. Ich erinnere mich, daß Ferdinand Hodler zu mir kam, als er Motive für das große Wandgemälde in der Universität Jena sammelte, das kurz vor dem Ersten Weltkrieg entstand. Georg Brandes besuchte uns im Haus »Hohe Pappeln«, und Jean Jaurès, von Emile Vandervelde begleitet, besichtigte einen ganzen Vormittag lang die Kunstgewerbeschule und das Seminar. Er machte uns die große Freude, bei uns zu Mittag zu essen. Bei dieser Mahlzeit – er redete fast allein, wir schwiegen – sprach er vor allem über Goethe und Nietzsche. In einem kurzen politischen Gesprächsintermezzo prophezeite er, er werde bald Minister werden. Als er die großen Sonnenblumen vor unseren Fenstern sah, schweifte er plötzlich ab und improvisierte einen wundervollen Hymnus an die Natur, an die Herrlichkeit des Lebens und an den kommenden Triumph der Gerechtigkeit und Menschlichkeit.

Immer mehr fühlte ich mich in der Atmosphäre tödlicher Mittelmäßigkeit isoliert; abgestoßen von der Teilnahmslosigkeit und dem Dünkel neuer Hofleute, die den früheren – gestorbenen oder in Ungnade entlassenen – folgten, welche den Künstlern wenigstens noch einen gewissen Respekt entgegengebracht hatten. Trotzdem muß ich gestehen, daß ich dieser Isolierung, meiner Nicht-Teilnahme am Leben in Weimar in gewisser Beziehung meine Reife, um nicht zu sagen meine Meisterschaft verdanke. Sie hat sich nicht auf normale Weise in einem günstigen Klima oder unter den Strahlen einer wärmenden Sonne vollendet. Das Glück hat mir selten gelächelt, und keine Enttäuschungen und Widerwärtigkeiten sind mir erspart geblieben. Trotzdem hat mein steigender Ruf die Wolken, die sich über mir zusammenballten, vertrieben und mir immer dann einen Sonnenstrahl gegönnt, wenn mein Schaffen und meine bescheidene Mission besonders bedroht waren. Aber ich habe mir nie große Illusionen gemacht.

Der Ernst der Entscheidung, vielleicht meine Stellung in Weimar und Deutschland aufgeben zu müssen, kam mir nur langsam zum Bewußtsein. Einerseits sah ich nur zu deutlich die Risse, die das Gebäude meines Schaffens zu zerstören drohten, das ich so sorgfältig errichtet hatte, andrerseits hatte ich nie mehr zu tun als gerade in diesen Jahren, die von mir eine übermäßige Konzentration der schöpferischen Kräfte verlangten. Ich arbeitete täglich bis tief in die Nacht hinein. Ich versteckte mich buchstäblich, was um so leichter möglich war, als ich mir, um ungestört zu bleiben, in unserem Garten ein Atelier mit einem Schlafzimmer hatte bauen lassen. So blieb ich unkontrolliert, und niemand erfuhr, wieviel Stunden der Nacht ich meinen privaten Arbeiten widmete. Neben meinen Aufgaben in Riga und Paris waren eine Reihe von Villen in Weimar, Gera, Hannover und Chemnitz im Bau. Von den Erfurter Stadtbehörden erhielt ich den Auftrag, Pläne und ein Modell für ein Museum auszuarbeiten. Edwin Redslob, der schon mit sechzehn Jahren meine Vorlesungen in Weimar besucht hatte, war nach kurzer Vorbereitungszeit in Berlin zum Direktor der Kunstsammlungen Erfurts ernannt worden und hatte als erste seiner Maßnahmen diesen Auftrag an mich erwirkt.

Das Übermaß an Arbeit, die ständige Sorge um die in Ausführung begriffenen Bauten, die vielen notwendigen Reisen zu ihrer Überwachung ließen mich befürchten, mit der Zeit auf meine Lehrtätigkeit und auf die Führung der Werkstätten verzichten zu müssen, in denen meine eigenen Schöpfungen hergestellt wurden: die Stoffe und Teppiche für die Innenausstattung meiner Häuser, Möbel, Beleuchtungskörper, Keramik, Schmuck, Goldschmiedearbeiten und Bucheinbände für meine vielen Auftraggeber. Was sollte ich tun, wenn ich alles aufgeben müßte, was für meine berufliche Tätigkeit und meine Mission ebenso unentbehrlich war wie das Orchester für einen Dirigenten?

Mich beschäftigte der Gedanke, an eine andere Schule industrieller Kunst berufen zu werden. Außerdem blieb mir die Möglichkeit, private Werkstätten zu gründen und mich mit einer Anzahl ausgewählter Schüler zu umgeben, ein Plan, den ich mit besonderer Vorliebe überdachte. Mein Grundstück in Ehringsdorf war groß genug zur Errichtung solcher Werkstätten. Ich machte sogar schon Skizzen für ein Projekt, das unser Wohnhaus, mein kleines Gartenatelier und neue Bauten zusammenfaßte. Es wäre eine kleine Fabrik inmitten von Blumen, eine Arbeitskolonie in einem Garten geworden. Und ich nahm mir vor, das Ganze mit einer Mauer zu umgeben, um vor allen ungebetenen Blicken und vor jeder Berührung mit einer Welt geschützt zu sein, von der mich abzusondern ich allen Grund hatte.

Das anstrengende Leben, das ich seit Jahren führte, machte einen Erholungsaufenthalt notwendig. Als ich 1912 in dem von Dr. Ludwig Binswanger geleiteten Sanatorium Bellevue in Kreuzlingen eintraf, sagte der Arzt: »Sie sind bald fünfzig Jahre alt, es ist Zeit, hohe Zeit für einen Menschen, der sich wie Sie verausgabt hat, auszuspannen.«

Das auf Schweizer Seite am Ufer des Bodensees gelegene Sanatorium hatte unter Binswangers Leitung – er war der Bruder des berühmten Psychiaters der Jenaer Universität, in dessen Klinik ich vor meiner Abreise nach Kreuzlingen einige Tage verbracht hatte – Weltruf erlangt. Die Patienten kamen aus der deutschen Industrie- und Finanzwelt, aus der internationalen Diplomatie und aus der Aristokratie von ganz Europa; Neurastheniker verschiedenen Grades, teils in geschlossenen Häusern, teils in der offenen Villa Bellevue, wo sich Überarbeitete, Lebemänner, hysterische Damen und Alkoholiker der ausgezeichneten Kur unterzogen.

Ich fühlte mich in diesem Milieu zunächst fehl am Ort. Dank der besonderen Sorge Binswangers, der mich aller gesellschaftlichen Verpflichtungen enthob, paßte ich mich aber rasch an. Die Schmerzen im Nacken verschwanden bald. Vor wieviel Jahren hatte ich die nämlichen Schmerzen, diesen unheimlichen Griff eines Ungeheuers verspürt? Es war in Calmpthout gewesen während der zwei Jahre der Neurasthenie, in denen sich die Metamorphose vollzog, die aus dem Maler, dem egoistischen Naturschwärmer den glühenden Apostel, den Prediger des Glaubens gemacht hatte, der das Heil und die Erlösung von der Häßlichkeit in der Rückkehr zum Grundprinzip der vernunftgemäßen Gestaltung erblickte und in der Anerkennung der Moral als elementarer Voraussetzung der Schönheit.

Mein fünfzigster Geburtstag sollte und konnte nicht offiziell gefeiert werden, nachdem alle meine Verbindungen zum Großherzog und zum Hofe abgebrochen waren. Ich hatte Minister Rothe wissen lassen, daß ich an keiner Kundgebung teilnehmen, keine Auszeichnung annehmen würde und daß ich beabsichtigte, den Tag mit meiner Familie und einigen intimen Freunden zu verbringen. Damit tat ich übrigens Seiner Exzellenz einen Gefallen, weil sie der unangenehmen Aufgabe enthoben war, den Großherzog auf den 3. April und die angemessenen Veranstaltungen aufmerksam machen zu müssen.

Andrerseits dachte ich nicht daran, mich den Ehrungen von seiten der Schüler meines Instituts zu entziehen, wie ich auch das Geschenk einer Gruppe von Freunden annahm, die den Bildhauer Georg Kolbe, der bei den letzten Ausstellungen der Berliner Sezession zu höchster Anerkennung gelangt war, beauftragt hatten, meinen Kopf zu modellieren. Wenige Tage vor dem Fest erfuhr ich, daß Elisabeth Förster-Nietzsche zur Feier meines Geburtstages eine Reihe von Freunden, die mit meinem Schaffen und meinen Bestrebungen der letzten zwölf Jahre besonders verbunden waren, zu sich ins Nietzsche-Archiv

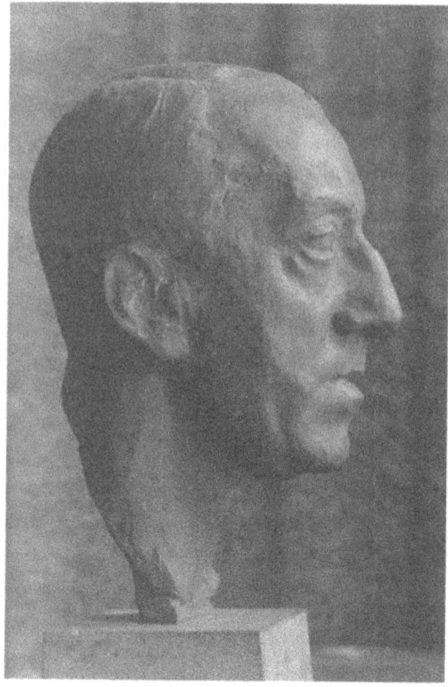

Bronzebüste van de Veldes, anlässlich seines 50. Geburtstages im Auftrag einiger Freunde von Georg Kolbe ausgeführt

einzuladen beabsichtigte. Die Glückwünsche meiner Schüler und Mitarbeiter wollte ich in meinem Privatatelier entgegennehmen. Welche Überraschung für mich, mein großes Atelier in ein Meer von herrlichen Blumen verwandelt zu sehen, in deren Mitte die Bronzebüste von Kolbe stand, umgeben von den Entwürfen und Modellen meiner jüngsten architektonischen Arbeiten: der Fassade des »Théâtre des Champs-Elysées«, des Museums für Erfurt, des Nietzsche-Stadions und der Villa Körner in Chemnitz. Die Begeisterung meiner Schüler kannte keine Grenzen. Die strahlenden Augen der jungen Mädchen und Männer waren beredsamer als ihre Worte, mit denen sie mir ein von der Buchbinderwerkstatt angefertigtes Lederbehältnis übergaben, das Zeichnungen, Aquarelle und andere Beweise ihrer Verehrung enthielt. Daß sich der Sprecher der Freunde, Ernst Hardt, ungezwungener und besser ausdrückte, verstand sich von selbst. Er sprach bewegt von dem Erlebnis, sich mit uns in einer Atmosphäre der Schönheit und des Glaubens an die Zukunft zu fühlen.

Ernst Hardt fand genauso großen Beifall wie ich selbst, nachdem ich in einer improvisierten Dankansprache versucht hatte, einige Aspekte der Schönheit zu umschreiben: wie sie sich in den vollendeten Werken der Schöpfung äußert, genährt aus der reinen Quelle vernunftgemäßer Konzeption, die Trägheit überwindet, die Körper durchdringt und die Glieder spielen läßt, den Menschen aus der Häßlichkeit ungeformter Masse heraushebt und ihn gehen, schwimmen und tanzen lehrt und selbst die Tiere in harmonische Bewegung setzt: ein Lebensstrom, der auch die Knospen zum Blühen bringt, die Kelche der Blumen öffnet, der in wunderbarer Weise die Linie schwingen und die Steine singen läßt. Meine jungen Schüler hatten sich oft über die Vorstellung gewundert, die ich mir von der vollendeten, empfindungsvoll belebten Schönheit machte, wenn ich ihre Arbeiten kritisierte und korrigierte und sie stets auf das gleiche Ziel hinwies: den eigenen Lebensstrom dem Gegenstand zuzuleiten, der geschaffen werden soll.

Auf ein Zeichen meiner Frau öffneten sich die breiten Türen in den Saal, in dem sich das kalte Büfett befand, zu dem Maria und drei meiner Töchter die Anwesenden führten. Wir konnten das Ende des Festes aber nicht abwarten, weil wir uns zum Diner ins Nietzsche-Archiv begeben mußten.

Neben meinen Freunden hatte Frau Förster-Nietzsche den Staatsminister Rothe, den Vertreter Weimars im Berliner Staatsrat und den Oberhofmarschall als persönliche Gäste geladen. Die Gastgeberin verlieh der Veranstaltung einen feierlichen Ton, der nicht ohne Absicht gegen die Gleichgültigkeit des Großherzogs gerichtet war.

Karl Scheffler hielt die für mich sehr ehrenvolle Gratulationsrede. Diese Ansprache erschien später in dem Band »Henry van de Velde. Vier Essays von Karl Scheffler«. Der erste Essay war anläßlich meiner ersten Berliner Ausstellung in der »Zukunft«, der zweite und dritte 1906 und 1911 in der Zeitschrift »Kunst und Künstler« erschienen, die der unter Max Liebermanns Führung stehenden Berliner Sezession nahestand. Karl Scheffler wirkte als Chefredakteur der Zeitschrift. Im Vorwort des Bandes »Vier Essays« stellte er fest, kein Wort seiner früheren Aufsätze verändern oder zurückziehen zu wollen, trotz der Wiederholungen und Widersprüche, die vorhanden seien. In seinen Ausführungen beschäftigte sich Scheffler mit der besonderen Stellung, die ich im Kunstleben einnahm: »Es handelt sich um Dinge, die unsere Nachkommen vielleicht nur wenig noch bewegen werden, die uns aber viel bedeuten. Es handelt sich um Auseinandersetzungen mit schöpferischen Übergangskräften«, oder an anderer Stelle: »Es kommt einem kaum zum Bewußtsein, wie merkwürdig van de Veldes Situation in unserer Mitte ist« – eine Überlegung, die ihn dazu führte, in meinem Schaffen einen »Fall« zu sehen. Scheffler hatte sich in diesem Zusammenhang seine eigenen Gedanken gemacht. Er wünschte, daß mir Gelegenheit zu Bauten gegeben würde, die weniger auf Nützlichkeit gerichtet seien als die bisher von mir verwirklichten Pläne. Die Worte seiner Geburtstagsansprache waren frei von jeder Dialektik, sie enthielten keine Vorbehalte, sie waren menschlich. Sie ließen erkennen, daß er mit dem gleichen leidenschaftlichen Interesse der Entwicklung meiner Schöpfungen folgte wie alle meine Freunde, unter denen er einer der ernstesten geblieben ist.

Ein geplantes Nietzsche-Denkmal

In jenen Jahren beschäftigte sich Harry Kessler mit dem Plan, zur Erinnerung an Friedrich Nietzsche in Weimar ein Denkmal zu errichten. Zur Unterstützung seiner Idee gedachte er, die Elite der Philosophen, Intellektuellen, Künstler und Kunstfreunde aller Länder heranzuziehen; die finanziellen Mittel sollten durch eine internationale Subskription aufgebracht werden. Von Anbeginn an rechnete Kessler, dem zunächst eine Art Tempel vorschwebte, mit meiner Mitarbeit als Architekt und mit Aristide Maillol als Bildhauer für eine Plastik.

Die ersten deutschen und ausländischen Freunde, an die sich Kessler wandte, waren mit seinen Ideen und mit seiner Wahl des Architekten und Bildhauers einverstanden. Und auch als er zum ersten Male mit Elisabeth Förster-Nietzsche über seine Absichten und die vorgesehene Art ihrer Verwirklichung sprach, schien es, daß keinerlei Meinungsverschiedenheiten das Einverständnis zwischen ihm und der Schwester Nietzsches bedrohen könnten.

Kaum war bekanntgeworden, daß ich mit dem Entwurf des Monumentes beauftragt werden sollte, da begann es im Blätterwald zu rauschen, und der Vorhang hob sich wieder über dem alten Schlachtfeld der »Barbaren« und »Philister«, die unerschütterlich die Positionen hielten, die sie seit der Dresdner Ausstellung von 1906 eingenommen hatten. Harry entwickelte seine Ideen weiter. In einem Brief vom 14. April 1911 schrieb er mir: »Ich erweitere den ersten Plan, ich mache ihn lebendiger und denke, dem Tempel – springen Sie nicht in die Höhe! – ein Stadion beizufügen.« Zwei entgegengesetzte architektonische Gebilde: der Tempel als geheiligter Ort der Besinnung und inneren Sammlung, das Stadion der Ort eindrucksvoller Schauspiele der Gewandtheit, der athletischen Kraft. War Nietzsche nicht der erste moderne große Denker, der die Schönheit der Kraft und die Lebensfreude predigte? Hieß es nicht, seine Gedanken zu verwirklichen, wenn wir die kühnen Spiele der Jugend einbezogen, wie es eine Verwirklichung der christlichen Idee bedeutet, wenn eine Kirche mit einem Hospital vereinigt wird.

Elisabeth Förster-Nietzsche hatte sich zunächst mit Kesslers Plan eines Stadions befreundet, allerdings ohne sich zu sehr dafür zu enthusiasmieren. Auf der Höhe der Pressefehde, die um das Projekt des Nietzsche-Stadions von Graf Kessler, van de Velde und Maillol entstanden war, erschien im Nietzsche-Archiv eine Delegation deutscher Künstler, die dem vom internationalen Ausschuß verfolgten Projekt feindlich gegenüberstand. Aus den Händen dieser Gegner empfing Elisabeth Förster-Nietzsche die Abschrift eines Briefes Friedrich Nietzsches, dessen Original die Delegation vorwies, in dem es heißt: »Die Nachäfferei des Griechentums durch dieses reiche, müßiggängerische Gesindel aus ganz Europa ist mir ein Greuel. Die Leute ahnen nicht, aus welchen tiefen religiösen und politischen Vorstellungen die griechischen Feste hervorgegangen sind. Ich flüchte vor diesem hohlen Lärm sensationsgieriger Darsteller und Zuschauer in die Einsamkeit und Stille.«

Diese bitteren Worte ihres Bruders erschütterten unsere hochverehrte Freundin. Sie unterrichtete Harry Kessler über den unvermuteten Besuch und über den Brief Nietzsches: »Ich möchte Sie«, schrieb sie, »lieber Freund, auf das innigste bitten, diese Pläne ad acta zu legen oder mindestens zehn Jahre zu warten. Ich kann jetzt nicht mehr anders, als mich dagegen zu erklären, und Sie können mich ja als Vorwand nehmen, wenn Sie die Sache auf später hinausschieben wollen. Sie wissen ja am besten, wie sehr ich von Anfang an dagegen war, aber ich dachte schließlich, daß ich eine alte Frau wäre und mit dem Empfinden der Gegenwart nicht mehr übereinstimmte. Glauben Sie mir, mein lieber Freund, wenn ich Sie und van de Velde jetzt von dem Plan zurückhalte, so erspare ich Ihnen und ihm nur einen Skandal, der auch dem Namen meines Bruders schaden würde.«

Jeder andere als Harry Kessler wäre durch den Rückzug des gegebenen Wortes, den Elisabeth Förster-Nietzsche in kategorischer Weise vollzog, aus der Fassung gebracht worden. Mir schien, daß er ihre Erklärung als eine vorübergehende Laune auffaßte, der er keine Bedeutung zumaß. Aber er unterschätzte ihre explosive Energie. Zwei Naturen, zwei Willen, die beide nicht bereit waren, sich zu beugen, hatten sich festgenagelt.

Im Gegensatz zu Elisabeth Förster-Nietzsche und den anderen Gegnern hatte der von Kessler gebildete internationale Ausschuß gegen seine Dispositionen nichts einzuwenden. Er entschied in einer Sitzung am 9. Juni 1912, daß der Subskriptionsbetrag endgültig für den Bau des Monumentes, das nach meinen Entwürfen aus einem Tempel und dem Stadion bestehen sollte, verwendet werde. Ich wurde offiziell mit der Ausführung des Denkmalbaus betraut und das Ehrenpräsidium des Ausschusses dem deutschen Reichskanzler Fürst Bülow angetragen. Nur drei ausländische Namen figurierten auf der Subskriptionsliste, die auf dreihundert Personen beschränkt war.

Ich forschte in den gedruckten Schriften Nietzsches und in seinen handschriftlichen Notizen, um mich mit seinen Vorstellungen und Gedanken über Architektur vertraut zu machen. In der »Götzendämmerung« fand ich folgende Worte: »Architektur ist eine Art Macht-Beredsamkeit in Formen, bald überredend, selbst schmeichelnd, bald bloß befehlend. Das höchste Gefühl von Macht und Sicherheit kommt in dem zum Ausdruck, was *großen Stil* hat. Die Macht, die keinen Beweis mehr nötig hat; die es verschmäht, zu gefallen … ein Gesetz unter Gesetzen.« Und an anderer Stelle des gleichen Buches: »Das ›Schöne an sich‹ ist bloß ein Wort, nicht einmal ein Begriff.« Zur Frage der Entmaterialisierung des Stoffes fand ich in »Menschliches Allzumenschliches« (I. 145) eine Aufzeichnung der Gefühle, die Nietzsche bei einem Besuch in Paestum empfunden hat: »Als ob eine Seele urplötzlich in einen Stein hineingezaubert sei und nun durch ihn reden wolle.« Solche Worte bestätigten meine eigenen Empfindungen, die ich mühsam meinen Schülern in Weimar klarzumachen suchte. Hätte das Schicksal Nietzsche nicht allzufrüh niedergestreckt, so hätte er in den Menschen meiner Generation die Schüler gefunden, nach denen sich sein ungeduldiges Genie zeit seines Lebens gesehnt hat. Meine Freunde Fernand Brouez, Jacques Dwelshauvers, der Übersetzer des »Zarathustra« in französische Sprache, die beiden klugen Essayisten Teodor Wyzewa und Felix Fénéon sowie Paul Signac – alle waren vom Geist Nietzsches geprägt.

Trotz der unveränderten Gegnerschaft der Schwester Nietzsches trieb Kessler seine Pläne für das Stadion vorwärts. Er sammelte neue Anhänger: unter den französischen Gelehrten und Künstlern den Literaturprofessor Henri

Lichtenberger, Jules Gauthier und André Gide, Anatole France und – vielleicht – Octave Mirbeau, Maurice Barrès und Charles Maurras, »wenn ihr Chauvinismus sie nicht abhält«, sagte Harry; in Italien Gabriele d'Annunzio; Gilbert Murray, H. G. Wells, Raleigh und andere in England.

Elisabeth Förster-Nietzsche opponierte weiter. Der allgemeine Widerstand wurde immer größer und erstreckte sich schließlich auch auf die Bevölkerung Weimars, die Spitzen der Behörden, den Großherzog. Das Gerücht verdichtete sich, Graf Kessler habe Millionen erhalten. Ich sah bald, welche Rolle diese Millionen spielen sollten. Weder unsere verehrte Freundin noch der Großherzog blieben dem Goldregen gegenüber unempfänglich, der sich auf Weimar ergießen sollte! Eine neue Goldader – der Kult Friedrich Nietzsches – war in dem Augenblick entdeckt worden, als die Mediokrität der »Goethe-Priester« den Goethe-Kult zu entwerten drohte.

Bei diesem Stand der Dinge erhielt ich von Elisabeth Förster-Nietzsche einen ihrer Sekretärin diktierten Brief von zwölfhundert Wörtern, in dem sie mir erklärte, daß sie ihrerseits mit schwedischen Freunden Kontakt aufgenommen habe, die seit der Gründung des Nietzsche-Archivs zu den Kosten, welche sie anfänglich allein aufbringen mußte, beigetragen hatten, um jetzt endlich das Archiv finanziell auf einen festen Boden zu stellen. Dieser Brief war für mich die Erklärung für ihre Schwenkung: die Aussicht auf die Millionen! Frau Förster-Nietzsche bezog sich in diesem Brief auf die Gleichgültigkeit Harry Kesslers, die dieser bei einem kürzlichen Besuch zutage gelegt habe, bei dem sie ihm die schwierige Lage darstellte, in der sich das Nietzsche-Archiv befand, und auf die Gefahr einer Schließung hinwies. Sie wundere sich und fühle sich durch Graf Kesslers Haltung um so mehr verletzt, als er dem Ausschuß der Leitung des Nietzsche-Archivs angehöre. Sie fuhr fort: »Einer Phantasterei jagt er nach, und es kommt ihm nicht in den Sinn, daß ich mich zwanzig Jahre mit Sorgen und Ängsten geplagt habe, und er mir wohl zur Erreichung meiner Wünsche etwas zu Hilfe kommen könnte!« In gewisser Beziehung verstand ich den Ärger, den das »Wunder der Millionen« bei Elisabeth Förster-Nietzsche auslöste. Andrerseits muß ich der Wahrheit zuliebe sagen, daß die Gleichgültigkeit, die sie bei Harry Kessler zu bemerken glaubte, ein dummes Mißverständnis gewesen ist.

Nach einem Besuch im Nietzsche-Archiv zusammen mit Kessler bat ich unseren gemeinsamen Freund Eberhard von Bodenhausen, Frau Förster-Nietzsche mit Rat und Tat beizustehen und die Zukunft des Archivs von der

Ausführung des bedrohten Monumentes zu trennen. Eberhard löste diese Aufgabe mit der ihm eigenen freundlichen Gewissenhaftigkeit, mit der er sich sein Leben lang der Lösung künstlerischer und kultureller Fragen gewidmet hatte.

Ende des Jahres 1913 betrachtete ich das Projekt des Nietzsche-Monumentes als erledigt. Ich nahm diese Entwicklung der Dinge mit Resignation hin, wie ich mir auch keine Illusionen anläßlich eines unerwarteten Besuches des Großherzogs und der Großherzogin – der Großherzog war im Jahre 1910 eine zweite Ehe eingegangen – machte, zu denen ich seit den Tauffestlichkeiten des Erbprinzen keine Beziehungen mehr unterhalten hatte. Der Großherzog schien angesichts der hypothetischen Millionen kompromißbereit und vielleicht sogar geneigt, die Beziehungen zum Grafen Kessler wiederaufzunehmen. Mit einer albernen Frage ließ er mich in seine Karten sehen: »Ist es wohl unerläßlich, das Projekt des Grafen Kessler so offen mit dem Namen Friedrich Nietzsches zu verbinden, lieber Professor?« Auf diese Frage gab es keine Antwort; mein Schweigen machte den Großherzog verdutzt und ärgerlich.

Werkbundtheater in Köln 1914

Im Laufe des Winters 1913/14 übertrug mir die Leitung des Deutschen Werkbundes den Bau eines Theaters zu der für den Sommer 1914 in Köln geplanten Werkbundausstellung. Die Architekten für die verschiedenen anderen Bauten der Ausstellung, zu der die Kölner Stadtbehörden das Gelände zur Verfügung gestellt hatten, waren schon erheblich früher bestimmt worden. Nur der Auftrag für das Theater blieb lange in der Schwebe, obwohl es unter den Werkbundmitgliedern nicht an Kandidaten fehlte. Ich hielt es nicht für angebracht, irgendwelche Schritte zu unternehmen, geschweige denn mich direkt an die Ausstellungsleitung zu wenden. Es wurde offenbar lebhaft hin und her beraten, Intrigen wurden gesponnen, und schließlich erschien auch mein Name in den Diskussionen. Im Schoß des Werkbunds und der Ausstellungsleitung bildeten sich zwei Parteien, die entgegengesetzte Meinungen in der Frage vertraten, ob man einen ausländischen Architekten mit der Ausführung des Theaters betrauen könne. Die einen fanden, ich sei wegen meiner belgischen Staatsangehörigkeit nicht in der Lage, an einer vom Deutschen Werkbund unter Hinzuziehung verwandter Institutionen Österreichs und der Schweiz organisierten Ausstellung teilzunehmen. Andere – unter ihnen befanden sich Richard Riemerschmid, Hermann Obrist, August Endell, Bruno Taut, Otto Bartning, Karl Ernst Osthaus und Theodor Heuss, die sich besonders für mich einsetzten – erklärten, meine Teilnahme an der Gründung des Werkbundes, die Schöpfung meines Weimarer Seminars, eine der Grundlagen der Werkbundidee überhaupt, und meine Mitgliedschaft in der Werkbundleitung genügten vollauf, mich zur Teilnahme an der Kölner Ausstellung zu berechtigen. Wieder einmal das gleiche Hindernis: der Nationalismus.

Ohne die Unterstützung des Kölner Oberbürgermeisters Dr. Max Wallraf, der dem Organisationskomitee präsidierte, wäre ich nicht zum Bau des Werkbundtheaters gekommen, das zusammen mit dem von Walter Gropius auf der Kölner Ausstellung errichteten Fabrikgebäude einen Meilenstein in der Entwicklung der von belgischen, holländischen, französischen und deutschen Vorkämpfern geschaffenen »Neuen Architektur« darstellt. Der Auftrag wurde mir im Februar 1914 erteilt, im Juni des gleichen Jahres sollte das Theater eröffnet werden. Es war ein wahres Husarenstück und seine Durchführung nur möglich, weil ich mich mit einer verblüffend einfachen Bühne begnügte. Der für das Theater bestimmte Platz in der unmittelbaren Nähe des Rheindeiches war wenig günstig. Ich hatte mich in Paris mit einem schlecht gewählten Terrain herumschlagen müssen, sollte ich in Köln in eine ähnliche Falle geraten? Der Wunsch, nach eigenem Ermessen, unter eigener Verantwortung ein Theater, ein Sommertheater bauen zu können, dessen Bühne dem Regisseur alle Möglichkeiten experimenteller Inszenierung mit einem Minimum technischer Einrichtungen bot, machte mir aber die Entscheidung leicht. Der Bau, der nun in raschem Tempo an der Stelle entstand, mit der ich mich abgefunden hatte, wurde aus dauerhaftem Material errichtet. Nur die Bedachung hätte im Hinblick auf eine längere Lebensdauer durch widerstandsfähigeren Schiefer oder Kupfer ersetzt werden müssen. Noch während der Bauzeit setzte ich mich mit verschiedenen Gruppen von Theaterfreunden in Verbindung, um Möglichkeiten zu finden, daß das Theater nach Beendigung der Ausstellung weitergeführt werden könnte. Wir dachten an alljährliche Darbietungen von neuen und unbekannten Werken ausländischer Dramatiker, bei denen zugleich die Inszenierungsexperimente hätten weiterentwickelt werden können, zu denen man während der Ausstellung von 1914 Gelegenheit hatte.

Eine Kette von Unwettern während der Monate Mai und Juni mit sintflutartigen Wolkenbrüchen verzögerte die Eröffnung des Theaters, die nach Tagen fieberhafter Arbeit am 18. Juni 1914 stattfand. Als Eröffnungsvorstellung wurde Goethes »Faust« gegeben, ein Werk, das mehr als jedes andere der deutschen dramatischen Literatur geeignet war, die Vorzüge der von mir angewendeten dreiteiligen Bühne für den ununterbrochenen Ablauf der Bildfolge ins Licht zu setzen. Barnowsky, der die Aufführung inszenierte, hatte für die Bühnenbilder einen mittelmäßigen Maler engagiert. Das Ensemble bestand aus vorzüglichen Schauspielern, unter denen sich Lina Lossen, Traute Carlsen, Friedrich Kayssler, Albert Steinrück und Curt Goetz befanden.

Der Grundriß des Zuschauerraumes war ein Rechteck, die Sitze auf einem ansteigenden Parkett angeordnet, dessen hinterer Teil auf einer Estrade lag. Die seitlich liegenden Türen führten in foyerartige Gänge rechts und links des Saales. Seine Wände waren mit profilierten Holzplatten verkleidet, die baufertig von einer Fabrik geliefert wurden. Ein großes, amarantrotes Seidenvelum bedeckte den mittleren Teil des Plafonds. Durch die durchbrochenen Ornamente des Frieses zwischen den Pilastern flutete indirektes elektrisches Licht.

Der Zuschauerraum machte einen tempelartigen Eindruck. Er hatte etwas vom Ernst herber, buddhistischer Architektur. Die Farbklänge beruhten auf einer von Amarantrot zu hellem Zinnober verlaufenden Skala. Die bewußt zurückhaltende dekorative Ausgestaltung erschien wie von dem Weihrauch und der Patina von Jahrhunderten gedämpft.

Die Anlage der Bühne beruhte auf langjährigen Studien, auf Eindrücken, die ich als Zuschauer und als Besucher von Theatervorstellungen gehabt hatte, und auf den Erkenntnissen der in Gemeinschaft mit Ingenieur Milon gemachten Studienreise. Das erste Ergebnis meiner Überlegungen war die Überzeugung, daß alle noch so scharfsinnigen Erfindungen der Bühnentechniker zu kompliziert und zu schwerfällig waren. Weder die Drehbühne noch die auf Schienen laufenden, verschiebbaren Seitenbühnen riefen den Eindruck hervor, daß der Schauplatz, der Ort der Darstellung sich wirklich ändere. Trotz aller Verschiedenheit der Dekorationen spielten sich die Szenen stets an der gleichen Stelle ab. Der Verzicht auf den Bühnenrahmen war ein ungenügender Ausweg. Ich verlangte mehr: der Zuschauer sollte wirklich von einem Ort zum anderen geführt werden.

So kam ich auf die dreiteilige Bühne. Eine sehr breite Bühnenöffnung – breiter als der Zuschauerraum selbst – erlaubte die Anlage einer Mittel- und zweier Seitenbühnen, die variiert werden konnten. Die mittlere Bühne hatte die normale Breite. Die beiden Seitenbühnen waren für Episoden und Szenen geringeren Umfangs breit genug. Die Mittelbühne lag axial zum Zuschauerraum, die Seitenbühnen waren mit Rücksicht auf die Sicht leicht abgewinkelt. Zwei zylindrische Rohre, die nach Bedarf entfernt werden konnten, trennten die drei Schauplätze. Die Einteilung in diese drei Bühnen war das Normale; bei Entfernung der Rohre konnte die Bühne in voller Breite als ein einziger Schauplatz verwendet werden. Die Anlage der Bühne und ihr Verhältnis zum Zuschauerraum gewährleisteten eine ungestörte Sicht von allen Plätzen des Zuschauerraumes aus. Sie ermöglichte den ununterbrochenen Ablauf der dramatischen Handlung.

Soviel ich weiß, wurde im Münchner Prinzregententheater der erste Leinwandhorizont verwendet. Der frühere flache Hintergrund verwandelte sich in den Rundhorizont, der den Eindruck eines unendlichen Luftraums hervorruft. Aber die unvermeidbaren Falten, die sich durch die auf der Kurve der Schiene laufenden Ringe ergeben, an denen der Rundhorizont aufgehängt ist, haben immer die Wirkung geschädigt. Um diesen häßlichen Nachteil auszuschalten, konstruierte ich für das Kölner Theater eine massive kreisförmige Mauer, deren Radius ich so anlegte, daß die vorderen Enden des Segmentes weiter auseinanderlagen als die gesamte Breite der dreiteiligen Bühne. Diese Anordnung behinderte in keiner Weise die Zugänge zur Bühne und zum Proszenium, das bei gewissen Aufführungen als viertes Spielfeld verwendet werden konnte.

Ich suchte auch die unpraktische Lage der Orgel zu verbessern, die gewöhnlich auf einer Seite der Bühne eingebaut war. Der Orgelklang darf nicht von weit her kommen; das Instrument muß unmittelbar über dem Bühnenrahmen angebracht werden. An dieser Stelle sah ich auch eine Galerie vor, auf der bei Balletten ein kleines Orchester untergebracht werden konnte.

Die auf jede hinderliche Maschinerie verzichtende Bühne des Werkbundtheaters wurde Gegenstand lebhafter Diskussionen und Kritiken. Sie wurde aber auch gelobt. Ernst Hardt, der sie mit den Augen des dramatischen Dichters und kommenden Intendanten beurteilte, veröffentlichte im »Berliner Tageblatt« ein langes Feuilleton unter dem Titel »Die neue Bühne, Gedanken über Henry van de Veldes Theater«, in dem sich der Satz findet: »Ich habe niemals vor einer Bühne ein so tiefes Gefühl für die hinter dem Vorhang wesende Welt eines Dramas gehabt wie hier.« Ich selbst wohnte den Aufführrungen einer Reihe von Dramen und Opern bei, unter denen, neben Goethes »Faust«, Byrons »Manfred« und Mozarts »Entführung aus dem Serail«, von der Münchner Hofoper unter musikalischer Leitung Bruno Walters aufgeführt, die Tanzabende von Clotilde von Derp und Alexander Sacharoff mir besonders in Erinnerung geblieben sind.

Als Folge der plötzlichen Kriegserklärung Anfang September 1914 schloß das Theater für immer seine Pforten.

Mit dem Werkbundtheater kämpfte ich einerseits für ein neues Bühnenprinzip, das auf die einfachsten szenischen Grundlagen zurückgriff, andrerseits für eine architektonische Gestaltung des Theaterbaus, bei der ich die äußersten Konsequenzen der vernunftgemäßen Konzeption gezogen hatte und ästhetische Eindrücke zu verwirklichen versuchte, deren überraschende Schönheit nach meiner Überzeugung dem Wesen des Theaters gemäß ist. Im Trubel dieser bewegten Kölner Wochen kamen mir wieder einmal die Rolle, die mir das Schicksal zugewiesen hatte, und die Stellung zum Bewußtsein, die ich mir in Deutschland in der nunmehr weit ausgebreiteten künstlerischen Bewegung geschaffen hatte, deren Ziel die Eroberung eines »Neuen Stils« war.

Werkbund-Diskussion

Unter den Beteiligten der Werkbundausstellung hatte sich eine starke Gruppe gebildet, die gegen dieses Prinzip vernunftgemäßer und konsequenter Konzeption Opposition machte. Für sie bedeutete seine Anwendung eine Hemmung der Vorstellungskraft, die sie in jene Richtung zog, in der die undisziplinierte Phantasie zu allen Zeiten verlockende Produkte hervorbrachte, die ein abgestumpftes Publikum zum Kauf verführen. Eine zweite Gruppe sah in diesem Prinzip eine unschätzbare Hilfe, eine fruchtbare Quelle zur Entwicklung neuer Dinge. Einer dritten und stärksten Gruppe erschienen die verstockten Vertreter der Phantasie ebenso gefährlich wie die unbeirrten Individualisten, die meine Meinung teilten. In uns, als den Repräsentanten des linken Flügels, sah die Gruppe der »goldenen Mitte«, die neo-biedermeierlichen Tendenzen huldigte, die größere Gefahr. Das mag normal scheinen; auch in der Politik und der sozialen Entwicklung ist es nie anders gewesen.

In diesem besonderen Fall, in dem das die Neutralität verkörpernde Typenprodukt durchgesetzt werden sollte, trat eine außergewöhnliche Kurzsichtigkeit in Erscheinung. Ist es nicht gefährlicher, dem Publikumsgeschmack durch Reminiszenzen und Pikanterien verflossener Stilepochen zu schmeicheln, als den Versuch des Künstlers zu billigen, der die Bindungen der Neutralität sprengt, um seinem künstlerischen Empfinden freien Lauf zu lassen? Aber die Mehrheit, eben »die goldene Mitte«, war der Meinung, daß Künstler wie Hermann Obrist, August Endell, Bruno Taut, Walter Gropius und ich die Zukunft des Werkbundes mehr gefährdeten. Sie glaubten, der Werkbund sollte eine »ruhige« Institution sein. Dementsprechend hatte die große Mehrheit des Vorstandes jede Gelegenheit benutzt, den öffentlichen Stellen, an deren Mitarbeit und Unterstützung appelliert wurde, die gewünschten Zusicherungen zu geben. Auch die großen Industriefirmen verlangten Beweise der Mäßigung. Aber die Ausstellung, die einen Überblick über die Leistungen des Werkbundes seit seiner Gründung geben sollte, zeigte beträchtliche »Schönheitsfehler« infolge einiger mutiger persönlicher Leistungen, die der allgemein gewünschten neutralen Mittelmäßigkeit nicht entsprachen.

Die Mehrheit der Werkbundmitglieder war mit der Meinung des Architekten Hermann Muthesius einverstanden, der im Vorstand eine bedeutende Rolle spielte. Für ihn war der Zeitpunkt gekommen, an dem die individuelle Arbeit aufzugeben und an ihre Stelle allgemeine Regeln, ein »Kanon« für die architektonische und kunstgewerbliche Produktion zu setzen seien. Muthesius hatte die Absicht, bei der Kölner Werkbundtagung die Zustimmung zur »Typisierung« als Leitgedanken für die zukünftige Arbeit des Werkbundes zu erreichen.

Die Gründe, die die großen Firmen und viele Architekten veranlaßten, Muthesius zu folgen und die »ewigen Experimente« zu bremsen, waren nicht schwer zu erkennen. Sie entsprangen dem persönlichen Interesse, das endlich die Ernte eingebracht wissen wollte. Nach zwanzig Jahren des Suchens und der Unsicherheiten sollte endlich Stabilität geschaffen werden.

Wir indessen fühlten uns mehr als je in unserer Freiheit bedroht, mit der wir unsere Ziele verfolgen wollten. Es wäre die Bankerotterklärung des Gedankens eines »Neuen Stils« gewesen, wenn wir nicht mit allen unseren Kräften gegen das Rezept der »Typisierung« protestiert hätten. Die Gruppe, die sich in der Werkbundleitung durchsetzen wollte, war einem in Deutschland vorherrschenden Glauben verfallen: dem Glauben an die Allmacht der Organisation! Ihm zufolge wird die organisierte Impotenz durch die Macht des aufgezwungenen Willens zur Potenz.

Einige Tage vor der Eröffnung der Werkbundtagung, die vom 2. bis 6. Juli 1914 stattfand, wurden den Mitgliedern zehn von Muthesius verfaßte Leitsätze unterbreitet, die als Grundlage für die weitere Arbeit des Werkbundes dienen sollten. Am Abend vor der Eröffnung stellte ich zu meiner großen Überraschung fest, daß viele Mitglieder wie ich selbst empört waren, sich der Mehrheit unterwerfen zu sollen. Nach einem Gedankenaustausch beschloß unsere Gruppe, energisch gegen die Annahme der zehn Leitsätze von Muthesius zu protestieren. Ich wurde spontan beauftragt, in öffentlicher Erklärung unseren Standpunkt dem Opportunismus einer Majorität entgegenzusetzen, die weder das Recht hatte zu befehlen, noch unseren Weg zu blockieren, den wir noch nicht zu Ende gegangen waren.

Am Abend nach der Eröffnungssitzung trafen sich meine Freunde Obrist, Endell, Osthaus, Breuer, Taut und ich in der Halle des Hotels »Excelsior«, wo wir alle wohnten, und diskutierten die Frage, wie wir uns zum Vorgehen von Muthesius stellen sollten. Wir beschlossen, uns gegen seine unerhörte Herausforderung zu wehren. Aber wir hatten nur eine Nacht zur Verfügung, um zehn Gegenleitsätze zu formulieren, den französischen Text ins Deutsche zu übersetzen, ihn drucken zu lassen und rechtzeitig, das heißt vor der Sitzung des kommenden Morgens, an die Mitglieder zu verteilen. Weitere Gegner der Vorschläge von Muthesius schlossen sich uns an. Während des Nachtessens, bei dem wir uns in sehr angeregter, kampflustiger Stimmung befanden, verteilten wir die Rollen für die Arbeit, die noch geleistet werden mußte, bevor wir uns schlafen legen konnten, um für den nächsten Tag gerüstet zu sein.

In einem kleinen Saal, den uns der Hoteldirektor zur Verfügung stellte, brachte ich die zehn knapp gefaßten, radikalen Gegenleitsätze zu Papier. Hermann Obrist und Else von Guaita, die beide ausgezeichnet Französisch sprachen, hielten sich zur Übersetzung bereit. Abschnittweise übergab ich meine Aufzeichnungen meinen Übersetzern. Else von Guaita entzifferte die handschriftlichen Texte, zu denen Obrist die eine oder andere Änderung vorschlug. Endell und Taut hielten die Verbindung zu dem Drucker aufrecht, der während der Nacht zwei oder drei Setzer in seiner Werkstatt zur Verfügung hielt. Dank der vielen Kaffee-Kirsch, die uns Else von Guaita vorsetzte, blieben wir frisch, und um zwei Uhr nachts brachte Taut oder Endell den Text des zehnten Gegenleitsatzes in die Druckerei. Er kehrte mit dem Taxi zurück und brachte die Korrekturabzüge, die ich noch in Ordnung bringen konnte. Während der ganzen Nacht rollte ferner Donner, so daß wir uns fragten, ob ein neues Unwetter heraufzog, ähnlich jenem, das im vergangenen Monat beim Werkbundtheater soviel Unheil angerichtet hatte.

Am nächsten Morgen wurden den Werkbundmitgliedern meine Gegenleitsätze ausgehändigt. Muthesius erhielt als erster das Wort. Nach einer kurzen Ansprache erklärte er, daß er seine Leitsätze in seinem eigenen Namen zur Abstimmung vorlege. Seine Leitsätze lauteten:

»1. Die Architektur und mit ihr das ganze Werkbundschaffensgebiet drängt nach Typisierung und kann nur durch sie diejenige allgemeine Bedeutung wiedererlangen, die ihr in Zeiten harmonischer Kultur eigen war.

2. Nur mit der Typisierung, die als Ergebnis einer heilsamen Konzentration aufzufassen ist, kann wieder ein allgemein geltender, sicherer Geschmack Eingang finden.

3. Solange eine geschmackvolle Allgemeinhöhe nicht erreicht ist, kann auf eine wirksame Ausstrahlung des deutschen Kunstgewerbes auf das Ausland nicht gerechnet werden.

4. Die Welt wird erst dann nach unseren Erzeugnissen fragen, wenn aus ihnen ein überzeugender Stilausdruck spricht. Für diese hat die bisherige deutsche Bewegung die Grundlage geschaffen.

5. Der schöpferische Weiterausbau des Errungenen ist die dringendste Aufgabe der Zeit. Von ihr wird der endgültige Erfolg der Bewegung abhängen. Jedes Zurück- und Abfallen in die Nachahmung würde heute die Verschleuderung eines wertvollen Besitzes bedeuten.

6. Von der Überzeugung ausgehend, daß es für Deutschland eine Lebensfrage ist, seine Produktion mehr und mehr zu veredeln, hat der Deutsche Werkbund als eine Vereinigung von Künstlern, Industriellen und Kaufleuten sein Augenmerk darauf zu richten, die Vorbedingungen für einen kunstindustriellen Export zu schaffen.

7. Die Fortschritte Deutschlands in Kunstgewerbe und Architektur sollten dem Auslande durch eine wirksame Propaganda bekanntgemacht werden. Als nächstliegendes Mittel hierfür empfehlen sich neben Ausstellungen periodische illustrierte Veröffentlichungen.

8. Ausstellungen des Deutschen Werkbundes haben nur dann Sinn, wenn sie sich grundsätzlich auf Bestes und Vorbildliches beschränken. Kunstge-

werbliche Ausstellungen im Auslande sind als eine nationale Angelegenheit zu betrachten und bedürfen daher öffentlicher Unterstützung.

9. Für einen etwaigen Export ist das Vorhandensein leistungsfähiger und geschmacklich sicherer Großgeschäfte die Vorbedingung. Mit dem vom Künstler für den Einzelfall entworfenen Gegenstand würde nicht einmal der einheimische Bedarf gedeckt werden können.

10. Aus nationalen Gründen sollen sich große, nach dem Ausland arbeitende Vertriebs- und Verkehrsgesellschaften jetzt, nachdem die Bewegung ihre Früchte gezeitigt hat, der neuen Bewegung anschließen und die deutsche Kunst mit Bewußtsein in der Welt vertreten.«

Nach Muthesius erhielt ich als nächster das Wort und ging sofort zum Angriff über. Draußen tobten Blitz und Donner. Nach einer kurzen, scharfen Einleitung verlangte ich für die Künstler des Werkbundes das Recht zu freier, unabhängiger, schöpferischer Arbeit, die durch kein einengendes Programm bedroht werden dürfe. Die Idee der Beschränkung auf »Typen«, die von einer Kommission festgelegt werden sollten, bezeichnete ich als das traurige, verabscheuungswürdige Ende einer Vereinigung, die von uns alles erwarten dürfe, nur keine Entmannung. Dann verlas ich in schneidendem, schroffem Ton unsere zehn Gegenleitsätze:

»1. Solange es noch Künstler im Werkbund geben wird und solange diese noch einen Einfluß auf dessen Geschicke haben werden, werden sie gegen jeden Vorschlag eines Kanons oder einer Typisierung protestieren. Der Künstler ist seiner innersten Essenz nach glühender Individualist, freier spontaner Schöpfer; aus freien Stücken wird er niemals einer Disziplin sich unterordnen, die ihm einen Typ, einen Kanon aufzwingt. Instinktiv mißtraut er allem, was seine Handlungen sterilisieren könnte, und jedem, der eine Regel predigt, die ihn verhindern könnte, seine Gedanken bis zu ihrem eigenen freien Ende durchzudenken, oder die ihn in eine allgemeingültige Form hineintreiben will, in der er doch nur eine Maske sieht, die aus einer Unfähigkeit eine Tugend machen möchte.

2. Gewiß hat der Künstler, der eine »heilsame Konzentration« treibt, immer erkannt, daß Strömungen, die stärker sind als sein einzelnes Wollen und Denken, von ihm verlangen, daß er erkenne, was wesentlich seinem Zeitgeiste entspricht. Diese Strömungen können sehr vielfältige sein, er nimmt sie unbewußt und bewußt als allgemeine Einflüsse auf, sie haben

materiell und moralisch etwas für ihn Zwingendes; er ordnet sich ihnen willig unter und ist für die Idee eines neuen Stils an sich begeistert. Und seit zwanzig Jahren suchen manche unter uns die Formen und die Verzierungen, die restlos unserer Epoche entsprechen.

3. Keinem von uns ist es jedoch eingefallen, diese von uns gesuchten oder gefundenen Formen oder Verzierungen anderen nunmehr als Typen aufzwingen zu wollen. Wir wissen, daß mehrere Generationen an dem noch arbeiten müssen, was wir angefangen haben, ehe die Physiognomie des neuen Stils fixiert sein wird, und daß erst nach Verlauf einer ganzen Periode von Anstrengungen die Rede von Typen und Typisierung sein kann.

4. Wir wissen aber auch, daß nur solange dieses Ziel nicht erreicht ist, unsere Anstrengungen noch den Reiz des schöpferischen Schwunges haben werden. Langsam fangen die Kräfte, die Gaben aller an, ineinander überzugehen, die Gegensätze werden neutralisiert, und eben in dem Augenblick, wo die individuellen Anstrengungen anfangen, zu erlahmen, wird die Physiognomie fixiert. Die Ära der Nachahmung fängt an, und es setzt der Gebrauch von Formen und von Verzierungen ein, bei deren Herstellung niemand mehr den schöpferischen Impuls aufbringt: die Zeit der Unfruchtbarkeit ist dann eingetreten.

5. Das Verlangen, einen Typ noch vor dem Werden eines Stiles erstehen zu sehen, ist geradezu dem Verlangen gleichzusetzen, die Wirkung vor der Ursache sehen zu wollen. Es heißt, den Keim im Ei zerstören. Sollte wirklich jemand sich durch den Schein, damit rasche Resultate erzielen zu können, blenden lassen? Diese vorzeitigen Wirkungen haben um so weniger Aussicht, eine wirksame Ausstrahlung des deutschen Kunstgewerbes auf das Ausland zu erreichen, als eben dieses Ausland einen Vorsprung vor uns voraus hat in der alten Tradition und der alten Kultur des Geschmackes.

6. Deutschland hingegen hat den großen Vorzug, noch Gaben zu haben, die anderen älteren, müderen Völkern abgehen, die Gaben der Erfindung nämlich, der persönlichen geistreichen Einfälle. Und es heißt geradezu, eine Kastration vorzunehmen, wenn man diesen reichen, vielseitigen, schöpferischen Aufschwung jetzt schon festlegen will.

7. Die Anstrengungen des Werkbundes sollten dahin abzielen, gerade diese Gaben sowie die Gaben der individuellen Handfertigkeit, die Freude und den Glauben an die Schönheit einer möglichst differenzierten Ausführung zu pflegen und nicht sie durch eine Typisierung zu hemmen, gerade in dem

Momente, wo das Ausland anfängt, an deutscher Arbeit Interesse zu finden. Auf dem Gebiete dieser Förderung bleibt fast noch alles zu tun übrig.
8. Wir verkennen niemandes guten Willen und erkennen sehr wohl die Schwierigkeiten, die dabei zu überwinden sind. Wir wissen, daß die Arbeiterorganisation sehr viel für das materielle Wohl des Arbeiters getan hat, aber kaum eine Entschuldigung dafür vorbringen kann, so wenig dafür getan zu haben, die Begeisterung für vollendet schöne Arbeit bei denen zu wecken, die unsere freudigsten Mitarbeiter sein müßten. Andererseits ist uns der Fluch wohlbekannt, der auf unserer Industrie lastet, exportieren zu müssen.
9. Und dennoch ist nie etwas Gutes und Herrliches geschaffen worden aus bloßer Rücksicht auf den Export. Qualität wird nicht aus dem Geiste des Exports geschaffen. Qualität wird immer nur zuerst für einen ganz beschränkten Kreis von Auftraggebern und Kennern geschaffen. Diese bekommen allmählich Zutrauen zu ihren Künstlern, langsam entwickelt sich erst eine engere, dann eine rein nationale Kundschaft, und dann erst nimmt das Ausland und die Welt langsam Notiz von dieser Qualität. Es ist ein vollkommenes Verkennen des Tatbestandes, wenn man die Industriellen glauben macht, sie vermehrten ihre Chancen auf dem Weltmarkt, wenn sie A priori-Typen produzierten für diesen Weltmarkt, ehe diese ein zu Hause ausprobiertes Gemeingut geworden sind. Die wundervollen Werke, die jetzt zu uns exportiert werden, sind niemals ursprünglich für den Export erschaffen worden, man denke an Tiffany-Gläser, Kopenhagener Porzellan, Schmuck von Jensen, die Bücher von Cobden-Sanderson und so weiter.
10. Jede Ausstellung muß das Ziel verfolgen, der Welt diese heimische Qualität zu zeigen, und die Ausstellungen des Werkbundes haben in der Tat nur dann einen Sinn, wenn sie sich, wie Herr Muthesius so trefflich sagt, grundsätzlich auf Bestes und Vorbildliches beschränken.«

Die in mir aufgestaute tiefe Entrüstung muß sich in meiner Stimme und meiner Haltung auf dem Podium ausgeprägt haben; ein Berichterstatter charakterisierte sie mit den Worten: »der Mensch ganz aus Stahl«. Die Wirkung meiner Gegenleitsätze war beträchtlich. Ich »deklamierte« sie gleichsam, und je weiter ich im Text, der an die Anwesenden verteilt worden war, kam, desto mehr sah ich mich gezwungen, meine Stimme zu erheben. Denn genau in dem Augenblick, in dem ich aufstand und zu lesen begann, brach ein heftiges Gewitter aus, dessen Donnerschläge meinen Sätzen Nachdruck verliehen. Ich habe viel in der Öffentlichkeit gesprochen. Nie aber habe ich eine derartige Erregung verspürt wie bei der »Deklamation« dieses »Credo« des Künstlers, der seine heiligsten Rechte gegen eigennützige, opportunistische Kräfte verteidigt, die nur darauf bedacht sind, materiellen Profit einzuheimsen und Weltmärkte zu erobern. Während ich meine Sätze Wort für Wort gleichsam skandierte, spürte ich, wie ihr Sinn in den Geist der Zuhörer eindrang und in ihnen Gefühle erweckte, die sie wider ihren Willen dazu brachten, die Richtigkeit unserer Leitsätze anzuerkennen, und daß sie die Klarheit unseres Programms und den Stolz unserer ausdrücklichen Erklärung achteten, uns unter keinen Umständen zu unterwerfen. Allen wurde klar, daß wir eher mit dem Werkbund brechen würden, eine Lösung, die niemand wünschte. Die Fackel war entzündet, das Feuer brannte, und das draußen tobende Gewitter verstärkte die Unruhe, die die Versammlung erfaßt hatte.

Die scharfe Kritik und Ironie meines letzten Gegenleitsatzes hatte zur Folge, daß sich alle, die sich getroffen fühlten, gegen mich wendeten. Unter der Majorität entstand eine gewisse Verblüffung, während sich meine Anhänger erhoben und die Zurücknahme der »offiziellen« Leitsätze von Muthesius verlangten.

Der Architekt Peter Behrens eröffnete den Reigen der Redner. Er stellte sich auf meine Seite, allerdings in der etwas vagen Art, die in seinen Meinungen wie in seinen Werken zum Ausdruck kam. Gropius verzichtete auf eine ausführliche Erklärung zugunsten August Endells, der mit Überzeugung und lebhaftem Enthusiasmus unsere Sache vertrat. Ostwald stellte sich auf die Seite von Muthesius. Riemerschmid, Obrist, Karl Ernst Osthaus und Robert Breuer, der junge, brillante Kunstkritiker, entwickelten jeder auf seine Weise die Argumente gegen die »Typisierung« und für die schöpferische Freiheit. Der Radikalismus, mit dem der junge Architekt Bruno Taut die Sterilität der Typisierung angriff, brachte die Muthesius-Anhänger, die offensichtlich in der Minderheit waren, in Aufruhr. Leidenschaftlich erklärte Taut, es sei unwichtig, ob in einer Saison das Dreieck und in der nächsten das Quadrat als einzig richtige Ornamente dekretiert würden. Nur die schöpferischen Anstrengungen und die Überlegungen derer, die klar sähen, seien für die Zukunft des Deutschen Werkbundes entscheidend. Das Wort »Diktator« und der Ruf nach »Diktatur« waren dem ungestümen Bruno Taut, der die Fahne des Aufruhrs hochhielt, ohne Zweifel entschlüpft, ohne daß er sich die Konsequenzen klarmachte. Während er sich im Tumult Gehör zu verschaffen suchte, rief er aus: »Ich glaube, die Gegenleitsätze van de Veldes sollten das Programm des Werkbundes werden, und ich schlage vor, seiner Autorität eine Diktatur zu übertragen!«

Die Anwesenden sprangen auf, und in unerhörtem Lärm prallten die entgegengesetzten Meinungen aufeinander. Breuer konnte für wenige Augenblicke den Lärm zum Schweigen bringen und versuchte, den genauen Sinn der Begriffe ›Diktatur‹ und ›Diktator‹ zu erklären. Später beim Nachtessen machte ich Taut auf die Inkonsequenz seiner Ausführungen aufmerksam. Die Idee einer Diktatur sei unvereinbar mit der Idee eines freien, schöpferischen Schaffens. Auf seiten der Anhänger einer Typisierung seien diktatorische Neigungen viel eher zu befürchten. Die Festlegung von Typen bedeute den ersten Schritt zur Diktatur. Im Verlauf unseres Gesprächs zog sich Taut auf eine besser zu verteidigende Position zurück. Hinter seiner Forderung stand der Wunsch nach einer Führung, welche die einzelnen Vorkämpfer einer Bewegung zusammenfaßte, die ihre Kräfte bisher in individuellen Anstrengungen vergeudeten.

Muthesius konnte sich keine Illusionen mehr machen, nachdem ein neutraler Redner festgestellt hatte, daß bei einer Abstimmung über die Leitsätze das »Für« und »Wider« sich bestenfalls die Waage halten würden. Es bestand kein Zweifel, daß eine Spaltung drohte, bei der der Werkbund seine schöpferischen Mitglieder verloren hätte. In dieser Situation hielt Muthesius eine lange, resignierte Schlußrede, bei der man beinahe Mitleid mit ihm empfand, weil er sein persönliches Opfer und seine Treue zum Werkbund allzusehr betonte. Das Opfer bestand in der klaren Zurücknahme seiner Vorschläge. Einmütiger Beifall bestätigte die allgemeine Befriedigung. Die einen waren über die verhinderte Spaltung erfreut, die anderen triumphierten über die Niederlage des Gedankens einer Typisierung und Gleichmacherei.

Bevor sich die Versammlung trennte, erklärte der Präsident, die beiden Tage seien nicht negativ verlaufen; die Sitzungen hätten eine freie Aussprache der Meinungen, ein »Aufeinanderplatzen der Geister« ermöglicht. Er schloß mit den Worten: »Es war mit unseren Verhandlungen wie mit dem Wetter. Als wir eintraten, lag eine gewisse Schwüle in der Luft, und wie draußen die Schwüle durch ein richtiges Donnerwetter beseitigt ist, so hoffe ich, daß auch in unseren Reihen die Stimmung wesentlich geklärt ist.«

Die Kölner Tage bestätigten meine Rolle als Haupt der Bewegung in Deutschland. Sie war das Ergebnis meiner 1893 begonnenen Bestrebungen, an deren Beginn mein erster Vortrag im Kreis der »Libre Esthétique« in Brüssel und meine ersten Kurse an der Antwerpener Akademie standen und die ich in Deutschland weiterführte.

Zweifel nach allen Seiten

Es mag dem Leser aufgefallen sein, daß ich in meinen Gegenleitsätzen die deutsche Industrie und das Kunstgewerbe als »unsere« Industrie und als »unser« Kunstgewerbe bezeichnet habe, obgleich ich selbst nicht Deutscher war. Ich habe mich nie naturalisieren lassen. Nie habe ich den Wunsch gehabt, meine Nationalität zu wechseln, und nie wurde ich – vor dem Krieg – aufgefordert, die deutsche Staatsangehörigkeit anzunehmen. Für alle, die mich in Deutschland kannten, war ich »der Belgier van de Velde«. Aber zugleich galt es als selbstverständlich, daß ich damals zu den Deutschen gehörte. Und dies in einem solchen Maße, daß ich während der Zeit meines Aufenthaltes in Deutschland, das heißt seit Oktober 1900, zur Teilnahme an allen nationalen Ausstellungen eingeladen wurde. Ich war Mitglied des Werkbundvorstandes, und bei der vom »Deutschen Künstlerbund« 1906 in London veranstalteten Ausstellung wurde mir ihre Einrichtung übertragen. Es fiel mir sogar zu, öffentlich – in französischer Sprache – den englischen Künstlern für die Ehrung der deutschen Gäste zu danken.

Obwohl ich mich durch viele und intime Bande mit Deutschland verknüpft fühlte, war ich zweimal nahe daran, sie zu lösen. Das erste Mal 1912, als ich mir in Paris ein Atelier und eine Wohnung einrichtete, und ein zweites Mal 1913 anläßlich einer Reihe von Vorträgen, zu denen mich die Universität Brüssel einlud. Damals nahm ich nach dreizehnjährigem Aufenthalt im Ausland die Verbindung mit meinem Heimatland, meinen Verwandten und belgischen Freunden wieder auf.

Gewiß: mein Werk und mein Name waren in Deutschland groß geworden, meine Autorität hatte sich dort durchgesetzt, und meine materielle Existenz war reichlich gesichert. Ich hatte ein Heim, in dem die Kinder heranwuchsen. Im Garten vermehrten sich die Blumen, die meine Frau mit Liebe und Sorgfalt pflegte. Die Bäume standen voller Früchte, und ihr Astwerk verbreitete sich in dichtem Gewirr. Mit den Einwohnern von Ehringsdorf standen wir in herzlichsten Beziehungen, die Behörden, das heißt der Bürgermeister und der Gemeindediener, waren so zuvorkommend, daß sie sich sogar um die Beleuchtung der Straße vor unserem Hause kümmerten, wenn wir Gäste hatten.

Trotz alledem kamen mir manchmal Zweifel an den Entwicklungsmöglichkeiten der Bewegung in Deutschland, der ich mein Leben gewidmet hatte, und auch hinsichtlich der Zukunft meiner Kinder. Bei diesen beiden Dingen ging es um Fragen der Assimilation, der sich, wie mir schien, Probleme der Mentalität und Sensibilität entgegenstellten.

Zwischen uns und unseren Freunden herrschte vollkommene Harmonie der Gefühle und Ansichten. Aber im Laufe der fortschreitenden Entwicklung meiner Kinder beobachtete ich Äußerungen und Reaktionen, auf Grund derer ich mich fragte, ob sie sich je mit ihrer Umgebung in wahren Einklang würden setzen können. Meine Zweifel bezogen sich vor allem auf bestimmte soziale Konventionen, denen sich zu fügen schwerfiel und unter denen unsere Kinder gegebenenfalls zu leiden haben würden. Damals wurden in Deutschland ungetaufte Kinder wie die unsrigen noch schief angesehen, und bei vielen Gelegenheiten ließ man sie es fühlen, daß sie Ausländer waren. Und was meine Kunsttheorie, meine Vorstellung von der Schönheit und vor allem das Prinzip der vernunftgemäßen Gestaltung betraf, so hatte ich gewichtige Gründe anzunehmen, daß sie in Deutschland noch lange nicht, vielleicht nie Allgemeingut werden würden.

Die psychologische Reaktion, aus der sich meine Theorien entwickelt haben, ebenso wie die Voraussetzungen meiner strukto-linearen, dynamo-graphischen Ornamentik sind im Grund der germanischen Rasse fremd, deren Phantasie immer stärker war als ihre Sensibilität. Auch das »Leben des Stoffes« und das »psychologische Verständnis« für das Architektonische liegen dem lateinischen Wesen, das dem hellenischen so viel verdankt, näher. Mein Einfluß und meine Lehre, so erschien es mir mehr und mehr, würden in Deutschland fremd bleiben und ich selbst samt meinen Schülern Ausnahmen, ja Ausländer.

Meine Versuche, mich in Paris niederzulassen oder nach Belgien zurückzukehren, gelangten nicht zum Ziel. Als ich mich auf Drängen von Maurice Denis im Hinblick auf meine Arbeiten für das »Théâtre des Champs-Elysées« bereit erklärte, mich vorübergehend in Paris festzusetzen, machte ich weder ihm noch dem Präsidenten Thomas gegenüber ein Hehl daraus, welche Hoffnungen ich an diese Arbeit knüpfte. Beide versicherten mir, daß sie meine

Henry van de Velde 1913

Wünsche teilten, und versprachen, mir zu helfen. Aber beide haben mich unter sehr häßlichen Umständen verraten.

Über die Schwierigkeiten, die meiner Rückkehr nach Belgien und meinem Wunsch nach einer offiziellen Funktion dort entgegenstanden, war ich mir klar. Der besonders begeisterte Empfang, den mir die Studenten und Hörer meiner Vorlesungen an der »Université Nouvelle« in Brüssel im Mai 1913 bereiteten, hatte mich trotzdem ermutigt, diese Möglichkeit ins Auge zu fassen und bei einflußreichen Freunden entsprechende Schritte zu unternehmen. Emile Verhaeren, Octave Maus und Emile Vandervelde kannten meinen Wunsch und die Gründe, die mir den Gedanken nahelegten, Weimar zu verlassen und nach Belgien zurückzukehren. Ich bin überzeugt, daß sie alle nur denkbaren Schritte unternommen haben; aber es war nicht möglich. Durch meinen Freund Charles Lefébure, der stets mit größtem Interesse meine Entwicklung in Deutschland verfolgte, erfuhr ich, daß die belgische Regierung nicht in der Lage war, mir eine auch nur ähnliche Stellung zu bieten, wie ich sie in Deutschland einnahm, da die finanziellen Mittel zur Errichtung einer Schule und anderer Institutionen, die ich in der kleinen Residenz Sachsen-Weimars geschaffen hatte, nicht zur Verfügung gestellt werden konnten. Der Brief, der diese Nachricht enthielt, wurde mir in Köln in den Tagen zugestellt, in denen die Vollendung des Werkbundtheaters übermenschliche Arbeit von mir verlangte.

Rücktritt, Kriegsbeginn und Ende der Weimarer Zeit

In Weimar erfuhr ich durch meinen treuen Mitarbeiter Hugo Westberg, daß im »Kunstverein« davon gesprochen wurde, der Großherzog empfange persönlich die Kandidaten für meine Nachfolge. Unter ihnen befand sich der mir feindlich gesinnte Professor Paul Schultze-Naumburg, der wie die anderen Kandidaten der »Neo-Biedermeier-Richtung« angehörte. Der Großherzog wünschte, daß dieser sogenannte Stil offiziell zur Grundlage des Unterrichts an der Kunstgewerbeschule erklärt werde. Zugleich erwartete er die Übernahme meines Institutes durch den Staat.

Unter diesen Umständen reichte ich durch Vermittlung des Oberhofmarschalls am 15. Juli 1914 beim Großherzog mein Entlassungsgesuch ein. Die Nachricht machte die Runde durch die Presse, deren ausgiebige Kommentare sehr verschieden waren. Meine Mitarbeiter aus den Kreisen des Kunstgewerbes und der Industrie brachten ihre Enttäuschung zum Ausdruck. Ihre Befürchtungen, daß mein Weggang von Weimar materielle Folgen für sie haben würde, suchte ich mit dem Hinweis zu zerstreuen, daß Graf Kessler trotz der schmählichen Behandlung durch den Großherzog Weimar treu geblieben sei. Ich selbst konnte materiell mit einem Gefühl der Sicherheit in die Zukunft blicken.

Meine Frau und meine Kinder – ausgenommen meine älteste Tochter Nele, die von dem mir befreundeten, in Oberbayern lebenden deutsch-russischen Dichter Henry von Heiseier eingeladen worden war, die Ferien mit seiner Frau und seinen Kindern in einem baltischen Badeort unfern St. Petersburg zu verbringen – befanden sich in jenen Vorkriegstagen in Le Coq-sur-Mer am belgischen Strand in der Nähe Ostendes. Die Ermordung des österreichischen Erzherzogs Franz Ferdinand und seiner Frau hatte größte Erregung ausgelöst. Ich sehnte mich nach ein paar Ruhetagen mit meiner Familie, von der ich durch meine vielen Aufenthalte in Paris, Riga und Köln lange getrennt gewesen war. Ungeduldig verbrachte ich eine schlaflose Nacht im Schlafwagen nach Ostende und dachte über die furchtbaren Folgen nach, die sich auf Grund der Spannung zwischen Österreich-Ungarn und Serbien aus dem Attentat ergeben konnten.

Während der zwölf Stunden meiner Reise hatte der Lauf der politischen Entwicklung zu völliger Verwirrung geführt. Die Ereignisse überstürzten sich, und das österreichische Ultimatum an Serbien ließ keinen Zweifel mehr: es bedeutete Krieg zwischen den beiden Ländern, von denen das eine, Österreich, sich des militärischen Beistands Deutschlands versichert hatte.

Ein großer Teil der Sommergäste der großen und kleinen belgischen Badeorte waren Deutsche. Sie stürzten sich auf die Zeitungsstände, auf die Postämter und Bahnhöfe. Alle machten sich zur Abreise bereit. Man glaubte allerdings, Serbien sei für die vereinigten österreichisch-deutschen Armeen ein leichter Bissen. Wenn es so war, brauchte ich mich nicht zu beunruhigen. Nichts schien dagegen zu sprechen, daß wir die Ferien genossen; schlimmstenfalls müßten sie bis zum Ende des Konfliktes ausgedehnt werden. Zwei Tage nach meiner Ankunft in Le Coq-sur-Mer erhielt ich von Harry Kessler, der dank seiner Beziehungen zum Auswärtigen Amt in Berlin die Lage besser überblicken konnte, genauere und alarmierendere Nachrichten. Er riet mir, im Hinblick auf mögliche Verwicklungen die Rückreise vorzubereiten. Am nächsten Tag drängte er, sofort nach Weimar zurückzukehren. Nach einem zweiten, noch drängenderen Telegramm Harrys beschlossen wir, die Ferien abzubrechen, fuhren nach Ostende und erreichten den letzten nach Deutschland abgehenden Zug. Nervös und bedrückt, wenn auch ohne eigentliche Beunruhigung erreichten wir die deutsche Grenze, wo die peinliche Prüfung der Pässe aller Reisenden einen endlosen Aufenthalt des Zuges verursachte. Deutschland befand sich im Zustand der vollen Mobilmachung. Unser Zug mußte von Station zu Station anhalten und wurde auf Nebengleise geschoben, um Truppen-, Munitions- und Verpflegungstransporte passieren zu lassen. Auf diese Weise kamen wir mit einer Verspätung von mehr als zehn Stunden in Weimar an.

Wenn ich während der Reise nicht von dem einzigen Gedanken verfolgt gewesen wäre, meine Frau und die Kinder in den Schutz unseres Hauses »Hohe Pappeln« zu bringen, hätte ich bemerken müssen, daß alle uns passierenden Züge in Richtung Belgien fuhren.

Am nächsten Morgen ging ich mit Hugo Westberg in die Stadt. Auf dem großen Platz war alles in höchster Aufregung. Hunderte von requirierten

Pferden aus dem ganzen Großherzogtum machten mit ihrem Wiehern und den Hufschlägen auf dem Pflaster einen unbeschreiblichen Lärm. Die Besitzer der Tiere und die Stallburschen schrien herum. Veterinäre untersuchten die Pferde, ehe sie von den Requisitionsoffizieren übernommen wurden.

In der Schicksalsstunde, in der Millionen von Menschen der Tod bevorstand, in der Verbrecher auf den Thronen Deutschlands und Österreich-Ungarns, die sie auf Grund des sogenannten Gottesgnadentums innehatten, ihre Truppen wie zur Schlachtbank geführte Herden vor sich defilieren sahen, war ich von brennender Empörung und moralischer Entrüstung erfüllt, die die Sorge um die unsichere Zukunft meiner Familie und meines Schaffens bei weitem überschatteten. Ich fühlte mich mit unheimlicher Gewalt dorthin gezogen, wo die Kämpfe tobten. Ich war zu allem, zum unmöglichsten bereit: das Blutbad aufzuhalten und die unschuldigen Opfer vor dem Tod zu bewahren. Dann schlug die Erregung in tiefste Niedergeschlagenheit um. Ich schauderte vor dem Gefühl völliger Verlassenheit, vor apokalyptischen Visionen, vor der Gefahr des Wahnsinns. Die Wirklichkeit sah anders aus. Sie erschien mir in der Gestalt meines Freundes, des Geheimrats Professor Binswanger, des Psychiaters der Universität Jena. Er nahm mich in seine Privatklinik auf, wo ich bleiben sollte, bis er selbst und meine Jenaer Freunde sich einigermaßen über meine Zukunft klargeworden waren. Man fürchtete Maßnahmen des Großherzogs, dessen brutaler, jähzorniger Charakter ihnen nur zu bekannt war. Die Gelegenheit war für ihn nur zu günstig, sich für die stolze Gleichgültigkeit und die Herausforderung zu rächen, mit der ich nach seinem Wortbruch die mir von ihm übertragene Aufgabe weitererfüllte, ohne seine erlauchte Person zu beachten und ohne auf die Demütigungen zu reagieren, mit denen er meine Halsstarrigkeit zu brechen versuchte.

Es war bekannt, daß Geheimrat Binswanger als einziger in der Lage war, den Großherzog an die Dienste zu erinnern, die ich ihm und Deutschland geleistet hatte. Wilhelm Ernst war schon als Kind wegen einer krankhaften jähzornigen Veranlagung von Binswanger in seiner Klinik behandelt worden und stand stets unter der Betreuung des berühmten Psychiaters. Die Blicke meiner Freunde und Schüler waren auf den Großherzog gerichtet, der mir nur die Pässe hätte auszuhändigen lassen brauchen, damit ich mich mit meiner Familie nach der Schweiz, nach Holland oder einem anderen neutralen Land hätte begeben können. Andere Fürsten und Regierungen, in deren Diensten Ausländer standen, hatten dafür das Beispiel gegeben.

Am Tage nach meinem Eintritt in die Klinik setzte sich Professor Binswanger in meiner Gegenwart von seinem Arbeitszimmer aus mit dem Großherzog in Verbindung. Es stand ihm eine direkte Leitung zum Weimarer Palais zur Verfügung, ohne daß er ein Telephonamt in Anspruch nehmen mußte. Ich saß zur Seite des Geheimrats, der mir einen zweiten Telephonhörer reichte. So konnte ich seine Erklärungen über meinen Fall und seine Vorschläge mithören. Während der langen Ausführungen Professor Binswangers blieb der Großherzog zunächst stumm. Plötzlich stieß er die Worte aus, die für mich wie der Klang einer Totenglocke tönten: »Was, Sie sagen, Herr Geheimrat, van de Velde ist noch auf freiem Fuß? Den Kerl soll man einsperren!«

Am nächsten Morgen erklärte mich Professor Binswanger bei der üblichen Visite als seinen Patienten. Damit übernahm er die Verantwortung für meine Person. Er setzte sich mit einigen seiner Kollegen an der Universität Jena in Verbindung, die ihm als meine Freunde bekannt waren: mit Ernst Haeckel, dem Biologen, mit dem ich durch Heirat verwandt war, mit dem Kunsthistoriker Botho Graef, dem Philosophen Rudolf Eucken, dem Juristen Rosenthal und mit Professor Czapski, der nach dem Tod des mit ihm befreundeten Ernst Abbe Direktionsmitglied der Zeiss-Werke geworden war. Gemeinsam beschloß dieses Gremium, das Geheimrat Binswanger über den Wutanfall des Großherzogs gegen mich orientiert hatte, bei Staatsminister Rothe für mich zu intervenieren, damit ein Gesetz auf mich angewendet würde, demzufolge jedem in Deutschland staatlich angestellten Ausländer die deutsche »Staatsangehörigkeit« verliehen wurde. Diese »Staatsangehörigkeit« bedeutete nicht den Verlust der ursprünglichen Nationalität. Meine Freunde handelten, ohne mich zu konsultieren. Sie wollten mich nur vor der Drohung des Großherzogs, mich internieren zu lassen, und gegen die Schikanen der Kommandantur in Kassel schützen.

Nach einigen Tagen erhielt ich den Paß, der mit den Insignien des Deutschen Reiches versehen war und zugleich meine belgische Nationalität anerkannte. Während des Krieges und sogar bis zu dem Augenblick, als ich mich auf unbestimmte Dauer in Holland niederließ, hatte ich keinen anderen Paß. Erst von Holland aus konnte ich mich an das Außenministerium in Brüssel wenden, um einen neuen belgischen Paß zu beantragen. Professor Binswanger ließ mich durch einen Krankenpfleger in das Sanatorium seines Freundes Dr. Kohnstamm nach Königstein im Taunus bringen. Er orientierte meine Frau und stellte sich ihr zur Verfügung für den Fall, daß ihre oder die Sicherheit unserer Kinder bedroht würde.

Mehrere Wochen war ich von den Meinen getrennt. In der Zurückgezogenheit des Sanatoriums begegnete ich im Park nur Nervenkranken in Begleitung des Pflegepersonals. Für sie war ich Herr X., ein Holländer. Dr. Kohnstamm verstand es, mich von meinen trüben Gedanken zu befreien und mich an meine Pflicht zu erinnern, die ich trotz der Katastrophe, welche meine Mission und mein Schaffen gleichsam entwurzelte, auch in Zukunft zu erfüllen hatte. Die Ereignisse hatten aus mir einen überzeugten Pazifisten gemacht, einen enttäuschten Revolutionär, der sich über den gescheiterten Aufstand der Massen klargeworden war.

Unterdessen erhielt meine Frau pöbelhafte Briefe anonymer »patriotischer« Fanatiker, die sie und meine Kinder mit dem Tode bedrohten. In diesen Wochen konnte ich nur auf Hugo Westberg zählen, der mir unerschütterlich die Treue hielt. Nach meiner Rückkehr ging ich täglich mit ihm zusammen in die verlassene Schule, denn ich blieb für das Gebäude und alles, was die Schule betraf, verantwortlich, solange mein Entlassungsgesuch nicht angenommen war.

Unsere Gespräche, bei denen wir uns über die Zukunft klarzuwerden versuchten, wurden manchmal von Besuchen früherer Schüler unterbrochen, die Abschied nahmen, ehe sie an die Front gingen. Von diesen Schülern ist nur ein einziger aus den Schützengräben der Isère zurückgekehrt. Als ich endlich erfuhr, daß der Großherzog meine Demission angenommen hatte, wurde gleichzeitig von mir verlangt, daß ich mich täglich dreimal – morgens, mittags und abends – bei der Polizei meldete.

Dreieinhalb Kilometer Weg von meinem Haus »Hohe Pappeln«, die ich zu Fuß zurücklegen mußte, da wegen des Krieges keine Transportmittel zur Verfügung standen! Diese Verpflichtung hinderte mich, irgend etwas anderes zu tun, als den ganzen Tag die Belvedere-Allee hinunter- und hinaufzugehen.

Der sympathische Bürgermeister der Gemeinde Ehringsdorf, auf deren Boden sich unser Haus befand, bot sich an, meine Situation dadurch zu erleichtern, daß er meine Anwesenheit zu Hause selbst kontrollierte. Meine Freunde, die meine vor dem Krieg bestehenden Beziehungen zu hohen Beamten und mächtigen Persönlichkeiten in Berlin besser kannten als die städtischen Behörden in Weimar und die Kommandantur in Kassel, drängten mich immer wieder, mich an diese Kreise zu wenden, um eine großzügigere Auslegung der Ausnahmebestimmungen im Kriege zu erreichen.

Der Tod Alfred Walter Heymels

Gegen solche Schritte weigerte ich mich hartnäckig bis zu dem Augenblick, als eine dieser Persönlichkeiten, der Staatssekretär im Kolonialamt Dr. Solf, mich nach Berlin zu meinem todkranken Freund Alfred Walter Heymel rufen ließ, der nach den ersten Tagen des Einmarschs in Belgien mit seiner Husareneskadron über Charleroi und Sedan auf Paris vorgerückt war. Der schwer lungenleidende Heymel war vom Pferd gestürzt und nach Berlin zurückgebracht worden.

Heymel war mit seinem Vetter Rudolf Alexander Schröder zu Beginn des 20. Jahrhunderts von Bremen nach München gegangen und zu jener Gruppe moderner Schriftsteller gestoßen, der auch Otto Julius Bierbaum und Frank Wedekind angehörten. Heymels Herkunft galt damals als Geheimnis. Bei seiner Volljährigkeit verfügte er über ein Vermögen von mehreren Millionen. In früher Jugend war er der Familie Schröder anvertraut worden, die ihn gemeinsam mit Rudolf Alexander erziehen ließ. In München waren die beiden jungen Männer unzertrennlich. Den Münchner Schriftstellern ermöglichte Heymel die Herausgabe der Zeitschrift, mit der sie sich bekannt machen sollten.

Dr. Solf hatte sich mit der Bitte, Heymel zu pflegen, an mich gewandt, weil alle seine Freunde – die auch die meinen waren – eingezogen waren. Von den Quälereien des Großherzogs und der Feindseligkeit eines Teils der Weimarer Bevölkerung gegen mich und meine Familie wußte er nichts. Er wollte mich während meines Aufenthalts in Berlin den möglichen Schikanen der Kommandantur in Kassel entziehen, mich, der ich ein »Gefangener in Freiheit« war. Für die Bewilligung meiner Reise nach Berlin war die persönliche Intervention des Staatssekretärs beim Weimarer Staatsminister erforderlich.

Ich kam also als Krankenwärter, der die christliche Nächstenliebe ernst nahm, in Heymels Berliner Wohnung in der Hohenzollernstraße. Solf wußte nichts von meinen pazifistischen Gefühlen und Überzeugungen; er hatte keine Ahnung, in welchem Maße ich mich während der Tage und Nächte der Besinnung im Königsteiner Sanatorium dem Pazifismus verschrieben hatte.

Nach meiner Ankunft in Berlin besuchte ich zuerst Dr. Solf, um ihm für sein Vertrauen zu danken. Dann trat ich mein ungewohntes Amt als Krankenwärter an. Alfred Walter Heymel war nur noch der Schatten jenes Mannes, den ich einige Monate vor Kriegsbeginn gesehen hatte. Damals sah er kräftig aus, aber die Stimme klang schon verschleierter als sonst, und Hustenanfälle

Alfred Walter Heymel

verrieten das Fortschreiten der Krankheit. Ein monatelanger Aufenthalt im Hochgebirge hätte vielleicht noch Heilung bringen können. Aber die Strapazen, die Heymel in den ersten Kriegswochen durchmachen mußte, beschleunigten das tödliche Leiden.

Alfred Walter Heymel lag auf einem großen Bett. Er reichte mir feierlich und langsam die Hand. Plötzlich wurde er von einem Anfall geschüttelt, dem ein Blutsturz folgte. Es gelang mir gerade noch, ihn zu stützen. Es war die erste Hilfeleistung, mit der ich meine Funktion begann.

In einem kleinen Raum nebenan wurde ein Feldbett für mich aufgestellt. Von der Haushälterin erfuhr ich, daß ein alter Diener, der die Gewohnheiten Heymels kannte, engagiert worden war. Zum Abendessen wurde der Kranke ins Speisezimmer gebracht, und der Diener servierte das Mahl mit demselben Zeremoniell wie in früheren Zeiten. Heymel begann von seinen Kriegserlebnissen zu erzählen. Seine Augen leuchteten auf, um gleich darauf zu erlöschen; er sank zurück, und sein Kopf fiel nach vorn. Ehe wir ihn wieder zu Bett brachten, umarmte er mich und dankte für mein Kommen, für den Beweis der Freundschaft, auf die wir im Verlauf der Mahlzeit angestoßen hatten.

Ich setzte mich an sein Bett und betrachtete den Schlafenden. Und vor dem bedauernswerten Wesen ließ ich den Verwünschungen gegen Krieg und Kriegsgesinnung freien Lauf. Aber im selben Augenblick empfand ich unaussprechliches Mitleid mit diesem Opfer, diesem Deutschen, meinem Freund, der die Verantwortung für eine Tat mittragen mußte, die ein Geistesgestörter im Namen einer Nation begangen hatte, die er ebenso als von Gottes Gnaden ansah wie sich selbst.

Alfred Walter Heymel schwand langsam dahin. Wenige Tage vor seinem Tode waren Julius Meier-Graefe, der sich auf der Reise nach dem Osten einige Zeit in Berlin aufhielt, und ich Zeugen einer makabren Szene, die sich meiner Erinnerung tief eingeprägt hat. Wir hatten das Krankenzimmer verlassen, waren zum Nachtessen in Heymels Arbeitszimmer gegangen und saßen beim Kaffee, dem Meier-Graefe und ich ausgiebig zusprachen.

Unterdessen hatte der alte Diener auf Heymels Bitte ihm die Uniform angezogen. Der Sterbende hatte wohl die Absicht, in diesem Aufzug uns die Geschichte seines Rittes auf Paris zu erzählen. An seinem Waffenrock war das Eiserne Kreuz befestigt. Welches Wunder an Starrsinn, welche übermenschliche Anstrengung hatten es bewirkt, vor uns dieses gespenstische Schauspiel erscheinen zu lassen? Heymel blieb auf der ersten Stufe einer kleinen Treppe stehen. Wir stürzten auf ihn zu. Er öffnete den Mund, konnte aber nur ein paar unartikulierte Laute von sich geben und fiel in unsere Arme. Wir legten ihn in voller Uniform, den Helm auf seinem Kopf, auf sein Bett, wo er uns wie ein Ritter aus Erz auf einem Sarkophag in einer mittelalterlichen Kirche erschien.

In den nächsten Tagen verschlimmerte sich sein Zustand. Ich erzählte ihm von Charleroi, von Paris, aber er erinnerte sich nicht mehr. Es machte ihm Freude, mich vorlesen zu hören, aber er konnte die Sätze nicht mehr auffassen. So sah ich ihn langsam sterben, und an einem Morgen bemerkte ich, daß er das Bewußtsein verlor. Mir entglitt das Buch, das ich in Händen hielt: Baudelaires »Fleurs du mal«. Es dauerte eine Stunde, die mir wie eine Ewigkeit erschien. In meinen Armen hauchte er sein Leben aus.

Während des Krieges in Weimar

Zwei Tage später befand ich mich wieder in Weimar.

Als Dora von Bodenhausen gehört hatte, daß unsere Kinder sich vermeintlich in Gefahr befanden, kam sie nach Weimar und nahm die beiden jüngsten mit nach Degenershausen im Harz, wo sich das Gut der Bodenhausens befand. Von den anderen Töchtern war die eine in Jena bei Professor Czapski, die andere in Oberbayern in Hinteröhr bei Ottonie von Degenfeld untergebracht. Nele, die älteste, war noch in Rußland, von wo sie erst im Herbst 1915 über Schweden zu uns zurückkehren konnte.

So waren meine Frau und ich allein in unserem Haus; das Familienleben war gestört. Wir beschlossen, im Haus »Hohe Pappeln« zu bleiben, solange unser Diener nicht zum Militär einrücken mußte und das materielle Leben einigermaßen normal bleiben würde. Die polizeilichen Maßnahmen blieben die gleichen. So lebte ich – allerdings unter Ehrenwort – im Zustand einer gewissen Freiheit, nachdem endlich die tägliche Meldepflicht, die am lästigsten war, aufgehoben wurde.

Ich beschloß, zwei Bücher zu schreiben, deren eines die Ideen zusammenfassen sollte, die ich in meinen beiden Büchern »Der Neue Stil« und »Essays« veröffentlicht hatte, und deren zweites als grundlegendes Werk über »Die Linie und das abstrakt-lineare Ornament von der Prähistorie bis heute« gedacht war. Während das zweite nie erschien und vielleicht nie erscheinen wird, wurde das erste unter dem Titel »Les Formules de la Beauté architectonique moderne« in französischer Sprache mitten im Krieg damals in Weimar gedruckt. Harry Kessler hatte mich von der russischen Front aus, wo er zwei Jahre lang stand, gebeten, mich der zwei Arbeiter anzunehmen, die für ihn auf einer Handpresse, die er »Cranach-Presse« getauft hatte, in den Jahren vor 1914 typographische Meisterwerke gedruckt hatten. Diesen beiden tüchtigen Männern, die keine Ahnung von der französischen Sprache hatten, übergab ich den Text der »Formules«, und sie druckten ihn im Laufe des Winters 1916 auf 1917. Die Korrektur der Druckfahnen dieser neunzig großformatigen Seiten bereitete mir keine geringe Mühe! Dieser Weimarer Druck kam nicht in den Handel. Das Buch selbst erschien erst 1923 in Brüssel.

In dem Buch über die Linie verfolgte ich meine Studien und neuen Entdeckungen über die Natur der Linie und des abstrakt-organischen Ornamentes weiter. Auf diesem Gebiet arbeiteten der Münchner Ästhetiker Theodor Lipps und ich parallel, ohne daß der geringste Kontakt zwischen uns bestand. Ich hatte vor ihm eine Definition gefunden, die von zahlreichen Theoretikern, Architekten und Künstlern diskutiert und akzeptiert wurde. Sie stammt aus dem Jahr 1901 und lautet: »Die Linie ist eine Kraft.« In einem Artikel in der »Zukunft« (September 1902) habe ich sie selbst kommentiert. Um meine Studien weiterzutreiben, unternahm ich jetzt Reisen nach Berlin, München und anderen Städten, deren öffentliche Bibliotheken ich zu Rate zog. Dr. Solf, immer zu meiner Unterstützung bereit, half mir, die Reisebewilligungen zu erhalten.

Im Dezember 1914 erhielt ich einen Brief eines meiner deutschen Freunde, Erhard von Mutius, mit der Mitteilung, daß man mich von den Schwierigkeiten befreien wollte, die mir militärische Behörden bereiteten. Mutius war ein Neffe des deutschen Reichskanzlers von Bethmann-Hollweg; er war über die Schritte orientiert, die höheren Ortes für mich unternommen worden waren. Nachdem ich mich ehrenwörtlich verpflichtet hatte, »nichts zu sagen und zu tun, was für Deutschland schädlich sein könnte«, wurden mir unbehinderte Reisen in Deutschland bewilligt.

Täglich ging ich für ein paar Stunden in die Kunstgewerbeschule, wo noch einige junge Leute in den Werkstätten arbeiteten. Nach Möglichkeit ersetzte ich die zum Militär eingerückten Lehrer, aber nach und nach leerten sich die Ateliers. Trotzdem durfte ich die Schule nicht schließen. Das wurde erst möglich, als mein Vertrag ablief, den ich nachgerade als eine Tortur empfand: am 15. Juli 1915 wurde die Schule geschlossen, ein Ereignis, das mich stark bewegte.

Der Winter 1916/17 – er war außergewöhnlich hart, das Thermometer sank bis auf 27 Grad unter Null – brachte der ganzen deutschen Bevölkerung eine wahre Hungersnot. Abgesehen von den beiden Dienstboten, die die Küche nicht mehr verließen, lebten wir, Eltern und Kinder, in einem einzigen, von einem kleinen Ofen geheizten Zimmer. Die Eltern verzichteten auf ausreichende Ernährung zugunsten der Kinder, die Hunger litten. Ab und zu gewährte uns der Bürgermeister von Ehringsdorf, der, obwohl er ein einfacher Mann war, meine tragische Lage verstand, eine erhöhte Brotration.

Das Ende der deutschen Periode

Im Frühjahr 1917 erschien eine Verordnung, die jeden deutschen Staatsangehörigen von siebzehn bis sechzig Jahren zum obligatorischen Zivilhilfsdienst verpflichtete. Die Empfänger dieser Verordnung wurden aufgefordert, anzugeben, welche Dienste sie leisten konnten. Eine solche Aufforderung wurde auch mir zugestellt. Sie bedeutete eine Gefahr, die meine an sich schon delikate und paradoxe Lage noch mehr zu komplizieren drohte. Die Dienste, die ich für Deutschland unter Umständen zu leisten hätte, konnten sich für mein belgisches Vaterland nachteilig auswirken, zumindest konnten sie dazu führen, daß ich einer falschen Beurteilung von seiten meiner Landsleute ausgesetzt würde. Ich hatte um so mehr Grund, diese Möglichkeit zu befürchten, als – wie ich vernahm – deutsche Freunde glaubten, mir dadurch einen Dienst zu erweisen, daß sie mir durch das Generalgouvernement in Brüssel die Direktion der Antwerpener Akademie anbieten ließen. Diese Freunde hatten offenbar etwas von der bevorstehenden Hilfsdienstpflicht geahnt und wollten die Kommandantur und die Weimarer Behörden vor vollendete Tatsachen stellen. Aber die Verwirklichung eines solchen Schrittes hätte mir nur geschadet.

In dieser Situation fuhr ich nach Berlin, um Dr. Solf zu sprechen. Solf war ein radikaler Gegner des von Admiral Tirpitz verfochtenen uneingeschränkten Unterseebootkrieges. Andrerseits war er wie alle meine deutschen Freunde überzeugt, daß Deutschland den Krieg gewinnen werde und daß sich dann für mich eine wichtigere und ehrenvollere Aufgabe finden würde als die, die ich in Weimar innehatte. Er sagte mir seine Hilfe zu, wenn ich mich zu einer Übersiedlung nach den Vereinigten Staaten bereit erklärte, von wo ich seiner Meinung nach allerdings nicht vor Ende des Krieges zurückkehren konnte. Solf rechnete mit einem bevorstehenden Kriegseintritt Amerikas und mit einer langen Dauer des Krieges. Nicht wissen konnte er freilich, daß mein innerer Bruch mit Deutschland endgültig und unwiderruflich war.

Solf wandte sich dann an den Generaldirektor der preußischen Museen, Wilhelm von Bode, dem ich kein Unbekannter war. Bode fand rasch eine Lösung, der auch der übertriebenste »Patriot« nicht vorwerfen konnte, sie schade meiner belgischen Heimat oder meiner Ehre. Er beauftragte mich, Untersuchungen über die Lage der in der Schweiz internierten deutschen Architekten, Maler, Bildhauer und Kunstgewerbler durchzuführen und Vorschläge für die Verbesserung ihrer Situation zu machen.

Ich entschloß mich, zunächst allein abzureisen, um den Meinen einen Unterschlupf in der Schweiz zu suchen. Ein teuflischer Zufall wollte es, daß der Großherzog nach Weimar kam, kurz nachdem ich Deutschland den Rücken gekehrt hatte. Sofort ließ er von seinen Kriminalbeamten eine Durchsuchung unseres Hauses »Hohe Pappeln« vornehmen. Die Pässe meiner Frau und der Kinder wurden im Schreibtisch Marias entdeckt und die Ausreise verhindert. Alle Schritte, die ich unternahm, waren vergebens, und auch meine Freunde konnten angesichts der außerordentlichen Spannung zwischen den militärischen und zivilen Behörden die Ausreisebewilligung für meine Familie nicht erwirken.

Meine Frau wandte sich an Professor Binswanger, der ihr riet, zu warten. Sie wartete bis zum Ende der Feindseligkeiten. Ich selbst fühlte mich in der Schweiz, wohin ich gegangen war, zunächst nicht weniger niedergeschlagen und isoliert als in Weimar.

Bildnachweis

© 2020 VG Bild-Kunst, Bonn: Henry van de Velde

akg-images: S. 104 (Heritage Images / Fine Art Images / akg-images); 112 (akg-images / Jürgen Raible); 126

bpk: S. 22 (bpk / Bildarchiv Foto Marburg / Uwe Gaasch); 99 (bpk / Bildarchiv Foto Marburg / Andreas Lechtape); 134 (bpk / Bildarchiv Foto Marburg); 145 (bpk / Louis Held)

dpa: S. 115, 117, 187 (picture alliance / ullstein bild - ullstein bild)

Klassik Stiftung Weimar (Bestand Fotothek): S. 11, 13, 28, 37, 49, 55, 60, 65, 72, 75, 82, 109, 120, 131

Museum für Kunst und Gewerbe Hamburg, sammlungonline.mkg-hamburg.de: Umschlag (https://bit.ly/2TN6qFt), S. 43 (https://bit.ly/3btsawc); 58 (https://bit.ly/2WxTc1f); 92 (https://bit.ly/3cxQ1Mj)

wikimedia: S. 194 (commons.wikimedia.org/wiki/File:AWvHeymel.jpg)

WVZ Henry van de Velde: S. 166

Bibliografische Information der Deutschen Nationalbibliothek
Die Deutsche Nationalbibliothek verzeichnet diese Publikation in der Deutschen Nationalbibliografie; detaillierte bibliografische Daten sind im Internet über http://dnb.d-nb.de abrufbar.

Beim Text des vorliegenden Buches handelt es sich um einen Auszug aus Henry van de Veldes »Geschichte meines Lebens«, herausgegeben und übertragen von Hans Curjel, © Piper Verlag GmbH, München 1962, 1986.
Für die vorliegende Lizenzausgabe wurde der Textauszug neu gesetzt und mit neuem Bildmaterial versehen.

Covergestaltung, Layout & Satz: Anja Carrà, Weimar
Der Titel wurde in der Adobe Garamond Pro gesetzt.

Gesamtherstellung: CPI books GmbH, Leck – Germany

ISBN: 978-3-7374-0280-4

www.verlagshaus-roemerweg.de

Mehr über Ideen, Autoren und Programm des Verlags finden Sie auf www.verlagshaus-roemerweg.de und in Ihrer Buchhandlung.